CARREFOUR DES LETTRES MODERNES
COMITÉ DE DIRECTION
Patrick Marot, Philippe Antoine, Julien Roumette,
Jean-Yves Laurichesse et Llewellyn Brown
13

Culture Godot

Actes du colloque « Culture Godot. 1989-2019 : trentième anniversaire de la disparition de Samuel Beckett » organisé les 22 et 23 novembre 2019 à l'université Sorbonne Nouvelle – Paris 3

Culture Godot

En attendant Godot de Samuel Beckett et ses inscriptions culturelles

Sous la direction de Marjorie Colin
et Yannick Hoffert

PARIS
LETTRES MODERNES MINARD
2022

Marjorie Colin est agrégée de lettres modernes et docteure en littérature. Elle enseigne également à l'Institut d'études théâtrales (université Sorbonne Nouvelle – Paris 3). En novembre 2020, elle a soutenu sa thèse intitulée « De la pesanteur à la grâce : les clowneries métaphysiques dans le théâtre de Beckett », sous la direction de Jeanyves Guérin.

Yannick Hoffert est maître de conférences en théâtre et littérature du XXe siècle à l'université de Lorraine. Ses travaux portent notamment sur le théâtre nouveau et le théâtre contemporain. Il est l'auteur de *Jean Vauthier – Théâtre vibrant* et a dirigé *Langages poétiques de Georges Schehadé – À la page, à la scène, à l'écran* (*LiCArC*, n° 3).

ISBN 978-2-406-12728-4
ISSN 2494-6109

AVERTISSEMENT

BILINGUISME

- Les citations des textes de Beckett figurent, in texte, en romains entre guillemets : tant pour le texte en *anglais* que pour un texte *français édité* (version de Beckett ou traduction agréée, précisée dans la note bibliographique des références) ; ces deux textes étant séparés par le signe : ↔.
- Les traductions autres, faites par les auteurs, par l'éditeur, ou par un tiers, figurent entre parenthèses et entre guillemets supérieurs.
- Les critiques anglophones seront souvent cités en traduction seulement, sans indication spécifique.

SIGLES ET ABRÉVIATIONS

- Les sigles et éditions utilisés sont rassemblés à la fin de chaque étude.
- À l'intérieur d'un même paragraphe, les séries continues de références à une même source sont allégées du sigle commun initial et réduites à la seule pagination. Lorsque plusieurs références à une même page se suivent dans un même paragraphe, la mention de la pagination est seulement faite à la première occurrence.

USUELS BECKETTIENS

– Les références à la revue *Samuel Beckett Today / Aujourd'hui* (Amsterdam | New York) sont indiquées par le sigle (*SBT/A*), suivi du titre du volume.
– Il en va de même pour le *Journal of Beckett Studies* (Edinburgh University Press), indiqué par le seul sigle *JOBS.*

INTRODUCTION

Samuel Beckett n'est guère apparu comme un amoureux du succès. « Je n'ai jamais attaché beaucoup d'importance, sur le plan public, au succès ou à l'échec », a-t-il écrit à Alan Schneider en 1956, au sujet de la « réception désastreuse[1] » qu'*En attendant Godot* a alors rencontrée à Miami. Ses réactions au moment où le Prix Nobel lui a été décerné témoignent d'une forme de rejet de la célébrité. Celle-ci s'est pourtant attachée à ses pas ; et s'il fallait dater symboliquement le début de la notoriété de Beckett, il serait probablement logique de retenir le mois de janvier 1953 et la création parisienne d'*En attendant Godot* au Théâtre de Babylone. Si Beckett a été « condamné à la célébrité[2] », la responsabilité majeure en revient à *Godot*, qui a fait de son auteur « une icône[3] ». On connaît le succès inattendu remporté par la mise en scène de Roger Blin au Babylone, ainsi que sa diffusion rapide sur les scènes européennes et américaines, et au-delà. Trente ans après sa disparition, Samuel Beckett reste principalement, dans la culture contemporaine, l'auteur d'*En attendant Godot*. Sans mésestimer ni l'intérêt ni l'audience du restant de l'œuvre théâtrale, romanesque, poétique, théorique, il faut constater que cette pièce a suffi à faire la célébrité de l'auteur et demeure son œuvre la plus jouée, la plus lue, la plus commentée – la plus réécrite également. Godot n'est peut-être personne, mais c'est par lui que Beckett est devenu quelqu'un.

La fortune mondiale hors normes de la pièce s'accompagne de multiples débordements de catégories. L'obscure pièce d'avant-garde est rapidement

---

1 Lettre de Samuel Beckett à Alan Schneider, 11 janvier 1956, citée par James Knowlson, *Beckett*, Oristelle Bonis trad., Arles, Actes Sud, « Babel », 1999, p. 680.

2 Nous reprenons le titre de la version originale anglaise de la biographie de l'auteur signée par James Knowlson : *Damned to fame – The Life of Samuel Beckett*, Londres, Bloomsbury Publishing plc, 1996.

3 [Trad. de :] Ronan McDonald, « *Waiting for Godot* and Beckett's Cultural impact », in Dirk van Hulle (dir.), *The New Cambridge Companion to Samuel Beckett*, Cambridge (USA), Cambridge University Press, 2015, p. 48.

devenue un classique moderne joué sur les scènes les plus prestigieuses du monde théâtral – pour ce qui concerne l'exemple français, la pièce entre en 1978 au répertoire de la Comédie-Française et se joue sur la scène de l'Odéon ; elle est donnée la même année, en Avignon, dans la Cour d'honneur du Palais des Papes. Au-delà du théâtre, la pièce est devenue une évidence culturelle et une référence populaire[4]. En France, l'expression « attendre Godot » est d'usage courant dans le discours politique et dans la presse. Lors de la séance de débats au Sénat du 7 janvier 2020, le Sénateur Guillaume Gontard déclare que les territoires ruraux « ont besoin de dessertes ferroviaires fines, dont le sort est à nouveau renvoyé au rapport Philizot, que l'on attend comme on attend Godot[5] ». Le 2 février 2014, un journaliste sportif titre dans *Le Point* : « L'OM, en attendant Godot ». Le chapeau de l'article développe l'allusion : « L'OM ressemble à une pièce de Beckett. Margarita Louis-Dreyfus aimerait vendre, mais personne n'achète. Marseille attend un repreneur qui ne viendra pas[6] ». *Godot* fait partie de la boîte à outils contemporaine dès lors qu'il s'agit de penser l'attente, les questions de passivité et de prise de décision de chacun, mais également le rapport de dépendance des individus vis-à-vis d'un détenteur du pouvoir qu'ils savent hors d'atteinte.

De nombreuses œuvres contemporaines, souvent tournées vers le grand public, font des clins d'œil en direction d'*En attendant Godot*. Dans un ouvrage qui présente Beckett comme une « icône postmoderne », P.J. Murphy a attiré l'attention sur « la quantité incroyable[7] » de références à l'œuvre de Beckett dans la culture populaire. Au début de leur introduction à *Pop Beckett : Intersections with Popular Culture*, Paul Stewart et David Pattie mentionnent un T-shirt, en vente à la boutique de la bibliothèque du Trinity College de Dublin, et portant l'inscription « Dance First, Think Later. It's The Natural Order[8]. » Les exemples

4 Cette double inscription est constatée dans l'introduction de Paul Stewart and David Pattie (dir.), *Pop Beckett : Intersections with Popular Culture*, Stuttgart, Ibidem Verlag, « Samuel Beckett in Company », n° 6, 2019.

5 Guillaume Gontard, Séance du 7 janvier 2020 (en ligne : <http://www.senat.fr> ; onglets : Travaux parlementaires > Comptes rendus > Comptes rendus intégraux de janvier 2020 [page consultée le 27 juillet 2020]).

6 Pascal Praud, « OM, en attend Godot », *Le Point*, 3 février 2014.

7 P.J. Murphy, « Saint Samuel (à) Beckett's Big Toe – Incorporating Beckett in Popular Culture », in P.J. Murphy and Nick Pawliuk (dir.), *Beckett in Popular culture : Essays on a Postmodern Icon*, Jefferson, McFarland & Company, 2016, p. 13.

8 Stewart and Pattie (dir.), *Pop Beckett*, *op. cit.*

abondent par ailleurs. Le dessinateur David Vandermeulen publie en 2002 une bande dessinée intitulée *En montant Godot*[9]. L'écrivain britannique Mark Mills obtient un succès international avec un « feel-good book » intitulé *Waiting for Doggo*[10], publié en 2014. Godot est devenu un élément de langage signifiant, dans la culture commune, l'attente sans bornes. Au cœur des grèves dans les transports parisiens du mois de décembre 2019, un internaute remporte quelque succès sur la toile en publiant une micro-parodie intitulée « En attendant l'Ouigo[11] ». Le site internet américain « Instructables », dédié au *do it yourself*, a publié la même année les plans d'une « Godot machine » dont le nom et le fonctionnement, fondé sur l'attente indéfiniment répétée d'un événement hautement improbable, font directement référence, de manière ludique, à *En attendant Godot* : « La Godot Machine est une œuvre d'"art" électronique à énergie solaire qui tente de saisir l'émotion désespérée qui accompagne une attente potentiellement vaine[12] ». En 2016, Cameron Reid dénombrait plus de deux cents films ou documentaires contemporains comportant une référence à Beckett, le plus souvent à travers *En attendant Godot*[13].

Le phénomène *Godot* mérite d'être étudié. Une enquête sur l'inscription de la pièce dans la culture et dans les cultures y contribue. Notre ouvrage présente des recherches récentes sur l'amont d'*En attendant Godot*, qui enrichissent notre perception des sources et de la pièce. Il interroge également l'aval de l'œuvre, particulièrement riche : son inscription dans la culture théâtrale, sa fortune mondiale, sa faculté à nourrir les imaginaires et les lectures du monde. Les allusions à la pièce sont omniprésentes. Elles tiennent à « la puissance du titre » de la pièce de Beckett,

9 David Vandermeulen, *En montant Godot*, Bordeaux, Les Requins marteaux, « Agrum Comix », n° 5, 2002.

10 Mark Mills, *Waiting for Doggo*, Londres, Headline Review, 2014.

11 PoPésie, 4 décembre 2019 (en ligne : <https://www.facebook.com/Gpopésie/photos/un-temps-ils-ne-bougent-pas/2175171979459187/> [page consultée le 25 juin 2020]).

12 [Trad. de :] « The Godot Machine is a solar-powered piece of electro-"art" that tries to capture the desperate emotion that accompanies possibly pointless waiting. The name is from Samuel Beckett's famous play *Waiting for Godot*, in which two men wait for the coming of a certain Godot, who might arrive tomorrow, the day after, or never. » (en ligne : <http://www.instructables.com> ; onglets : Circuits > Arduino [page consultée le 25 juin 2020]).

13 Cameron Reid, « Screenings for Beckett in Modern Film : Ghostly Presences and Popular Culture Manifestations », in Murphy and Pawliuk (dir.), *Beckett in Popular culture*, *op. cit.*, p. 90.

puissance dont Benoît Barut nous donne une analyse suggestive. La force du titre, ses potentialités rythmiques et sonores, peuvent générer des phénomènes de surface, de « purs effets d'étendard[14] » par lesquels la pièce de Beckett n'est convoquée qu'en apparence. Néanmoins, au-delà des clins d'œil superficiels, l'œuvre a suscité, suscite et suscitera de nombreuses appropriations fécondes. Selon Sylviane Dupuis, *Godot* est « l'un des rares mythes littéraires universels de notre temps[15] ». De fait, la pièce répond aux deux définitions du mythe proposées en 1978 par Michel Tournier dans *Le Vent Paraclet* : « [...] un mythe est une histoire fondamentale [...]. » ; « [...] un mythe est une histoire que tout le monde connaît déjà [...][16] ». L'arbre, la pierre, ceux qui restent là, ceux qui ne font que passer : Godot met en scène, dans un dépouillement fécond, une structure interactionnelle à effectif réduit, structurellement comparable au « petit drame à trois[17] » que met en œuvre le mythe de Robinson Crusoé. Sous de multiples formes, *En attendant Godot* tient dans la culture, depuis 1953 et encore très nettement aujourd'hui, une part active, agissante, débordante, intarissable[18].

LA MOINS BECKETTIENNE DES PIÈCES DE BECKETT ?

Un préambule s'impose. Il importe tout d'abord de situer *Godot* dans l'œuvre de son auteur. L'article de Marie-Claude Hubert intitulé « *Godot* : un hapax » montre à quel point la pièce se singularise au sein de la production théâtrale de Beckett. Écrite pour des corps mobiles, elle s'oppose à la dramaturgie de la quasi-immobilité que la suite de l'œuvre beckettienne tend à mettre en place. Criblée de comique, elle n'est guère représentative du profil d'une œuvre dramatique au sein de laquelle le rire est en décrue constante. « Œuvre ouverte », voire symbole contemporain de la diversité des interprétations, *En attendant*

---

14 Voir *infra*, p. 175.
15 Voir *infra*, p. 128.
16 Michel Tournier, *Le Vent Paraclet*, Paris, Gallimard, « Folio », 1977, p. 188.
17 *Idem*, p. 223. Pour Tournier, le « petit drame à trois » concerne l'homme, le monde, autrui.
18 « C'est vrai, nous sommes intarissables. », dit Vladimir à l'Acte II (*G*, 80).

Godot contraste avec les pièces ultérieures, qui « n'ont pas donné lieu à des interprétations si diverses[19] ». En 1955, Beckett écrit à Pamela Mitchell qu'il se trouve « vraiment fatigué de Godot et des interminables malentendus que la pièce semble provoquer partout[20] ». Si l'on suit Marie-Claude Hubert, *En attendant Godot* peut apparaître comme la moins beckettienne des pièces de Beckett. La célébrité mondiale de l'auteur serait alors en partie fondée sur un malentendu. Célèbre pour *Godot*, l'auteur a écrit une œuvre qui est loin de ressembler toujours à *Godot*. Au-delà, l'auteur a même semblé considérer que « le succès de Godot tient pour une grande part à un malentendu, ou à une série de malentendus[21] [...] » – c'est du moins ce qu'il a écrit à Alan Schneider.

SOURCES SAVANTES, SOURCES POPULAIRES

Une bonne partie des sources d'*En attendant Godot* est bien connue. Beckett a par exemple souligné le rôle joué par l'œuvre picturale de Caspar David Friedrich, *Un Homme et une femme contemplant la lune*. Selon Knowlson, le tableau matriciel serait plutôt *Deux hommes contemplant la lune*, du même artiste[22]. Il faut également rappeler que la pièce puise avec force dans les cultures populaires. La chanson de Vladimir, au début du deuxième acte, reprend une comptine célèbre dans le monde anglo-saxon, « Ein Hund kam in die Küche » ou, en anglais, « A dog came in the kitchen ». Au-delà de ces éléments déjà répertoriés, l'inventaire des sources d'inspirations de *Godot* peut être complété et précisé.

À la lumière de la correspondance de l'auteur, Matthieu Protin propose d'identifier deux sources d'*En attendant Godot*, puisées dans la culture savante et jusqu'ici inaperçues. Doté d'une culture proprement encyclopédique, lecteur de Diderot, Beckett a pu trouver dans *Jacques le Fataliste et son maître* la matrice du couple Lucky-Pozzo, effectuant alors un transbordement fécond, d'un roman théâtralisé à une pièce en

19 Voir *infra*, p. 38.

20 Samuel Beckett, Lettre à Pamela Mitchell, 18 août 1955 (*L2*, p. 531).

21 Samuel Beckett, Lettre à Alan Schneider, 11 janvier 1956, citée par Knowlson, *Beckett*, *op. cit.*, p. 680-681.

22 Knowlson, *Beckett*, *op. cit.*, p. 613-614.

apparence déthéâtralisée. Se penchant ensuite sur l'irlandéité de la culture de Beckett, Matthieu Protin établit des liens probants entre *La Fontaine aux saints* de Synge, qui fait partie, comme une évidence, de la culture de Beckett, et la situation et le propos d'*En attendant Godot*. Les travaux de Matthieu Protin illustrent tout l'intérêt et tous les apports, pour une connaissance fine et éclairée de l'œuvre, du « tournant des archives » pris par les études beckettiennes au cours des trente dernières années.

L'examen des sources d'*En attendant Godot* conduit rapidement à la piste des clowns. Dès la création française, la dimension clownesque de la pièce est identifiée. Premier metteur en scène de la pièce, Roger Blin y est sensible. La célèbre formule de Jean Anouilh – « le sketch des *Pensées* de Pascal par les Fratellini[23] » – consacre, dès 1953, l'évidence clownesque de la réception d'*En attendant Godot*. Cette évidence n'a que trop rarement été approfondie. Marjorie Colin effectue ce travail, en confrontant le texte aux traces qui se sont conservées de la comédie clownesque du début du XXe siècle et dont nous savons qu'elle faisait partie de la culture de Beckett. Le recueil des *Entrées clownesques* construit par Tristan Rémy, les témoignages de figures de l'âge d'or du clown, les théories du langage clownesque apparaissent comme autant d'outils de lecture indispensables à la compréhension de la pièce. Ils contribuent à la compréhension de la fortune populaire de la pièce, au-delà des cercles de la culture d'élite, auprès de publics parfois peu initiés aux usages et codes du théâtre légitime.

VISAGES D'UNE FORTUNE SCÉNIQUE HORS NORME

En attendant Godot est assurément la pièce de Beckett que l'on joue le plus, et le plus souvent, un peu partout dans le monde : en France et dans le monde francophone ; dans toute l'aire anglo-saxonne, et au-delà, à travers les multiples traductions dont la pièce a fait l'objet. Une rumeur

23 Jean Anouilh, *Arts*, 27 février-5 mars 1953, « *Godot*, ou le sketch des *Pensées* de Pascal traité par les Fratellini », article repris dans *En marge du théâtre*, La Table Ronde, 2000, p. 53-54.

relayée par la presse nationale à la fin du XXe siècle affirmait qu'il ne se passait pas un jour sans que l'on joue *En attendant Godot* quelque part dans le monde[24]. En 2010, Frédéric Martel souligne de son côté la présence continue et massive de la comédie musicale *Le Roi Lion* sur les scènes, qui est jouée à travers le monde depuis sa création à Broadway en 1998, « restant à l'affiche pendant des années dans de nombreux pays, faisant souvent salle comble[25] ». Dans le paysage contemporain du spectacle vivant, Beckett et Disney, *En attendant Godot* et *Le Roi Lion* se présentent à armes quasi égales – quoique terriblement disparates – en tant que points de repère de la culture mondiale. Culture du dépouillement et culture de la profusion se tiennent l'une face à l'autre. Et il n'est pas dit que la pièce de Beckett soit moins populaire que la comédie musicale de Disney. Cette dernière est en tout cas, selon Frédéric Martel, « un spectacle pour pays riches » : faisant remarquer à un responsable de la production que *Le Roi Lion* n'est allé ni en Afrique, ni en Amérique latine, ni au Moyen-Orient, il recueille la réponse suivante : « dans ces pays-là aussi, ce serait certainement un succès, mais pas forcément du "*good business*"[26] ». *Godot* ne connaît pas de telles frontières.

Au fil des nombreuses mises en scène dont elle a fait l'objet, la pièce de Beckett a montré sa capacité à faire écho à la réalité sociale et politique d'un lieu et d'un moment. La mise en scène de Joël Jouanneau (Théâtre des Amandiers, Nanterre, 1991), situe l'attente de Didi et Gogo dans une marge urbaine, faisant du duo beckettien « l'image de la dérive d'êtres exclus de la France des années quatre-vingt-dix[27] ». Cette production symbolise un infléchissement de la "culture Godot" du théâtre français contemporain. Hors des frontières françaises, la pièce est jouée dans des lieux et des situations qui activent ses résonances politiques. En 1993, Susan Sontag monte *En attendant Godot* dans un théâtre de Sarajevo, alors en plein siège. En 2007, le projet dirigé par Paul Chan à New Orleans donne lieu à des représentations de *Godot* dans les rues

24 En 1996, dans *Le Monde*, Olivier Schmitt désigne *En attendant Godot* comme « cette pièce universellement jouée », ajoutant qu'« on dit qu'il ne se passe pas une nuit où elle ne le soit dans le monde » (Olivier Schmitt, « Un « Godot » plaisant sinon convaincant au Théâtre du Rond-Point », *Le Monde*, 17 novembre 1996).

25 Frédéric Martel, *Mainstream* [2010], Paris, Flammarion, « Champs/Actuel », 2012, p. 87.

26 *Ibid.*

27 Joël Jouanneau, « Non pas l'homme, mais cet homme… », entretien accordé à M. Fournier, J.-J. Arnault et J.-Cl. Lallias, *Théâtre Aujourd'hui*, n° 3 : "*L'Univers scénique de Samuel Beckett*", Paris, CNDP, 1994, p. 38.

dévastées par l'ouragan Katrina[28]. Au XXIe siècle, il est manifeste que la pièce ne peut plus être confinée dans l'apolitisme où l'on a souvent et longtemps prétendu l'inscrire. L'article de Yannick Hoffert attire l'attention sur une grande mise en scène des années 2010, due à Jean Lambert-wild, Lorenzo Malaguerra et Marcel Bozonnet (Comédie de Caen – Centre Dramatique National de Normandie, 2014). Tout en reflétant l'état de la "culture Godot" du théâtre français contemporain des années 2000, le spectacle affiche des singularités fortes. La dimension clownesque est profonde, la référence est africaine. Vladimir et Estragon sont deux migrants en attente d'un passeur. Ils ne sont pas que cela. La dimension politique n'exclut pas d'autres lectures, non plus qu'un horizon universel. Jeanyves Guérin élargit les perspectives en menant une enquête sur « la fortune mondiale d'une pièce réputée apolitique ». Dans un texte qui complète son article fondateur intitulé « Lectures politiques d'*En attendant Godot* » publié en 2017[29], l'auteur rappelle comment la structuration du paysage intellectuel du théâtre français des années cinquante et soixante a conduit à une classification rigide des pièces, selon leur rapport prétendu au politique. Les temps ont changé. Trente ans après la mort de Beckett, trente ans aussi après la chute du Mur de Berlin, les vieux clivages idéologiques sont loin derrière. Dans de nombreux pays, pour de nombreux artistes, pour de nombreux publics, il y a désormais une évidence du politique dans la réception d'*En attendant Godot*. Le consensus longtemps dominant, en France et ailleurs, sur l'absence de dimension historique et politique de l'œuvre de Beckett, se fragilise[30]. Jeanyves Guérin en produit de nombreux exemples frappants, s'attachant notamment à la fortune de la pièce en Asie et en Afrique, très peu étudiée par la critique française.

Godot est également susceptible de résonner avec la situation politique en Irlande. En août 2018, la pièce est lue et jouée en plein air, le long de la frontière nord-irlandaise, dans le cadre du festival « Happy Days » d'Enniskillen, comme une manière de donner un écho aux problématiques du Brexit dans le contexte irlandais. Intitulé *Walking for Waiting*

28 Voir notamment David Bradby, *Waiting for Godot*, Cambridge (UK), Cambridge University Press, « Plays in production », 2001, p. 162-179.

29 Jeanyves Guérin, « Lectures politiques d'*En attendant Godot* », *Revue d'Histoire du Théâtre*, 2017, p. 133-146.

30 Emilie Morin, *Beckett's Political Imagination*, Cambridge (UK), Cambridge University Press, 2017, p. 2.

for Godot, le spectacle, dirigé par Jimmy Fay et appelé à se renouveler chaque année depuis dans le cadre du même festival, apparaît d'emblée comme un miroir de l'actualité :

> Par deux fois, un jeune homme, envoyé par Godot, annonce aux vagabonds que celui-ci *« ne viendra pas ce soir mais sûrement demain »*. Difficile de ne pas faire le parallèle avec l'interminable recherche d'un accord sur la frontière entre le gouvernement de Theresa May et l'Union européenne, dont personne ne semble voir l'issue… Les négociations avec Bruxelles reprendront le 13 août[31].

La course des échos politiques se poursuit. En juillet 2020, la journaliste Fabienne Darge, méditant sur l'arbre d'*En attendant Godot*, mentionne la possibilité d'« une interprétation écologique et même survivaliste[32] ».

Les articles de Yannick Hoffert et Jeanyves Guérin ont l'Afrique en commun. Le texte de Beckett ne prévoit pas que l'on pense au continent africain. L'onomastique – Vladimir, Estragon, Lucky, Pozzo – renvoie à des inscriptions imaginaires européennes. Mais la pièce n'interdit pas une telle référence, parmi d'autres. En 1976, au Market Theatre de Johannesburg, dans l'Afrique du Sud de l'Apartheid, Benjy Francis a proposé une mise en scène de *Godot* portée par une distribution entièrement noire. En 1980, au Baxter Theatre de l'Université de Cape Town, Donald Howarth a dirigé une distribution où Vladimir et Estragon étaient noirs, Pozzo et Lucky, blancs. Mais la pertinence et les échos africains d'*En attendant Godot* ne se limitent pas à la question de l'Apartheid. La nouvelle intitulée « Waiting », publiée en 2008 par l'écrivain nigérian E. C. Osondu, et récompensée en 2009 par le prix Caine pour la littérature africaine, est ici donnée, pour la première fois, dans une traduction française, effectuée par Richard Samin. Les jeunes Africains qui peuplent la nouvelle semblent voués à l'attente interminable de la réalisation du rêve de trouver refuge en Occident – comme l'on attend au bord d'une route, dans l'espoir, peut-être, de dormir ce soir non plus dans un fossé mais « chez lui, au chaud, au sec, le ventre plein, sur la paille » (*G*, 24). Une différence de taille pourtant entre le duo de malheureux imaginé par Osondu et celui formé par Didi et Gogo : chez Osondu, le lien n'a rien d'indéfectible, et les trajectoires individuelles semblent prévaloir. Parallèlement à une telle réappropriation littéraire, Godot apparaît

31 Julien Marsault, « En Irlande, on attend le Brexit avec Beckett », *Le Monde*, 10 août 2018.
32 Fabienne Darge, « Vladimir, Estragon et le saule de Beckett », *Le Monde*, 22 juillet 2020.

dans le langage de la presse africaine, en tant que référence destinée à penser le politique[33].

La capacité d'*En attendant Godot* à traverser les frontières, réelles et symboliques, se lit également dans sa remarquable fortune en milieu pénitentiaire, qui a généré un pan fourni et singulier de la "culture Godot". Dès 1953, la pièce a été jouée par des détenus de la prison de Lüttringshausen, en Allemagne, dans une traduction réalisée par l'un d'entre eux[34]. Martin Esslin a rendu célèbre le succès de la mise en scène de Herbert Blau lors de ses représentations dans le centre pénitentiaire de San Quentin, en Californie (1957)[35] – représentations qui ont engendré la vocation théâtrale de Rick Cluchey et, par suite, la création du San Quentin Drama Workshop. L'acteur et metteur en scène suédois Jan Jönson a dirigé dans *En attendant Godot* des détenus de la prison de Kulma, en Suède (1985-1986), puis de San Quentin (1987-1988). L'expérience suédoise a été rendue célèbre par le fait que quatre des cinq acteurs ont profité d'une représentation au Stadsteater de Göteborg pour prendre la fuite, condamnant le metteur en scène et les spectateurs à une attente vaine du spectacle espéré. Dans toutes les aventures pénitentiaires de *Godot*, la résonance directe entre la pièce et la situation des détenus a été soulignée. Ces expériences, qui ont, selon James Knowlson, « fasciné[36] » Beckett, ont elles-mêmes donné lieu à une série de productions. Le film de Jacob Adams *The impossible itself* (2010) revient sur les représentations originelles de San Quentin (1957). Le travail de Jan Jönson a été suivi par des caméras de documentaristes, Jösta Hagelbäck (*Godot in Jail / Godot på Kåken*, 1985-1986) puis John Reilly (*Godot in San Quentin*, 1988). Jan Jönson a par ailleurs créé *Moments of Reality*, spectacle qui, tirant prétexte de la rocambolesque fuite de ses acteurs supposés jouer *Godot* le soir même, évoque son travail avec les détenus. Jönson joue ce « seul en scène » à travers le monde depuis une trentaine d'années. Cette performance apparaît dans le film de Michka Saäl, *Prisonniers de Beckett* (2005), qui propose un regard sur le travail de Jan Jönson en prison autour de *Godot*, sous la forme d'un voyage labyrinthique entre présent et

33 Voir par exemple Tatalo Alamu, « *Waiting for Godot*, » *The Nation*, 15 février 2015.

34 Knowlson, *Beckett*, *op. cit.*, p. 663.

35 Martin Esslin, *Théâtre de l'absurde*, Paris, Buchet/Chastel, 1977, p. 15-17.

36 Knowlson, *Beckett*, *op. cit.*, p. 665.

passé, réalité et fiction. *Un Triomphe* (2020), film français réalisé par Emmanuel Courcol avec une distribution dont le premier rôle est tenu par l'acteur populaire Kad Merad, reprend l'aventure de Jan Jönson avec les détenus de Kulma pour l'adapter au contexte de la France contemporaine. La comédie fait jouer les écarts entre culture savante et culture populaire, tout en soulignant la grande convergence : la pertinence de la pièce au regard de la situation de détention, mais aussi de l'itinéraire du personnage chargé du rôle de Vladimir, un détenu venu d'Afrique joué par l'acteur burkinabé Wabinlé Nabié. Une fois de plus, *Godot* fait la preuve de sa capacité à dépasser le clivage savant/populaire ; une fois de plus, *Godot* fournit à l'Occident une image de son rapport au continent africain.

HOMMAGES ET OUTRAGES

En attendant Godot recèle une puissante force d'inspiration. Parce que la pièce rompt brillamment avec les attendus de la vieille syntaxe dramatique occidentale, elle a invité et encouragé de nombreux dramaturges à explorer de nouveaux chemins d'écriture théâtrale. Ce n'est pas un effet propre à *Godot.* Arrabal a confié à Alain Schifres, au sujet des pièces de Beckett et Ionesco qu'il a découvertes au Didi Pequeno Teatro : « Ce fut pour moi une énorme surprise, comparable à ce qui s'était passé avec Kafka. Je me suis dit : voici un langage libre et exaltant qui est accepté ! Ma liberté sera reconnue un jour[37] ! » Plus que toute autre pièce "anti-théâtrale" des années Cinquante, *Godot* a suscité réécritures, imitations, effets d'intertextualité, hypertextes. *La Cantatrice chauve* de Ionesco a certes eu elle aussi des enfants, à commencer par *Erreur de construction* de Jean-Luc Lagarce. Mais la liste « des enfants de Godot[38] » est sans égale. La pièce a la réputation de porter seule la force de changements apportée par le Théâtre Nouveau. Revenant sur la création de la pièce en janvier 1953 au Théâtre de Babylone, Brigitte

37 Propos rapportés par Alain Schifres, *Entretiens avec Arrabal*, Paris, Belfond, 1969, p. 35.

38 Ruby Cohn, « Les enfants de Godot », Marie-Claire Pasquier (trad.), *Cahiers Renaud-Barrault*, n° 110, Paris, Gallimard, 1985, p. 3-15.

Salino titre « Le jour où la terre a tremblé[39] ». Une émission de la BBC évoque *Godot* comme « la pièce qui a changé les règles du théâtre[40] ». Au-delà de sa place d'emblème du théâtre moderne et contemporain, dont témoigne par exemple le fait que l'équivalent théâtral du prix Goncourt des lycéens a été nommé « prix Godot[41] », *En attendant Godot* constitue une matrice directe ou indirecte, et du moins un élément de lecture incontournable d'un nombre important de pièces écrites à partir de la deuxième moitié du vingtième siècle. Ruby Cohn a cité, en 1985, le projet de « Gegenstück » de Brecht (1953-1954), *Il est arrivé* de Miodrag Bulatovic (1966), l'« antidrame » inclus dans *L'Hurluberlu* d'Anouilh (1959), *Rosencrantz and Guildenstern are dead* de Tom Stoppard (1966), *Knock Knock* de Jules Feiffer (1976), le « diablogue » de Dubillard intitulé « En attendant Grouchy » publié en recueil en 1976, mais également *Le Trio du fantôme* (*Ghost Trio*, 1975), cette pièce pour la télévision écrite par Beckett lui-même, et dont l'auteure montre les ressemblances structurelles avec *En attendant Godot*. L'on peut également citer, sans exhaustivité, Harold Pinter, *Le Monte-plats* (1960), Fernando Arrabal, *Fando et Lis* (création française en 1964), Jean-Claude Grumberg, *Chez Pierrot* (1978), Daniel Curzon, *Godot arrives* (1999), Jon Fosse, *Quelqu'un va venir* (1999), Spiro Scimone, *Bar* (2002), Minoru Betsuyaku, *Voilà Godot !* (2007), Zeina Mokaddam, *To Hell with Godot* (2016).

Au-delà des dramaturges, la pièce nourrit également d'autres créateurs. Certains sont chorégraphes : *May B.* de Maguy Marin, création chorégraphique qui connaît un succès ininterrompu depuis 1983, met en scène un monde inspiré de plusieurs œuvres de Beckett, parmi lesquelles *Godot* tient une place notable[42]. Certains sont romanciers : *En attendant Godot* joue un rôle dans la quête du héros romanesque des

---

39 Brigitte Salino, « Le jour où la terre a tremblé », *Le Monde*, 1er juin 2006.

40 [Trad. de :] « *Waiting for Godot* : the play that changed the rules of theatre », *The Forum*, BBC World Service, 4 août 2018.

41 Fonctionnant sur le même principe que le Goncourt des lycéens, le « Godot des lycéens » a été créé en 2007 par le Panta-théâtre de Caen et le Rectorat de Caen, à l'initiative de Michel Azama. Depuis 2020, il est organisé par la Comédie de Caen – Centre Dramatique National de Normandie. Voir en ligne : <https://www.comediedecaen.com>, onglets : Avec vous > Prix Godot (page consultée le 29 juillet 2020) ; <https://pantatheatre.net>, onglets : Écritures contemporaines > Prix Godot (page consultée le 29 juillet 2020).

42 Voir Véronique Védrenne, « D'une scène à l'autre : *May B.* de Maguy Marin. Une chorégraphie de l'univers scénique de Samuel Beckett », *SBT/A*, n° 12 : "*Pastiches, Parodies & Other Imitations / Pastiches, parodies & autres imitations*", 2002, p. 177-187.

Renards pâles de Yannick Haenel. Godot y devient le nom improvisé d'un poisson-dieu en lien avec une étrange pulsion révolutionnaire[43]. Haenel fait par ailleurs volontiers référence à la pièce dans ses articles politiques[44]. En 2015, Ian Paterson publie une "semi-fiction" intitulée *Searching for Godot* dans laquelle, entre textes et dessins à l'encre, mais aussi entre humour et sérieux, il relate son vagabondage dans les mots de *Godot*. L'artiste canadien explore l'hypothèse selon laquelle la pièce serait construite avant tout sur un principe de jeux de mots, notamment autour du nom de Samuel Beckett (« Samuel : "his name is God"[45] », en hébreu). Il fait remarquer que le geste par lequel « Estragon dénoue la corde qui maintient son pantalon » (*G*, 122) constitue « le dénouement[46] ». Sa quête le conduit à rencontrer Roger Godeau, ce cycliste de piste que l'artiste considère arbitrairement comme « [s]on Godot[47] » : un Godot qui a vécu rue du Théâtre, tout près de l'Île aux Cygnes, et dont le cocker porte le nom de Sam[48]. Le jeu des échos et des invitations au jeu, au sein de la pièce, mais aussi entre la pièce et le réel, est littéralement infini. « Cela l'amusait de semer son texte de fausses pistes[49] », a déclaré Roger Blin au sujet de Beckett et *En attendant Godot*. L'ouvrage de Ian Paterson est un exemple éminent de la fascination pour les signes et du plaisir de s'y perdre que la pièce est capable de susciter.

La Seconde chute de Sylviane Dupuis, pièce écrite en 1989 et qui a connu une fortune scénique consistante tant en pays francophones qu'à travers des traductions, apparaît dans les pages de ce livre comme un exemple passionnant de cette culture de la réécriture et des clins d'œil que *Godot* alimente et qui s'est saisie de lui. Sylviane Dupuis évoque

> la structure d'appel constitutive d'*En attendant Godot*, qui suscite et ouvre l'imagination de chaque lecteur/lectrice, ou de chaque spectateur/spectatrice, en appelant/différant à l'infini les réponses à une infinité de questions

---

43 Yannick Haenel, *Les Renards pâles*, Paris, Gallimard, « L'Infini », p. 28-29, 61, 69-70.

44 Yannick Haenel, « *En attendant Godot* de Samuel Beckett : Godot est arrivé », *Charlie Hebdo*, n° 1307, 9 août 2017 ; « Le démon, les livres et l'errance », *Charlie Hebdo*, n° 1448, 22 avril 2020 ; « Lettre à Beckett », *Charlie Hebdo*, n° 1449, 29 avril 2020.

45 Ian Paterson, *Searching for Godot : a semi-fiction*, 2015, p. 64.

46 *Idem.*, p. 82.

47 [Trad de :] « He is my Godot ! », *idem*, p. 93.

48 *Idem*, p. 99 et 102.

49 Roger Blin, *Souvenirs et propos*, recueillis par Lynda Bellity Peskine, Paris, Gallimard, 1986, p. 86.

> essentielles, qui ont incontestablement appelé à son tour *La Seconde chute*, [s]a première pièce de théâtre, qui se présente de manière tout à fait iconoclaste comme un "acte III" de *Godot*[50].

L'on notera que, dans le cadre de l'écriture de cette "continuation" de *Godot*, le rapport de Sylviane Dupuis à la pièce matricielle est double, fait à la fois d'imitation et de prise de distance. Cette relation forte et complexe à la figure de Beckett, devenue icône du théâtre de la deuxième moitié du XXe siècle, et à sa pièce emblématique, est comparable à celle dont témoigne par exemple Matéi Visniec. Né, comme Sylviane Dupuis, en 1956, Visniec affirme avoir perçu dans *En attendant Godot* une « liberté totale[51] », vivifiante pour l'adolescent roumain qu'il était, et importante pour la construction de son parcours d'écrivain dramatique. Sa courte pièce *Le dernier Godot*[52], qui met en scène, entre révérence et irrévérence, un dialogue entre un certain Godot et un certain Beckett, tous deux mis à la porte d'un théâtre, a été pour l'auteur, « au moment où il commençait de chercher [s]a voie », une manière de dire « au revoir et merci à Beckett[53] ».

Œuvre de référence du monde théâtral, œuvre canonique de la culture mondiale, *En attendant Godot* a aussi appelé son lot de citations directement parodiques. Il y a, dès les années Cinquante, une évidence "Godot" dans la culture occidentale. L'expression *attendre Godot* est rapidement entrée dans le français courant. Guy Dumur en est le témoin[54]. « En quelques jours, Godot est devenu un mot de passe : "Alors tu viens ou tu attends Godot ?"[55] », indique un journaliste. Dès 1956, sous le nom de Jean Amila, paraît, dans la « Série Noire » de Gallimard, un

---

50 Voir *infra*, p. 128

51 Matéi Visniec, Propos recueillis par Georgeta Secrieru-Miron, *Le Legs de Beckett dans la dramaturgie française contemporaine*, Thèse soutenue le 30 juin 2010, Université Stendhal-Grenoble III, p. 442.

52 Matéi Visniec, *Le Dernier Godot*, in *Du pain plein les poches et autres pièces courtes*, Arles, Actes Sud, 1998. Écrite en 1987 pour la revue *Secolul 20*, la pièce a fait l'objet de deux mises en scène en France, et une en Belgique.

53 Matéi Visniec, Propos recueillis par Georgeta Secrieru-Miron, *Le Legs de Beckett dans la dramaturgie française contemporaine*, *op. cit.*, p. 442-443.

54 Guy Dumur, « La première fois que j'ai attendu Godot », *Revue d'esthétique*, 1986, repris dans Guy Dumur, *L'Expression théâtrale (1944-1991)*, Paris, Gallimard, « Les Cahiers de la NRF », 2001, p. 206.

55 Jean-Louis Perrier, « Godot, cinquante ans d'attente et de malentendu », *Le Monde*, 21 septembre 1999.

roman intitulé *Sans attendre Godot*. Les parodies d'*En attendant Godot* se situent néanmoins en grande majorité du côté anglo-saxon. Arpentant ce terrain, Audrey Lemesle développe à la fois l'analyse d'un certain nombre d'exemples-clés de la dynamique parodique appelée par *En attendant Godot* et une réflexion de fond sur le phénomène, toujours situé « entre hommage et outrage[56] ». Au fil d'un parcours menant de la surface satirique aux « profondeurs parodiques[57] » qui associent volontiers Beckett à Shakespeare, convoquant aussi bien dessins de presse que sketches télévisés et pièces de théâtre, Audrey Lemesle livre des clés permettant de saisir les raisons pour lesquelles *En attendant Godot* s'offre comme une matière stimulante pour le jeu humoristique et la réécriture, à la fois révérencieuse et irrévérencieuse, tantôt parfaitement superficielle, tantôt étonnamment profonde. Beckett lui-même pourrait être le premier responsable.

GODOT ET CULTURE D'ÉCRAN

La capacité de débordement que possède *En attendant Godot* se lit encore à l'aune de son inscription dans la culture d'écran contemporaine. La pièce et ses échos font régulièrement l'actualité de la page Facebook consacrée à Samuel Beckett. Outre les informations sérieuses concernant l'œuvre, l'on peut y constater la prolifération des contenus jouant avec *En attendant Godot*. L'on y retrouve par exemple une caricature signée Benjamin Schwartz représentant Didi et Gogo dans leur posture emblématique, au pied de l'arbre, vêtus de leurs costumes désuets et coiffés de leur chapeau melon, mais étonnamment dotés d'un smartphone, recevant un SMS de Godot qui annonce : « Running late, frowny face, winky face[58] ». Ce type de proposition s'appuie sur la simplicité

56 Voir *infra*, p. 83.

57 *Idem*, p. 89.

58 Page Facebook « Samuel Beckett », publication de Halim Mouhafid en date du 26 juillet 2019. Le dessin, intitulé *Two Bedraggled Men*, a été publié dans le New Yorker le 23 juin 2014. Le site condenasstore.com propose de retrouver ce dessin décliné sur divers objets : poster, coussin, coque de téléphone portable, mug, T-shirt (<http://condenasstore.com> [page consultée le 20 août 2020]).

visuelle saisissante de la pièce, que Ronan McDonald a soulignée[59]. Des dizaines d'autres clins d'œil de ce type sont rassemblés sur la page Facebook consacrée à Samuel Beckett ; d'autres sont disséminés en divers lieux de la toile. Dans les domaines de la culture vidéoludique et de la culture télévisuelle, la présence de Godot, fût-elle parfois lacunaire et fantomatique, est manifeste – principalement, là encore, dans le monde anglo-saxon. Les deux articles de Benoît Barut invitent à un examen attentif des traces de *Godot* dans le monde du jeu vidéo, puis dans le monde télévisuel. *Sesame Street* aussi bien que *Urgences* sont sollicités, engageant une réflexion vive sur la place de la pièce, de son auteur, du théâtre, dans la culture contemporaine. Dans le domaine français, les clins d'œil de la culture d'écran à *En attendant Godot* sont moins nombreux. Un exemple notable peut néanmoins être relevé, à travers la websérie *Cocovoit*, devenue pastille télévisuelle. La pratique émergente du covoiturage ouvre à une nouvelle manière d'attendre Godot. Mathilde Dumontet en propose une analyse, qui interroge les relations entre culture populaire, culture savante et culture de masse.

GODOT À VENIR
La question de la transmission

Au croisement de la culture légitime et de ses appropriations populaires, se pose la question de la transmission scolaire. La présence et la postérité d'*En attendant Godot* sont, pour une large part, façonnées par la manière dont l'œuvre est présentée à la jeunesse lycéenne. L'enquête sur la "culture Godot" ne saurait être complète sans une étude qui se penche sur les manuels scolaires. Yann Mével, dans un article qui joue le rôle d'épilogue de l'ouvrage, effectue cet important travail, à partir d'un corpus de manuels de lycées destinés à des élèves français. Il y constate la ténacité du préjugé du "théâtre de l'absurde", mais également l'évolution d'un certain nombre de manuels vers des propositions qui donnent de plus grandes chances à la jeunesse de saisir les singularités

59 Ronan McDonald, « Waiting for Godot *and Beckett's cultural impact* », in Van Hulle (dir.), *The New Cambridge Companion to Samuel Beckett*, *op. cit.*, p. 48.

de l'œuvre, lesquelles s'effacent radicalement dès lors qu'on les place sous le boisseau d'une étiquette indue. La réflexion menée par Yann Mével fait apparaître l'obstacle *Godot* : la difficulté de saisir cet objet sans l'aplatir. Le problème est de taille : comment proposer des pistes d'approche d'une œuvre dont le principe est précisément de « faire obstacle à tout processus de pensée unifiante[60] » ? Une piste pourrait être, comme le suggère Yann Mével, une collaboration plus étroite et plus fréquente entre auteurs de manuels et chercheurs universitaires. Il importe par ailleurs – Benoît Barut le rappelle – de prendre en compte *En attendant Godot* comme une forme-sens[61]. Celle-ci se déploie de manière centrale dans l'écriture des corps, sur la page comme sur la scène. Peut-être une culture corporelle de l'approche d'*En attendant Godot* est-elle encore à inventer.

Marjorie COLIN
et Yannick HOFFERT

60 Nous reprenons une formule que Michel Vinaver a appliquée à son propre travail dramatique, « Une écriture du quotidien » (1981), *Écrits sur le théâtre*, réunis et présentés par Michelle Henry, t. 1, Paris, L'Arche, 1998, p. 127.

61 Voir *infra*, p. 198.

SIGLE ET ÉDITION CITÉS

G *En attendant Godot* [1952]. Paris, Minuit, 1990.

L2 *Les Années Godot : Lettres*, t. 2, *"1941-1956"*, George Craig, Martha Dow Fehsenfeld, Dan Gunn, Lois More Overbeck (éd.), André Topia trad. Paris, Gallimard, 2015.

PRÉAMBULE

Godot, un hapax

C'est en quelques mois, du 9 octobre 1948 au 29 janvier 1949, comme en témoignent les dates notées sur le manuscrit, alors qu'il est en train de terminer *L'Innommable*, que Beckett composa *En attendant Godot* « pour [s]e détendre, pour fuir l'horrible prose qu['il] écrivai[t] à l'époque[1] ». Il fallut attendre quatre ans pour que la pièce vît le jour. Suzanne Beckett avait présenté sans succès le manuscrit à plusieurs éditeurs, de nombreux metteurs en scène avaient refusé de la monter, jusqu'à ce que Roger Blin, fasciné, s'en emparât, la faisant répéter pendant une année entière, et demandât à Jean-Marie Serreau de l'accueillir au Théâtre de Babylone. À l'occasion du Festival d'Automne 1981 à Paris, consacré à Beckett, Blin, trente-trois ans après, se remémore, avec émotion, ce moment décisif.

> Ayant eu « Godot » entre les mains en 1950, outre le plaisir et un certain vertige, le sentiment d'une nécessité impérieuse s'est emparé de moi. J'étais fait comme un rat. La pièce me paraissait tellement riche et insolite dans sa nudité qu'il m'a semblé inconvenant de questionner en plus l'auteur sur sa signification[2].

S'il n'y eut presque personne les premiers soirs en janvier 1953, Beckett n'étant connu que de quelques rares lecteurs, le bouche-à-oreille fonctionna très vite.

> Au bout d'une dizaine de jours de représentations, le bruit avait couru dans Paris qu'il se passait quelque chose au 38 Boulevard Raspail et la salle était pleine tous les soirs. Il nous fallait emprunter des chaises au café d'à côté, pour les spectateurs en retard ou en surnombre. Nous avons tenu six mois et nous avons recommencé la saison d'après[3].

---

1 Colin Duckworth, « The Making of Godot », *Casebook on Waiting for Godot*, Ruby Cohn (dir.), Grove Press, 1967, p. 89.

2 Roger Blin, « Trente-trois ans après », *Le Nouvel Observateur*, n°881, 26 septembre 1981, p. 100.

3 Roger Blin, *Souvenirs et propos*, recueillis par Lynda Bellity Peskine, Paris, Gallimard, 1986, p. 102.

Anouilh applaudit immédiatement *En attendant Godot*, « le sketch des *Pensées* de Pascal traité par les Fratellini », comme « une sorte de chef-d'œuvre désespérant pour les hommes en général et les auteurs dramatiques en particulier », ajoutant : « Je pense que la soirée du Babylone a l'importance du premier Pirandello monté à Paris par Pitoëff en 1923. Il n'y a plus qu'à tirer son chapeau – melon, bien entendu, comme dans la pièce – et prier le ciel d'avoir encore un peu de talent [...][4]. » Cette boutade d'Anouilh témoigne de son étonnement, et de celui du public de l'époque, face à un spectacle inouï, public habitué à assister aux pièces de Montherlant, de Giraudoux, d'Anouilh, de Cocteau, de Sartre, de Camus, etc., public dont le goût n'est pas sensibilisé aux formes nouvelles que créent Beckett et les autres auteurs dramatiques d'avant-garde. Genet avec *Les Bonnes* en 1947, Ionesco avec *La Cantatrice chauve* et Adamov avec *L'Invasion* en 1950, ont déjà donné leurs premières pièces mais elles n'ont pas rencontré le public. Les spectateurs n'y ont vu que canular ou provocation. Totalement déroutés, ils ont souvent quitté le théâtre avant la fin du spectacle, lassés de s'ennuyer ou furieux de n'y rien comprendre. C'est *En attendant Godot* qui jette un coup de projecteur sur ces auteurs qui à leur tour vont connaître le succès.

C'est donc cette pièce qui fait rapidement connaître Beckett, qui attire l'attention sur ses romans passés inaperçus, qui très vite fait le tour du monde et qui, aujourd'hui encore, est sa pièce la plus jouée. « L'auteur, certes, très heureux du succès international de *Godot*, qui scellait sa réussite littéraire après tant d'années de galère, finit par se demander si ce soudain triomphe ne serait pas imputable à des concessions pour cette pièce qu'il qualifie alors ironiquement de "western endiablé[5]", jurant qu'il n'en serait nullement de même pour la suivante[6] », si l'on en croit Pierre Chabert. Effectivement Beckett ne continue plus dans cette voie. Cette pièce culte constitue un hapax, les pièces ultérieures n'étant pas bâties sur le même patron. Personnages, espace scénique, langage dramatique, ton, réception, n'y sont pas soumis au même traitement, comme je vais le montrer.

---

4 Jean Anouilh, *Arts*, 27 février-5 mars 1953, « *Godot*, ou le sketch des *Pensées* de Pascal traité par les Fratellini », article repris dans *En marge du théâtre*, La Table Ronde, 2000, p. 53-54.

5 Roger Blin, *Souvenirs et propos*, *op. cit.*, p. 113.

6 Pierre Chabert, « *Fin de partie* », in Marie-Claude Hubert (dir.), *Dictionnaire Beckett*, Paris, Honoré Champion, 2011, p. 441.

DES PERSONNAGES QUI MARCHENT SUR UNE ROUTE

Dans *En attendant Godot*, Beckett met en scène des personnages qui marchent, qui marchent mal certes, mais qui tout de même se déplacent – même si lors de la création, Audiberti, qui a beaucoup apprécié le spectacle, a pu parler « de l'aridité d'une anecdote *immobile*[7] », tant il est alors surprenant –, tandis qu'il les immobilise dans les pièces ultérieures. Si dans *Fin de partie*, Clov se déplace encore, avec peine lui aussi, les trois autres personnages sont figés dans l'immobilité la plus totale ; dans *Oh les beaux jours* Winnie est enfoncée dans la terre tandis que Willie ne peut que ramper. À partir de *Comédie* tout mouvement disparaît.

Beckett, dans la didascalie inaugurale, campe le décor dans lequel évoluent les personnages, « *Route à la campagne* [...]. » (*G*, 9). La route, même si c'est un lieu indéterminé comme le signifie l'absence de déterminant, est un espace qui permet des rencontres et donc des actions. Des personnages venus d'ailleurs y passent, Pozzo et Lucky puis le jeune garçon, ce qui donne lieu aux jeux de scène des deux protagonistes qui vont de temps en temps voir vers les coulisses si quelqu'un arrive. Un embryon d'espace dramaturgique prolonge la scène puisque Vladimir et Estragon font allusion au fossé dans lequel Estragon a passé la nuit, le désignant de façon très vague, « par là » (12). Quant à l'endroit où vivent Godot et le jeune garçon, ils ne le situent pas. Il semble ne guère exister d'autres lieux hormis cette route sur laquelle ils attendent. Le hors-scène se réduit dans *Fin de partie* et dans *Oh les beaux jours*, si bien qu'il n'y a plus de véritable action. Beckett désigne le décor de *Fin de partie* laconiquement ainsi : « *Intérieur sans meubles.* » (*FP*, 13). Il y a encore un semblant de hors-scène, la cuisine de Clov et le monde extérieur que ce dernier regarde par les fenêtres, ce qui ne permet que trois micro-actions, réelles ou fantasmées par Clov, l'arrivée de la puce, du rat, du « môme » (104). Dans *Oh les beaux jours*, le désert, d'où toute vie semble s'être absentée, s'étend à l'infini : « *Étendue d'herbe brûlée* [...]. *Une toile de fond en trompe-l'œil très pompier représente la fuite et la rencontre au loin d'un ciel sans nuages et d'une plaine dénudée.* » (*OBJ*, 11). Seul hors-scène :

7 Jacques Audiberti, *Arts*, 15 janvier 1953 (les italiques sont de ma main).

l'espace où se trouve Willie, en partie caché derrière le mamelon, ce qui permet la péripétie finale, à savoir l'arrivée de ce dernier à l'avant-scène, face à Winnie. À partir de *Comédie*, pièce dans laquelle les voix n'ont pas le pouvoir de créer autour d'elles un espace fictionnel où des actions seraient susceptibles de s'accomplir, Beckett abandonne en même temps que tout décor toute référence à un hors-scène car il crée des personnages de plus en plus indifférenciés, aux allures de morts vivants ou d'automates, qui n'attendent rien. Plus de hors-scène car plus rien ne peut advenir, plus personne ne peut arriver. Son écriture scénique évolue vers une abstraction de plus en plus grande. Si dans son premier théâtre le lieu de l'action est certes dépourvu de réalisme, route, intérieur, désert, il a tout de même un équivalent dans le réel. Après *Oh les beaux jours*, toute référence au réel disparaît. La scène n'est plus qu'un espace neutre sur lequel Beckett inscrit mathématiquement le destin de spectres de plus en plus dépersonnalisés. Il y dessine parfois une sorte de frise, juxtaposant des images, donnant à voir trois points alignés sur une droite, tantôt visibles simultanément, tantôt alternativement, trois jarres dans *Comédie*, trois emplacements sur une plate-forme dans *Acte sans paroles II* ou sur un banc dans *Va-et-vient*. La construction d'une telle syntaxe des images est destinée à représenter tant la solitude des personnages que le caractère aléatoire de leur destinée. *Pas moi* est une pièce dans laquelle la notion même de lieu n'a plus cours puisqu'une bouche sort du noir à trois mètres de haut. L'abstraction est maximale dans les dernières œuvres où il opte pour une géométrisation de l'espace, n'utilisant plus comme aire de jeu que des figures, rectangle dans *Pas* et dans *Quoi où*, carré dans *Quad*, pour visualiser la condition de ses protagonistes qui cheminent dans l'existence selon un parcours qu'ils exécutent comme des automates. Supprimant le hors-scène – même si dans *Quoi où*, il réintroduit un hors-scène minimal puisque les personnages entrent et sortent d'un lieu non décrit, dont on ne sait rien d'autre sinon qu'il est le lieu de la torture et de la mort –, il se débarrasse de tout l'héritage classique qui suppose un travail de construction d'un espace dramaturgique perçu grâce aux discours des personnages comme un prolongement de l'espace scénique, héritage qu'il conserve partiellement dans *En attendant Godot*, même s'il le met à mal en raison du flou qu'il entretient sur le hors-scène.

Maguy Marin, qui a bien compris que l'absence de hors-scène caractérise l'écriture de Samuel Beckett, lorsqu'elle veut recréer dans *May B.* son univers, utilise comme seul décor un mur gris foncé presque noir, sinistre, en fond de scène. On ne perçoit qu'au bout d'un moment, car elles sont fermées pendant toute la première partie, qu'il est percé de trois portes, une grande au milieu, deux petites sur les côtés comme dans le théâtre antique. Lors du salut final, les danseurs, qui dans les deux premières parties du spectacle semblent appartenir tant à un asile psychiatrique qu'à un camp, tandis que dans la troisième ils figurent explicitement les juifs emportés dans la tourmente des camps d'extermination, apparaissent groupés derrière la porte centrale, apeurés. On ne voit presque que leurs visages, serrés les uns contre les autres, comme s'ils entraient dans la chambre à gaz. Ce mur, ne s'ouvrant plus que sur un trou noir à la fin du spectacle, ne donne alors pas plus accès à un hors-scène que chez Beckett, il ne débouche que sur la mort.

DES ÊTRES SANS PASSÉ

Si le fait de marcher dans un lieu référentiel caractérise les personnages d'*En attendant Godot*, un autre trait les singularise. On ne connaît pas grand-chose du passé des protagonistes, pourtant long puisqu'ils sont vieux tous deux, sauf quelques bribes. Vladimir évoque leur jeunesse :

> VLADIMIR. – [...] vers 1900. [...] La main dans la main on se serait jetés en bas de la tour Eiffel, parmi les premiers. On portait beau alors. (*G*, 11)

Il essaie de rappeler à Estragon l'époque où ils faisaient les vendanges dans le Vaucluse :

> VLADIMIR. – Mais tu as bien été dans le Vaucluse ?
> ESTRAGON. – Mais non, je n'ai jamais été dans le Vaucluse ! J'ai coulé toute ma chaude-pisse d'existence ici, je te dis ! Ici ! Dans la Merdecluse !
> VLADIMIR. – Pourtant nous avons été ensemble dans le Vaucluse, j'en mettrais ma main au feu. Nous avons fait les vendanges, tiens, chez un nommé Bonnelly, à Roussillon.
> ESTRAGON (*plus calme*). – C'est possible. Je n'ai rien remarqué. (*G*, 86)

Il interroge sur son enfance Estragon qui n'en garde qu'un souvenir lacunaire :

> VLADIMIR. – À l'école sans Dieu ?
> ESTRAGON. – Sais pas si elle était sans ou avec. [...]
> Je me rappelle les cartes de la Terre-Sainte. En couleur. Très jolies. La Mer-Morte était bleu pâle. J'avais soif rien qu'en la regardant. Je me disais, c'est là que nous irons passer notre lune de miel. Nous nagerons. Nous serons heureux. (*G*, 14)

C'est sa tentative de suicide que se remémore Estragon gagné par la tristesse :

> ESTRAGON. – Tu te rappelles le jour où je me suis jeté dans la Durance ?
> VLADIMIR. – On faisait les vendanges.
> ESTRAGON. – Tu m'as repêché.
> VLADIMIR. – Tout ça est mort et enterré.
> ESTRAGON. – Mes vêtements ont séché au soleil.
> VLADIMIR. – N'y pense plus, va. (*G*, 74)

Ils ont tous deux partiellement perdu la mémoire et semblent ne pas vouloir vraiment se souvenir de leur passé. Dès qu'il fait irruption, ils passent à autre chose par peur de s'y appesantir. On ne connaît pratiquement rien non plus du passé de Pozzo et de Lucky. On sait que ce dernier a été poète autrefois, que c'est lui qui a tout appris à Pozzo.

On en sait un peu plus du passé des personnages de *Fin de partie* ; Hamm se remémore la mère Pegg, Nagg et Nell évoquent « l'accident de tandem où [ils laissèrent] leurs guibolles » (*FP*, 31). *Oh les beaux jours* introduit un net changement dans la mesure où Winnie est hantée par son passé qu'elle revoit dans des flashs. C'est une sorte d'autobiographie, pleine de trous, de blancs, car sa mémoire lui fait défaut, qu'elle tisse lentement. Dans les pièces ultérieures, Beckett porte à la scène des personnages habités par « toutes les voix mortes » (*G*, 87) qui les harcèlent. Il représente des vieillards proches de la tombe chez qui surgissent des images du passé, comme parfois les mourants revoient le film de leur vie. C'est cette approche du terme qu'il met en scène dans de courtes pièces, comme *Solo*, *Cette fois*, *Berceuse*, où les voix du souvenir envahissent le personnage, le forçant à exhumer les cendres du passé, il va même jusqu'à nous donner à voir cette proximité du terme, juste avant le grand saut dans l'inconnu, dans *Comédie*[8].

C'est parce que les personnages d'*En attendant Godot* ont oublié leur passé que le langage dramatique est spécifique. Pour échapper à l'ennui

8 Voir Theodor W. Adorno, *Notes sur Samuel Beckett*, Caen, Nous, 2008.

car ils n'ont rien à faire, rien à raconter, Vladimir et Estragon jouent avec les mots ; pour meubler le temps, ils se les renvoient comme une balle, de peur que leur conversation ne s'arrête et qu'ils ne se trouvent confrontés à une possible séparation qu'ils évoquent parfois, éventualité vite écartée. Aussi de nombreux passages dans lesquels le rythme est très rapide sont-ils assimilables à des stichomythies. Estragon qui interroge Vladimir à propos de Godot lui demande :

> ESTRAGON. – Et qu'a-t-il répondu ?
> VLADIMIR. – Qu'il verrait.
> ESTRAGON. – Qu'il ne pouvait rien promettre.
> VLADIMIR. – Qu'il lui fallait réfléchir.
> ESTRAGON. – À tête reposée.
> VLADIMIR. – Consulter sa famille.
> ESTRAGON. – Ses amis.
> VLADIMIR. – Ses agents.
> ESTRAGON. – Ses correspondants.
> VLADIMIR. – Ses registres.
> ESTRAGON. – Son compte en banque.
> VLADIMIR. – Avant de se prononcer.
> ESTRAGON. – C'est normal. (*G*, 23-24)

Inutile de multiplier les exemples qui sont bien connus[9]. Il n'y a pratiquement pas dans cette pièce de longues tirades, sauf celle de Lucky ; on ne peut noter qu'un seul monologue, celui de Vladimir pendant le sommeil d'Estragon. Dès *Fin de partie*, Samuel Beckett introduit de longs monologues, la pièce s'ouvrant par celui de Clov aussitôt suivi par celui de Hamm et se terminant sur celui de Hamm, si bien que le rythme est tout autre. Quant aux propos de Winnie dans *Oh les beaux jours*, même si on ne peut les qualifier de véritables monologues puisque Willie est présent – mais n'écoute pas toujours –, ils sont interminables. Dans les pièces qui suivent, le monologue ne cesse de prendre de l'ampleur et d'envahir la scène.

9 Voir *G*, 17, 87-90, 96-97, 107.

UNE PIÈCE CLOWNESQUE

Ce n'est que dans *En attendant Godot* que Beckett, qui a toujours apprécié les clowneries, multiplie les gags burlesques, tant gestuels que langagiers. À Trinity College en janvier 1931 il aide Georges Pelorson, qui y enseigne alors comme lecteur de français, à mettre en scène pour les étudiants de langue au Peacock Theater de Dublin une parodie du *Cid*, revu et corrigé à travers les jeux de Chaplin et les méditations de Bergson sur le temps, spectacle dont il choisit le titre, *The Kid*, hommage au film de Chaplin tourné une dizaine d'années auparavant. Dans cette pièce aujourd'hui perdue, même si plusieurs répliques de Corneille sont conservées, la tragédie, selon Pelorson, ne sert que de canevas tandis que prédominent les gags. Tous les personnages y sont tournés en dérision. Affublé d'une longue barbe blanche, Beckett, qui joue Don Diègue, déclame le monologue du premier acte à genoux, en installant à ses côtés un réveille-matin qui sonne au beau milieu de la célèbre tirade, « Ô rage ! Ô désespoir ! Ô vieillesse ennemie !... ». Il se met alors à dire le texte à une vitesse de plus en plus grande, ce qu'il exigera plus tard de l'acteur pour la tirade de Lucky. Dès ce premier contact avec la scène, Beckett se plaît à donner un ton burlesque aux méditations existentielles les plus graves[10].

C'est de ce type de comique clownesque, hérité tant du théâtre élisabéthain que de la vieille tradition de la *Commedia dell'arte* et du cirque, dont il use dans *En attendant Godot*. Grand admirateur de Shakespeare auquel il fait souvent allusion dans son œuvre il réintroduit le personnage du bouffon du vieux théâtre anglais, avec Lucky. Pozzo dit à son sujet, s'adressant à Vladimir et à Estragon : « Autrefois on avait des bouffons. Maintenant on a des knouks » (*G*, 46). Aussi Lucky exécute-t-il deux numéros dans lesquels excellaient les clowns de l'époque élisabéthaine : le monologue, la danse. C'est l'un des personnages de Beckett les plus angoissants et les plus drôles à la fois. Le spectateur ne peut s'empêcher de rire à sa vue en même temps que l'esclavage féroce que symbolise la corde, la folie que révèle un langage qui s'est vidé de tout sens, l'aliénation que mime le « danse du filet » (56), interprétée, de façon lugubre, par

10 Voir Dougald MacMillan et Martha Fehsenfeld, *Beckett in the Theater*, John Calder, 1988, p. 17-20.

Vladimir et par Estragon comme « la mort du lampiste » ou « le cancer des vieillards » (56), le plongent dans l'angoisse. Beckett s'interroge sur les différents types de rire dès *Watt* où il oppose le « rire amer [qui] rit de ce qui n'est pas bon, c'est le rire éthique. Le rire jaune [qui] rit de ce qui n'est pas vrai, c'est le rire judiciaire [...], le rire sans joie [qui] est le rire noétique, par le groin » (*W*, 49). C'est au troisième que va sa préférence : « [...] c'est le rire des rires, le risus purus, le rire qui rit du rire, hommage ébahi à la plaisanterie suprême, bref le rire qui rit – silence s'il vous plaît – de ce qui est malheureux. » C'est celui-là même qu'il cultive ici.

Préside à la pièce, plus encore que l'héritage élisabéthain, l'influence du cirque. « Beckett découvre le cirque comme représentation existentielle. Ce couple – le clown et l'auguste – est une représentation simplifiée d'un rapport complexe : celui de l'homme et de son prochain. Le clown et l'auguste sont deux hommes qui ne se comprennent pas. C'est pour cela que nous rions. C'est pour cela aussi que nous pourrions pleurer[11] ». Les chutes perpétuelles des quatre personnages qui ponctuent la pièce, la démarche raide et vacillante de Vladimir qui n'est pas sans rappeler celle de Charlot, le jeu d'Estragon avec ses chaussures, le jeu sur les chapeaux, vieux *lazzo* de la *Commedia dell'arte*, directement issu de *La Soupe au canard* des Marx Brothers, le pantalon d'Estragon qui tombe à la fin du spectacle, la rapidité dans l'échange des répliques imitée des dialogues de clowns, tous ces gags, tant gestuels que verbaux, viennent de l'univers du cirque, revisité à travers les grands comiques du cinéma à ses débuts, qu'il s'agisse de Chaplin, de Keaton, de Laurel et Hardy, des Marx Brothers dont Beckett ne cessait de visionner les films pendant ses années estudiantines. Il est fait directement allusion au cirque, lorsque Vladimir et Estragon, ravis de la diversion que leur a apportée la rencontre avec Pozzo et Lucky, assimilent le spectacle qu'ils leur ont donné à un numéro de cirque.

> VLADIMIR. – On se croirait au spectacle.
> ESTRAGON. – Au cirque. (*G*, 48)

Blin, qui a pensé à l'univers du cirque dès la première lecture, a fait exécuter à Pozzo et à Lucky, à la fin du premier acte, l'un traînant l'autre, un complet tour de piste, comme le feraient les clowns au cirque, afin d'accentuer leur caractère dérisoire.

---

11 Alfonso Sastre, « Avant-garde et réalité », *L'Herne*, 1976, p. 237.

> Sans vouloir à tout prix accentuer le côté tragique du texte, il me paraissait exclu de le situer sur une piste de cirque. Cela ne m'a pas empêché de conserver, tout au long du spectacle, en filigrane, l'idée du cirque qui s'estompe parfois ou revient en force mais qui est là du début à la fin du spectacle[12].

Des résonances clownesques se font encore entendre, mais à bas bruit, dans *Fin de partie* où la raideur de Clov, sa maladresse et les jeux comiques qu'elle suscite, notamment avec la lunette qu'il laisse tomber à maintes reprises, donnent à la pièce une dimension burlesque, tout comme dans *La Dernière Bande* où Krapp glisse sur une peau de banane ou dans *Acte sans paroles II*, pantomime dans laquelle Beckett, faisant sortir d'un sac les deux protagonistes, utilise un *lazzo* traditionnel chez les Comédiens *dell'arte*. Par l'irréalisme qu'ils introduisent, ces jeux clownesques créent, entre le public et le spectacle, une distance qui suscite le rire et met en sourdine momentanément le pathétique. À partir de *Comédie*, ils disparaissent. Beckett portant à la scène un personnage parvenu au terme de son existence, à qui son passé, dans des pièces comme *Dis Joe, Cette fois, Berceuse*, est réfléchi par une voix, supprime les jeux clownesques gestuels qui prêtaient au rire ; le corps, réduit à sa fonction d'écoute, s'est comme absenté.

DES RÉCEPTIONS DIFFÉRENTES

Godot est une œuvre ouverte. Jamais sans doute un nom, celui de Godot, n'a suscité autant d'exégèses, d'autant que Beckett a toujours refusé de s'expliquer. À Alan Schneider qui l'interroge en 1956, alors qu'il travaille à la mise en scène de la pièce, pour savoir qui est Godot, il répond : « Si je le savais, je l'aurais dit dans la pièce [...][13] ». Il réfute l'interprétation métaphysique, celle de Jean-Jacques Mayoux notamment, qui rappelle que *Godo* est une forme d'Irlandais parlé pour *God*[14].

12 Blin, *Souvenirs et propos*, *op. cit.*, p. 85.

13 Martha Fehsenfeld, « Alan Schneider et le théâtre de Beckett aux États-Unis », *Revue d'Esthétique Samuel Beckett*, Privat, 1986, p. 182.

14 Jean-Jacques Mayoux, « Le théâtre de Samuel Beckett », *Études anglaises*, n° 10, octobre-décembre 1957, p. 356.

À Sir Ralph Richardson, acteur anglais pressenti pour jouer dans *En attendant Godot*, qui lui demande si Godot est Dieu, il répond : « [...] si avec Godot j'avais voulu désigner Dieu je l'aurais appelé Dieu (*God*), pas Godot [...][15] ». Avec le goût du canular qui le caractérise, il propose une interprétation farcesque, en accord avec le ton de la pièce, soulignant le fait que Godot vient du terme argotique *godillots*[16]. La seule information apparemment concrète concernant Godot, est donnée par Vladimir : « Ce soir, on couchera peut-être chez lui, au chaud, au sec, le ventre plein, sur la paille ; ça vaut la peine qu'on attende, non ? » (*G*, 25). "Godot", ce serait un lieu où le besoin, et par suite le désir, puisque selon Lacan le besoin est à l'origine du désir, ne se ferait plus sentir, un lieu de non-douleur, de non-désir ? La question reste entière.

D'emblée, selon les publics, la réception de la pièce, qui permet des interprétations multiples et notamment une lecture politique, a été différente. Godot représente Dieu pour les uns, un ordre social meilleur pour les autres. Martin Esslin rappelle qu'en Algérie « les fellahs sans terre devant lesquels on avait joué *En attendant Godot* en arabe s'étaient enthousiasmés pour la pièce, convaincus qu'ils étaient qu'elle avait pour thème l'ajournement perpétuel du partage des terres[17] ». D'après Jan Kott, lors de la première représentation en Pologne en 1956 la pièce provoqua beaucoup de remous parce que les Polonais étaient persuadés que ce Godot qui n'arrive pas représentait la liberté politique qu'ils attendaient[18]. Les détenus du pénitencier de San Quentin, en attente d'une libération lointaine, interprétèrent en 1957 Godot comme un symbole d'attente. « On ne saura sans doute pas "qui" est Godot, il suffit qu'il soit l'emblème de l'obstination de tous à désirer que quelque chose arrive[19] ».

Beckett refusait que Blin donnât à ce couple une résonance sociale. Néanmoins, le metteur en scène affirme :

> J'avais vu dans les rapports entre Pozzo et Lucky des rapports de classe. Leur relation semblait clairement être de l'ordre des rapports maître-esclave. Je ne voulais évidemment pas dire que *Godot* est une pièce politique sérieuse

15 James Knowlson, *Beckett*, Oristelle Bonis trad., Arles, Actes Sud / Solin, 1999, p. 527.

16 Pierre Mélèse, *Samuel Beckett*, Seghers, « Théâtre de tous les temps », 1966, p. 147.

17 Adorno, *Notes sur Beckett*, *op. cit.*, p. 115-116.

18 *Ibid.*

19 Alain Badiou, *Beckett : l'increvable désir*, Hachette, 1995, p. 75.

> qui traite de ce sujet, mais il me semblait évident que Pozzo est un maître et Lucky un esclave un peu à la manière des clowns dans un cirque. Et bien que Beckett s'en soit toujours défendu vigoureusement, il a quand même décrit cette situation. Il était mécontent de mon interprétation qui, dans la première version, était rendue lisible à travers les costumes des personnages[20].

De fait, l'interprétation hégélienne s'impose à bon nombre de critiques. Ludovic Janvier écrit : « Pozzo et Lucky représentent le bourreau et sa victime, le maître et son valet. L'un, abruti par la cruauté de l'autre mais habitué à elle comme une bête et sans doute la cherchant malgré l'usure, parce qu'il en reçoit la vie. L'autre, exerçant avec sadisme une domination anéantissante qui n'est pas sans le fatiguer ou sans lui laisser le sentiment d'une solitude morale qu'il nous est loisible d'abord de trouver odieuse [...][21] ». Odette Aslan s'interroge : « Maître-esclave des temps modernes, Pozzo et Lucky sont-ils le détenu d'Auschwitz et son bourreau SS ? Le dissident soviétique et le directeur d'une clinique psychiatrique ? Ou bien, sous l'apparence d'un animal de cirque obéissant à son dompteur, ne faut-il lire que la métaphore de tout homme soumis à l'exploitation[22] ? » James Knowlson remarque que « la façon dont Pozzo traite Lucky n'est pas sans rappeler les premiers témoignages sur les brutalités infligées par les kapos dans les camps de concentration[23] ». La pièce peut donc donner lieu à des mises en scène diverses, ce que Beckett, très soucieux du respect de son œuvre, lui qui était d'une exigence extrême dans la direction d'acteurs, ne pouvait accepter. On se souvient du scandale créé par l'interprétation de Gildas Bourdet, en octobre 1988, alors qu'à la demande d'Antoine Vitez, administrateur de la Comédie-Française, il travaille à la mise en scène de *Fin de partie*. À quinze jours de la générale, il se voit signifier par Jérôme Lindon, représentant de Beckett, trop malade pour se déplacer, l'interdiction de jouer la pièce, interdiction motivée par la présence d'éléments scénographiques et sonores qui ne figurent pas dans le texte, la couleur du décor, l'introduction d'une musique de scène, la présence de mannequins fantomatiques.

Les pièces ultérieures n'ont pas donné lieu à des interprétations si diverses. Seule *Catastrophe*, écrite en réponse à un événement particulier,

20 Blin, *Souvenirs et propos*, *op. cit.*, p. 91.
21 Ludovic Janvier, *Pour Samuel Beckett*, Minuit, 1966, p. 102.
22 Odette Aslan, *Roger Blin, Qui êtes-vous ?*, La Manufacture, 1988, p. 126.
23 Knowlson, *Beckett*, *op. cit.*, p. 488.

permet une lecture politique. Dédiée à Václav Havel, la pièce, fruit d'une commande de l'AIDA, Association internationale pour la défense des artistes, est créée le 20 juillet 1982 au Festival d'Avignon au cours d'une manifestation, « Une nuit pour Václav Havel », donnée en solidarité avec l'écrivain tchèque, l'un des leaders de l'opposition en Tchécoslovaquie, le porte-parole de la charte 77, emprisonné depuis octobre pour dissidence. Beckett y met en scène un homme bâillonné qui ne se laisse pas pour autant briser et qui, au final, relève la tête. La pièce se prête à deux types de lectures – satire du metteur en scène despotique pour qui l'acteur n'est qu'un objet à façonner, dénonciation du totalitarisme –, qui, loin de s'exclure, se nourrissent l'une l'autre. « Sommes-nous dans un théâtre ? Une prison[24] ? » questionne Michael Lonsdale, qui interprétait le Metteur en scène au Théâtre du Petit Rond-Point le 15 septembre 1983 dans la mise en scène de Pierre Chabert. Outre le fait que la pièce est écrite pour Václav Havel, bon nombre d'indices vont dans le sens d'une lecture politique, cautionnée par Beckett, qui par ailleurs a toujours refusé de s'expliquer sur son œuvre, ce qu'il rappelle ici, de façon amusée. À A (l'assistante) qui vient de proposer de mettre un petit bâillon sur la bouche de P (le protagoniste), M (le metteur en scène) répond, outré : « Cette manie d'expliquer ! Petit bâillon ! Que des points ! Plus d'i ! » (*C*, 77). Exaspéré par certains critiques qui ont dénié à la pièce sa dimension politique, Beckett confie, commentant ainsi le final : « Il n'y a pas trace d'ambiguïté là-dedans. (P) dit carrément : "Bande de salauds, vous n'avez pas encore ma peau[25] !" ». L'homme, quelle que soit sa condition, acteur manipulé par un metteur en scène, victime impuissante d'un univers concentrationnaire, ne peut pas être éternellement asservi. Tel est le message d'espoir que Beckett envoie ainsi à Václav Havel et, à travers lui, à tous les dissidents.

Alors que la création d'*En attendant Godot* en 1953 est un événement majeur pour le théâtre occidental car Beckett rompt avec toute la tradition aristotélicienne – il réduit l'action à son minimum, supprime le dénouement et débarrasse la scène de toute vraisemblance –, alors que cette pièce est très vite devenue une œuvre culte, Beckett ne poursuit pas dans cette voie, abandonnant tout ce qui en fait la spécificité. Tandis que les personnages

24 Michael Lonsdale, « Un précurseur du théâtre musical », *Revue d'Esthétique Samuel Beckett*, Pierre Chabert (dir.), Privat, 1986, p. 258.

25 Knowlson, *Beckett*, *op. cit.*, p. 854.

d'*En attendant Godot* se déplacent, qu'ils évoluent dans un lieu ouvert sur un hors-scène qui permet un minimum d'action, qu'ils sont comme dépossédés de leur passé, qu'ils communiquent entre eux par des échanges vifs, qu'ils se livrent à des gags burlesques, il crée ensuite des personnages frappés d'immobilité, placés dans un espace déréalisé qui ne permet plus de hors-scène et qui, de ce fait, n'est plus susceptible de générer une action. Ces êtres n'attendent plus rien, aussi toute référence au monde extérieur est-elle inutile. Godot ne viendra pas, il n'y a plus d'ailleurs, l'espoir a disparu. En grand proustien Beckett ne cesse d'interroger les caprices de la mémoire. Les êtres qu'il crée alors, envahis par leurs souvenirs qu'ils évoquent en de longs monologues, suscitent de moins en moins le rire. Par ailleurs, si *En attendant Godot* se prête à des réceptions multiples, notamment politiques, ce n'est plus le cas dans les pièces ultérieures, sauf dans *Catastrophe.*

C'est peut-être parce que le succès de *Godot* lui semble suspect, qu'il est à ses yeux trop facile, mais aussi parce que cette pièce peut donner lieu à des lectures très différentes et que, de ce fait, elle lui échappe, que Beckett expérimente ensuite une autre écriture scénique, écriture qu'il met un certain temps à trouver puisqu'il lui faut plusieurs années pour composer *Fin de partie*, les premières versions ne le satisfaisant pas. Dans plusieurs de ses lettres, il fait part de ses difficultés[26]. « C'est devenu un mouton à cinq pattes, pour ne parler que de la structure ; je me demande si je dois enlever une patte ou en ajouter une », confie-t-il[27]. Il entretenait tout de même un rapport ambigu avec *Godot.* S'il semblait ne pas aimer ce "western endiablé", peu de temps avant sa mort, il confia pourtant à Pierre Chabert qui partait jouer *Compagnie* en Espagne qu'il aimait particulièrement le titre de sa pièce en espagnol, langue dans laquelle le mot *esperar* signifie à la fois "attendre" et "espérer"[28], comme Chabert me l'a rapporté.

Marie-Claude HUBERT

26 Notamment dans ses lettres à Alain Schneider. Il lui écrit le 27 décembre 1955 : « (I) am struggling with a play », puis le 11 janvier 1956 : « I am writing an even worse affair and I have got down the gist of the first act (of two). » (*L2*, 586 et 595).

27 « Beckett's Letters on *Endgame* », *The Village Voice Reader*, Daniel Wolf et Edwin Fancher, New York, 1958, p. 183, cité par Deirdre Bair, *Samuel Beckett*, Fayard, 1979, p. 424-425.

28 Entretien avec Pierre Chabert.

SIGLES ET ÉDITIONS CITÉS

C *Catastrophe et autres dramaticules*. Paris, Minuit, 1982.
FP *Fin de partie* [1957]. Paris, Minuit, 2001.
G *En attendant Godot* [1952]. Paris, Minuit, 2011.
L2 *The Letters of Samuel Beckett*, t. 2, "*1941-1956*", George CRAIG, Martha Dow FEHSENFELD, Dan GUNN, Lois More OVERBECK (éd.). Cambridge UP, 2011.
OBJ *Oh les beaux jours* suivi de *Pas moi*. Paris, Minuit, 2009.
W *Watt*. Paris, Minuit, 1968.

PREMIÈRE PARTIE

AUX SOURCES D'*EN ATTENDANT GODOT*

INSPIRATIONS SAVANTES, INSPIRATIONS POPULAIRES

JACQUES ET SON MAÎTRE À LA FONTAINE AUX SAINTS

Du rôle de deux intertextes irlandais et français dans la création d'*En attendant Godot*

Alors qu'il travaille à l'écriture de *Godot*, Beckett s'inquiète. Que craint-il ? Les possibles rapprochements entre son œuvre et celle de Jouhandeau, comme il s'en explique dans une lettre à Georges Duthuit, à la fin du mois de décembre 1950 : « J'ai été emmerdé en me rappelant tout d'un coup le *M. Godeau intime* de Jouhandeau. Je cherche à remplacer Godot par un autre nom et ne trouve rien. Crois-tu que ce soit nécessaire ? » (*L2*, 210). L'inquiétude dont témoigne cette lettre peut étonner : elle demeure révélatrice de la très grande culture de Beckett et de son intérêt pour les phénomènes d'intertextualité. L'objet de sa préoccupation ? Le rapprochement que pourrait opérer le public et qui amoindrirait le caractère énigmatique du personnage, voire l'originalité de la pièce. Qu'il le redoute n'est pas anodin. Il a même des raisons pour cela. Si Jouhandeau relève de la coïncidence, d'autres auteurs pourraient être convoqués, auxquels Beckett doit plus qu'il ne le laisse percevoir. Le titre n'en dit rien, mais imaginons un instant un autre titre, qui, lui, révélerait ces sources : *Jacques et son maître à la fontaine aux Saints*. Alors apparaissent le roman de Diderot et la pièce de Synge.

Soyons précis : il n'est pas question de circonscrire les influences multiples qui traversent la pièce à ces deux œuvres. Elles sont cependant caractéristiques de l'appartenance de Beckett à, au moins, deux cultures, l'une française, l'autre irlandaise. On retrouve donc dans le domaine culturel des dynamiques analogues à celles analysées à travers le bilinguisme[1] ou dans le récent volume *Samuel Beckett et la culture française*[2]. Surtout, connaître

1 Voir notamment *SBT/A*, n° 30 : "*La Poétique du bilinguisme dans l'œuvre de Samuel Beckett*", 2018.

2 Yann Mével (dir.), *Samuel Beckett et la culture française*, Paris, Lettres modernes – Minard, « Carrefour des lettres modernes », n° 9, 2019.

Jacques le fataliste et son maître et *La Fontaine aux saints* rend problématique la singularité d'*En attendant Godot*. Par sa nouveauté, l'œuvre a médusé son public, ses critiques et les universitaires. Si certains articles ont relevé des influences – notamment Chaplin – rares sont ceux qui s'aventurent du côté de Diderot et de Synge. Mon hypothèse est simple : la double culture de Beckett, et ces deux œuvres en particulier, ont à la fois joué un rôle important dans le processus de création et été totalement occultées par la réception. Le prouver nécessite de montrer que Beckett les connaissait, qu'on en retrouve des traces dans *Godot*, et, enfin, d'observer leurs effets sur la réception. Dans cette entreprise, ne comptons pas sur Beckett pour reconnaître publiquement des influences. Ce fin lettré, ayant donné des cours sur Racine et Corneille au Trinity College, spectateur assidu à l'Abbaye Theater de Dublin et dans différents théâtres parisiens, n'a-t-il pas osé écrire : « Je n'ai pas d'idées sur le théâtre. Je n'y connais rien. Je n'y vais pas [...]. » (*L2*, 314) ? Alors, au-delà de cette posture du naïf qu'il aime tant adopter, allons voir ce qu'il en est concrètement.

AU CŒUR DE L'ABONDANTE CULTURE DE BECKETT
Synge et Diderot

À l'instar d'un Rabelais ou d'un Queneau, Beckett fait partie des auteurs encyclopédiques, dont les connaissances et les références sont immenses : il n'est qu'à parcourir, grâce à l'ouvrage de Mark Nixon et Dick van Hulle[3] les rayonnages de sa bibliothèque, dont les volumes sont lus, relus, annotés ; il n'est qu'à ouvrir l'un de ses nombreux carnets de travail, pour constater l'ampleur et la richesse de sa culture – ou plutôt, de ses cultures. En effet, les auteurs qui nous intéressent viennent solliciter les deux sens principaux du mot culture : Synge, parce qu'il appartient à la culture irlandaise, originelle, de l'auteur, ce qui relève « d'une conception non hiérarchique héritée de l'ethnologie où le terme de culture désigne l'ensemble des systèmes symboliques transmissibles

3 Dirk van Hulle et Mark Nixon, *Samuel Beckett's Library*, Cambridge, Cambridge University Press, 2013.

dans et par une collectivité[4] » ; Diderot, parce qu'il appartient à la culture développée et acquise par Beckett au fil de ses années d'études et renvoie donc à une acception plus élitiste, où *culture* « désigne l'ensemble des connaissances qui distinguent l'homme cultivé de l'être inculte, à savoir un patrimoine philosophique, artistique et littéraire[5] ».

Demander si Beckett connaît Synge paraîtrait incongru à un Irlandais. Un peu comme si l'on s'interrogeait pour savoir si Victor Hugo a entendu parler de Corneille. Synge est la référence absolue du théâtre irlandais et Anthony Roche souligne la profondeur de son influence sur les auteurs irlandais du XXe siècle[6]. Beckett ne fait pas exception. Dans la correspondance, Synge revient à plusieurs reprises, mais nous insisterons sur une occurrence particulière, dans une lettre à Cyril Cusack datée du 1er juin 1956. Celui-ci prie Beckett d'écrire quelque chose dans le cadre d'un hommage à Georges Bernard Shaw. À cette suggestion, Beckett oppose un refus poli, avant de développer sa pensée en comparant Shaw à d'autres auteurs de théâtre irlandais célèbres : « I wouldn't suggest that G.B.S is not a great play-wright, whatever that is when it's at home. / What I would do is give the whole unupsettable apple-cart for a sup of the *Hawk's Well*, or the *Saints'*, or a whiff of *Juno*, to go no further. » (*L2*, 623 ; "Je ne voudrais pas suggérer que G.B.S n'est pas un grand auteur dramatique – quoi que l'on entende par ce terme. Ce que je voudrais, c'est échanger son inébranlable charrette de pommes contre une gorgée du *Puits du faucon* ou de *La Fontaine aux saints*, ou une bouffée de *Junon et le paon*, pour m'en tenir à ceux-ci."). Le propos se construit sous la forme d'une épanorthose : Beckett énonce d'abord ce qu'il ne suggérera pas avant de présenter, cette fois positivement, son opinion. Celle-ci s'exprime par le recours à une expression idiomatique que l'auteur vient inverser : alors que « to upset the apple-cart » signifie « tout renverser, déjouer des plans », Beckett présente l'œuvre de Shaw comme inébranlable, suggérant à la fois une qualité, mais aussi un défaut : tout y est en ordre, bien rangé. Prolongeant les métaphores culinaires, il lui oppose trois écrivains : Yeats et *At the Hawk's Well*, Synge et *the Well of Saints*, *Juno and the Peacock* de Sean O'Casey. Ainsi surgit une

4 « CULTURE », *Dictionnaire du littéraire*, Paul Aron, Denis Saint-Jacques, Alain Viala (dir.), Paris, PUF, « Quadrige » p. 136.

5 *Ibid.*

6 Anthony Roche, *Synge and the Making of Modern Irish Drama*, Dublin, Carysfort Press, 2013.

trinité des grands auteurs irlandais, accompagnés chacun d'une œuvre référence. Mais alors que *At the Hawk's Well* et *Juno and the Peacock* sont assez attendues, pour Synge, on aurait plutôt spontanément évoqué *Le Baladin du monde occidental*, sa pièce la plus renommée. Beckett, lui, quand il pense à Synge, convoque d'abord *La Fontaine aux Saints*. Preuve qu'il l'a lue, mais aussi qu'elle lui est suffisamment familière pour qu'il l'associe spontanément à Synge. Mais maintenant que notre hypothèse s'est trouvée confirmée, et qu'elle a gagné en solidité, il reste à nous préoccuper de la seconde référence, issue de la culture française : *Jacques le fataliste et son maître*.

Avant d'en venir à cette œuvre, rappelons que Beckett a une très bonne connaissance des auteurs du XVIIIe siècle français – dont il souligne, avec ironie, que ce siècle « was full of *ahuris* – perhaps that is why it looked like the age of "reason" » (*L1*, 529 ; "était rempli d'*ahuris* – peut-être est-ce pour cela qu'il semblait être un âge de raison"). Qu'au cœur des Lumières surgisse alors le nom de Diderot, dans la correspondance et dans le *Dream Notebook*, n'a rien de surprenant. Mais cet intérêt est moins façonné par le théâtre que par le roman. On trouvera, par exemple, dans une lettre de 1932, une allusion à *Jacques le fataliste* en même temps qu'à *Joseph Andrews* de Fielding, avec une mise en relation des deux qui se fait par le biais d'une métaphore théâtrale : « I'm enchanted with *Joseph Andrews*, Jacques and the Vicar of W. in one. The reminiscences of Diderot interest me very much, the ironical replis and giving away of the show *pari passu* with the show. » (*L1*, 129 ; "*Joseph Andrews* m'enchante, Jacques [Le Fataliste] et le Vicaire de W. réunis. Les réminiscences de Diderot m'intéressent tout particulièrement : les replis ironiques, les interruptions du spectacle *pari passu* pendant le spectacle."). Cette mention vient s'inscrire dans un phénomène comparable à celui observé dans la lettre à Cyril Cusack. Aborder la singularité ou la spécificité d'une œuvre se fait aussi par la comparaison avec d'autres écrits : la réception par Beckett d'une œuvre, son appréciation de celle-ci, passe par des références partagées – ici un roman français et un roman anglais – et l'on comprend dès lors mieux pourquoi Beckett postulait, de la part de ses futurs lecteurs, une même attitude envers *Godot*, et en éprouvait dès lors une certaine inquiétude, se rappelant le *M. Godeau intime* de Jouhandeau. Remarquons enfin que *Jacques le fataliste* n'est pas évoqué par son titre entier. Cela suppose, d'une part, qu'il est suffisamment connu de son interlocuteur pour que davantage de précision ne soit pas nécessaire, mais aussi que Beckett considère l'œuvre comme un classique, dont les caractéristiques narratives peuvent être abordées par une métaphore théâtrale sans qu'il soit besoin de la développer. Nous retrouvons, ici encore, des caractéristiques permettant d'ériger ces deux œuvres comme des intertextes possibles : faisant partie intégrante des deux cultures de Beckett, elles sont suffisamment connues pour fournir un point de comparaison dans le cadre d'un échange épistolaire littéraire. Ce sont donc deux références solides. Beckett les connaît et va même jusqu'à les évoquer spontanément, mais ont-elles joué un rôle dans l'écriture de *Godot* ? Voilà ce qu'il faut, à présent, tirer au clair en étudiant les traces de cette filiation à trois niveaux : dans la structure de l'intrigue, les personnages et les dialogues.

TRACES DES INTERTEXTES DANS L'INTRIGUE

Godot, d'abord, se déroule le long d'une route, près d'un arbre, non loin d'un fossé. Si le chemin, motif essentiel dans le roman picaresque, peut bien renvoyer aux pérégrinations de Jacques et de son maître, ce n'est pas la première fois que celui-ci vient fournir un cadre à une pièce de théâtre irlandaise. L'intrigue de *La Fontaine aux saints* se déroule, elle aussi, sur « *[l]e bord d'une route, avec, à droite, de grosses pierres* » (*FS*, 71). Et que raconte la pièce ? L'histoire de deux mendiants aveugles, Martin et Mary Doul, dont le nom, en gaélique, signifie "aveugle". Ces deux personnages se trouvent plutôt heureux de leur sort, convaincus par les propos des habitants du village que leur conjoint est un être d'exception, un beau garçon, pour Martin, une belle femme, pour Mary. Mais voici qu'arrive un saint homme, dans cette contrée, qui a ramené de l'eau puisée à la fontaine aux saints qui présente la vertu de redonner la vue. Nos deux aveugles s'empressent donc d'attendre que vienne le saint. Il arrive, le miracle opère, et la vue revient mais aussi la conscience que leur conjoint n'était pas si merveilleux que cela. Se voyant, ils ne se reconnaissent pas, puis, peu à peu, découvrent l'horrible vérité, en même temps que le mensonge des villageois. Amère déception, donc, sur laquelle vient se conclure le premier acte. Le second acte montre Mary et Martin au travail, désabusés et regrettant leur cécité d'antan. Peu à peu leur vision s'obscurcit : il faut recourir une deuxième fois à l'eau miraculeuse, pour que la guérison soit pérenne. Le troisième acte s'ouvre sur la route, au bord de laquelle viennent s'installer Mary et Martin, redevenus aveugles. Voici qu'on leur annonce le retour du saint homme. Mais loin d'aller à sa rencontre, ils se cachent, décidés à rester aveugles, et heureux. Ce rapide résumé ne prétend pas restituer l'entièreté de la pièce, mais simplement mettre en évidence les points communs qui peuvent exister avec la structure de la pièce de Beckett. Marquée dans son premier et son troisième acte par l'attente le long du chemin, avec des personnages qui, d'un acte à l'autre, recouvrent la vue, puis la perdent à nouveau, dans un cadre rural, au bord du chemin, la pièce de Synge, si elle offre une intrigue et un traitement beaucoup plus conventionnels que *Godot*, n'en fournit pas moins un arrière-plan familier. Surtout, si on peut considérer que la structure en deux actes de *Godot* supprime un troisième acte, celui du dénouement[7], peut-être est-ce finalement le premier acte qui manquait. En effet, si l'on reprend la structure en trois actes de la pièce de Synge, et que l'on supprime le premier, on retrouve deux actes où un personnage voit avant de devenir aveugle, et où deux autres craignent, confusément, une menace, en même temps qu'ils espèrent une arrivée. Bref, Beckett, tout en les remaniant considérablement, n'aurait finalement conservé de Synge que les deux derniers actes… et il aurait emprunté à Diderot la dynamique déceptive de son œuvre. De la même manière que l'attente de Godot vient scander la pièce, une autre ritournelle, dans *Jacques le fataliste*, rythme la fiction, une promesse, elle aussi, inaccomplie : celle du récit des amours de Jacques. On voit donc comment ces deux textes ont pu constituer, sinon une source immédiate, du moins le creuset, peut-être inconscient, dans lequel s'est peu à peu élaborée la charpente de la pièce de Beckett.

---

7 Sur l'absence de dénouement et la dimension "infinie", dans tous les sens du terme, de la pièce, voir notamment Pascale Alexandre-Bergues, « *En attendant Godot*, *Oh Les beaux jours* : un théâtre de la répétition », in Marie-Claude Hubert (dir.), *Lectures de Samuel Beckett*, Rennes, PUR 2009, « Didact Français », p. 105-115 (p. 110 et *sq.*) ; François Noudelmann, *Beckett ou la scène du pire*, Paris, Honoré Champion, 1998, p. 113 et *sq.*

TRACES DES INTERTEXTES DANS LES PERSONNAGES

Si ce que nous avons pu dire de Martin et de Mary Doul peut suffire à voir, des mendiants irlandais aux vagabonds français, une indéniable parenté, et si entre le saint qui veut les sauver, et le marché de Saint Sauveur où veulent se rendre Pozzo et Lucky, la coïncidence est peut-être trop forte pour en être une, c'est plus spécifiquement vers *Jacques le fataliste et son maître* que nous pouvons désormais nous pencher. Que constatons-nous ? D'abord, il y a, dans les deux cas, une relation entre un maître et son valet. Si Pozzo constate que celle-ci s'est dégradée, il n'en évoque pas moins le souvenir de temps plus heureux : « Savez-vous qui m'a appris toutes ces belles choses ? (*Un temps. Dardant son doigt vers Lucky.*) Lui ! [...] Sans lui je n'aurais jamais pensé, jamais senti, que des choses basses, ayant trait à mon métier de – peu importe. La beauté, la grâce, la vérité de première classe, je m'en savais incapable. Alors j'ai pris un knouk ! » (*G*, 45) Parmi les qualités passées de Lucky, la pensée. Non seulement il pense « à haute voix » (54), mais : « Il pensait même très joliment autrefois, je pouvais l'écouter pendant des heures. Maintenant... (*Il frissonne.*) ». Dans le roman, Jacques, bien que valet, se présente comme le véritable penseur, par opposition à son maître. Le temps heureux serait alors celui du roman de Diderot, qui fournirait à Lucky certaines caractéristiques, à savoir celle d'un valet pensant et philosophant. La référence temporelle dont celui-ci se sert pour établir le point de départ de la déchéance de l'humanité, « la mort de Voltaire » (61), appartient d'ailleurs au siècle des Lumières. Mais le "chanceux" n'est pas le seul personnage à présenter un rapport avec le roman : Pozzo, à bien des égards, a pour patron – au sens technique du terme – le maître de Jacques. Il partage avec celui-ci différentes activités, comme on le constatera en observant la description qu'en fait Diderot :

> Puis il cherchait sa montre, à son gousset, où elle n'était pas, et il achevait de se désoler, car il ne savait que devenir sans sa montre, sans sa tabatière et sans Jacques : c'étaient les trois grandes ressources de sa vie, qui se passait à prendre du tabac, à regarder l'heure qu'il était, à questionner Jacques et cela dans toutes les combinaisons. (*JF*, 59-60)

Les principales ressources du maître au fil de ses échanges Jacques, sa montre et sa tabatière, sont aussi celles de Pozzo. Son discours est scandé par des interrogations récurrentes sur leur disparition, réelle, pour la pipe et la montre, « Qu'est-ce que j'ai fait de ma pipe ? » (*G*, 47), « Mais où ai-je donc mis ma montre ? (*Il fouille.*) » (64), ou liée à la cécité, pour Lucky : « Où est mon domestique ? » (122) Le jeu avec les accessoires fait en outre partie des rares « didascalies » adjointes au dialogue dans le roman : « LE MAÎTRE, *sa tabatière ouverte et sa montre replacée* » (*JF*, 81) ; « LE MAÎTRE, *en frappant sur sa tabatière et regardant à sa montre l'heure qu'il est* » (167). Un valet pour l'un, un knouk pour l'autre ; une tabatière au XVIIIe, une pipe dans les années Cinquante ; une montre, dans les deux cas, que l'on oublie au « château » (*G*, 65). Ces échos constituent les vestiges d'une référence culturelle[8] dont on peut se demander si elle s'inscrit dans une véritable dynamique intertextuelle. Rien ne vient en effet donner le sentiment, dans l'écriture, d'une volonté de Beckett de manifester cette parenté. Certes, la mention de Voltaire, comme le décalage entre l'époque supposée de la fiction, le XXe siècle, et la monnaie mendiée par Estragon, « louis » (54)' peuvent constituer une inadéquation volontaire signalant l'influence de Diderot. Mais, en définitive, l'écriture de Beckett rejoue, stylistiquement, l'amnésie simulée de Vladimir : « VLADIMIR. – Nous les connaissons, je te dis. Tu oublies tout. (*Un temps.*) À moins que ce ne soient pas les mêmes. / ESTRAGON. – La preuve, ils ne nous ont pas reconnus. / VLADIMIR. – Ça ne veut rien dire. Moi aussi j'ai fait semblant de ne pas les reconnaître. » (66). Prétendre ne pas reconnaître ce que l'on est censé connaître, telle serait la dynamique mise en œuvre par la pièce : une écriture où la reconnaissance est entravée, déniée, et où toute référence se trouve, non pas abolie, mais rendue suffisamment problématique pour venir court-circuiter les joies de l'intertextualité.

8 Pour une étude plus détaillée de l'influence de Diderot, nous renvoyons à notre article : « Du théâtralisable au théâtralisé – et retour : écriture et réécritures des dialogues dans *En attendant Godot* de Samuel Beckett », *Fabula-LhT*, n° 19, octobre 2017 (<http://www.fabula.org/lht/19/protin.html> [pages consultés le 20 janvier 2020]).

TRACES DES INTERTEXTES DANS LES DIALOGUES

Une même hésitation accompagne les traces que l'on peut retrouver de *Jacques le fataliste* et de *La Fontaine aux saints* dans les dialogues. Une parenté s'impose cependant. D'abord, par les procédés communs aux dialogues de Pozzo et à ceux du maître et de Jacques. Il y a, par exemple, l'omission des questions dans la conduite des hypothèses, la pensée suivant son cours, qui n'est manifestement pas celui de l'interaction :

> LE MAÎTRE. – Tu verras que ce sont des contrebandiers qui auront rempli cette bière de marchandises prohibées, et qu'ils auront été vendus à la Ferme par les coquins mêmes de qui ils les avaient achetées.
> JACQUES. – Mais pourquoi ce carrosse aux armes de mon capitaine ?
> LE MAÎTRE. – Ou c'est un enlèvement. On aura caché dans ce cercueil, que sait-on, une femme, une fille, une religieuse ; ce n'est pas le linceul qui fait le mort.
> JACQUES. – Mais pourquoi ce carrosse aux armes de mon capitaine ?
> Le MAÎTRE. – Ce sera tout ce qu'il te plaira ; mais achève-moi l'histoire de ton capitaine. (*JF*, 88-89)

Le lecteur familier des deux œuvres y rencontrera un même refus des interruptions de la part du raconteur : que ce soit Jacques, « À la bonne heure ! Mais jurez-moi, du moins, que vous ne m'interromprez plus [...]. » (*JF*, 87), ou Pozzo : « Ne me coupez pas la parole ! » (*G*, 41). Enfin, autre élément que l'on retrouvera dans le dialogue beckettien, les questions, dans *Jacques le fataliste*, se trouvent souvent prises au pied de la lettre : « Le Maître. – Eh bien, Jacques, qu'est-ce ? / Jacques. – Ma foi, je n'en sais rien. / Le Maître. Et pourquoi ? / Jacques. – Je n'en sais pas davantage. » (*JF*, 88). Le rapport avec les dialogues de Synge est moins immédiatement identifiable. On peut cependant relever un trait : l'importance de l'écoute dans le rapport au hors-scène. Choisissant des personnages aveugles, Synge, à de nombreuses reprises, souligne l'approche d'un autre protagoniste par des références auditives : « Martin Doul (*tendant l'oreille*). Quelqu'un qui s'en vient sur la route. » (*FS*, 75). À cet égard, la très grande sensibilité de Martin Doul, qui reconnaît les gens à leur pas, est soulignée à de nombreuses reprises : « T'as l'oreille bonne, Dieu te garde, quand même t'es qu'un menteur, parce que je viens de me grimper la côte au galop rouge, d'avoir entendu des prodiges à la foire. » (*FS*, 75). Or, s'ils ne sont pas aveugles, Estragon et Vladimir présentent une même particularité – alors même que la vision, sur un plateau, ne connaît nulle entrave. Les arrivées, véritables ou non, s'annoncent par des « liaisons par l'oreille » – pour reprendre les termes de la dramaturgie classique. Ils ne voient pas venir Pozzo, ils l'entendent :

> ESTRAGON (*faiblement*). – On n'est pas liés ? *(Un temps.)* Hein ?
> VLADIMIR (*levant la main*). – Écoute !
> *Ils écoutent, grotesquement figés.*
> ESTRAGON. – Je n'entends rien.
> VLADIMIR. – Hsst ! (*Ils écoutent. Estragon perd l'équilibre, manque de tomber. Il s'agrippe au bras de Vladimir qui chancelle. Ils écoutent, tassés l'un contre l'autre, les yeux dans les yeux.*) Moi non plus. (*Soupirs de soulagement. Détente. Ils s'éloignent l'un de l'autre.*) [...]
> ESTRAGON. – Pah ! Le vent dans les roseaux.
> VLADIMIR. – J'aurais juré des cris.
> ESTRAGON. – Et pourquoi crierait-il ?
> VLADIMIR. – Après son cheval. (*G*, 25)

La mention des roseaux et des cris après un animal font d'ailleurs écho à l'évocation de Molly Byrne par Martin Doul : « [...] une belle voix douce elle a que tu te lasserais jamais de l'entendre, même elle ferait rien qu'appeler le cochon ou crier là dans les grandes herbes, peut-être bien, pour rameuter[9] ses poules... » (*FS*, 73-74). Une même logique auditive régit la peur qui les saisit à l'acte II, peur grandissante d'être cernés qui culmine par la dissimulation d'Estragon derrière l'arbre. Une dynamique qui rappelle celle de l'acte III de *La Fontaine aux saints*, quand Martin et Mary, entendant le Saint approcher grâce à sa cloche, cherchent où se cacher, et finissent par se dissimuler derrière... un arbre, qui les laisse clairement visibles. Les fausses alertes dans *Godot* donnent souvent lieu à des écoutes, plus rarement à des visions. Peut-être parce que celles-ci, à l'instar de celles de Martin et Mary, menacent sans cesse d'être englouties par l'obscurité. Cette fragilité serait surtout sensible

9 La version originale est, dans sa structure, plus proche de la formulation de Beckett « crier après son cheval », notamment pour la fin de la phrase : « [...] crying out in the long grass, maybe, after her hens [...] » ce qui se traduirait littéralement ainsi : « [...] criant dans les hautes herbes, peut-être, après ses poules [...]. »

dans cette réplique de Vladimir dans la première édition, finalement supprimée au cours des répétitions :

> Maintenant… oui… quand je ferme les yeux (*il les ferme et les couvre de ses mains, pour plus de sûreté*) je sens… oui… que la lumière m'abandonne. (*il rouvre les yeux.*) Te revoilà et maintenant (*il ferme les yeux, se concentre*), maintenant je me sens devenir tout noir, à l'intérieur. N'est-ce pas curieux ? (*G*, 99)

Ce thème de la lumière voilée parcourt la pièce de Synge, les personnages reperdant peu à peu la vue. Peut-être la suppression obéit-elle ici, non seulement à une coupe en termes de rythme, mais aussi au brouillage d'une allusion, pour l'obscurcir. S'agit-il d'une simple résurgence de la mémoire de l'auteur, ou bien y a-t-il un jeu, plus subtil, avec un aveuglement progressif, que Beckett aurait puisé dans *La Fontaine aux Saints* ? Il est difficile de trancher la question de manière définitive. Ces traces constituent néanmoins autant de signes remarquables de l'influence de ces deux œuvres. Et en parlant de signe, nous conclurons ce relevé en soulignant qu'il existe, dans *Godot*, une véritable citation de *Jacques le fataliste*. La réplique de Pozzo concernant la blessure d'Estragon, « VLADIMIR. – Il saigne. / POZZO. – C'est bon signe […]. » (*G*, 44), démarque l'échange entre Jacques et son chirurgien : « Jacques : Dès le matin, le chirurgien tira mes rideaux et me dit : « Allons, l'ami, votre genou ; car il faut que j'aille au loin. / – Docteur, lui dis-je d'un ton douloureux, j'ai sommeil. / – Tant mieux ! C'est bon signe. » (*JF*, 119). Même situation, même réaction, et même décalage comique : l'emprunt, cette fois-ci, est avéré. Pourtant, la citation s'inscrit dans un échange si rapide, si anodin, qu'elle a toutes les chances de passer inaperçue. Nous sommes bien loin de l'époque des œuvres de jeunesse, où la culture abondait et affleurait dans des effets parodiques et intertextuels savamment exhibés. Le temps est venu de la dissimulation. Non seulement ces allusions ne sont pas évidentes – au sens propre – mais elles sont aussi ancrées dans des références culturelles qui n'ont, à l'époque de la création, et encore longtemps après, jamais été véritablement convoquées par le public. L'eussent-elles été, la face du monde n'en aurait pas été changée, mais la réception de la pièce, si.

RAISONS ET CONSÉQUENCES D'UNE OMISSION

Si l'ennui, on le sait, naquit un jour de l'uniformité, d'où vient donc la nouveauté ? D'où vient ce sentiment qui saisit si puissamment les premiers spectateurs de *Godot* ? Peut-être la nouveauté, dans le cas de *Beckett*, a-t-elle pour origine une double ignorance : celle d'une source romanesque, *Jacques le Fataliste*, et celle d'une influence irlandaise, Synge. Le recours à deux intertextes connus mais appartenant à des cultures différentes a, longtemps, brouillé la réception tout en inspirant la création. Ainsi naquit un jour la nouveauté, nourrie de références aussitôt occultées. En effet, comme le souligne Georges Molinié, « c'est le récepteur, on ne le répétera jamais assez, qui mesure, et fait exister, ce ressentiment, variable, de l'identité et de la variation[10] ». S'il y a donc bien une volonté de Beckett de venir estomper les références dont son œuvre se nourrit, il n'est pas le seul responsable de la méconnaissance des cultures de *Godot*. À la dissimulation, volontaire, de l'écriture, répond l'occultation, involontaire, de la réception. Cependant, les raisons n'en sont pas tout à fait les mêmes si l'on envisage l'œuvre de Synge ou celle de Diderot. Si *Jacques le fataliste* est occulté, c'est pour des questions de généricité. Alors même que l'œuvre s'inscrit dans des phénomènes d'hybridation entre théâtre et roman caractéristiques de la littérature du XVIIIe, personne ne songe à convoquer un roman pour appréhender une pièce de théâtre, alors même que l'étrangeté du dialogue s'en serait trouvée considérablement amoindrie. En même temps, comment songer à Jacques et à son maître, devant une telle pièce ? Comment supposer une intertextualité aussi riche, dans une œuvre, apparemment, aussi austère ? Il faudra, comme pour l'historicisation[11], bien des années, avant que Beckett cesse d'être envisagé comme un écrivain hors du temps, hors de l'histoire, hors de la culture – et que ses nombreuses références et son érudition se voient reconnues et prises en compte. Mais, plus durable encore, a été, en particulier dans le domaine francophone,

10 Georges Molinié et Alain Viala, *Approches de la réception*, Paris, PUF, 1993, p. 33.

11 Pour un ouvrage représentatif de cette approche, voir, notamment, Anthony Uhlmann (dir.), *Samuel Beckett in Context*, Cambridge, Cambridge University Press, 2013.

l'oubli de l'irlandéité d'un auteur que, pourtant, certains critiques de l'époque prenaient soin de rappeler – allant parfois jusqu'au pléonasme en précisant qu'il était « Irlandais d'Irlande[12] ». Ici intervient la raison de l'occultation de Synge, liée à la méconnaissance du théâtre irlandais : nul ne songe à les rapprocher, parce qu'en définitive qui connaît celui-ci, parmi la foule qui se presse aux représentations de la pièce ? Qui a lu *La Fontaine aux Saints* ? Rares sont ceux qui se révéleront capables d'appréhender Beckett comme celui-ci appréhendait *Joseph Andrews* de Fielding ou l'œuvre de Bernard Shaw : en étant à même d'opérer des comparaisons et des rapprochements pour mieux comprendre la singularité de l'esthétique mise en œuvre. Et le meilleur moyen de montrer l'ampleur de cet aveuglement est peut-être, par contraste, de lui opposer la clairvoyance de quelques-uns : Paul-Louis Mignon et Roger Blin.

Ce dernier joue évidemment, dans l'avènement de *Godot* à la scène, un rôle central. Il est, avec Vilar, l'un des rares à ne pas opposer de refus à Suzanne, quand celle-ci leur fait parvenir les textes des deux pièces de son mari, *Eleutheria* et *Godot*. Hasard ? Sans doute pas. Si l'œuvre les intéresse, c'est non seulement par sa nouveauté, mais aussi par les rapprochements qu'ils sont capables d'opérer, et qui permettront, notamment à Blin, d'expliquer : « Nous avons donc répété la pièce comme une pièce ordinaire au premier degré [...][13] ». Oui, il a abordé *Godot* comme une pièce semblable aux autres. Quelles autres ? Eh bien, peut-être celles des auteurs irlandais qu'il a lus ou mis en scène : en mai 1949, Blin met en scène *La Lune dans le fleuve jaune* de Denis Johnston. Surtout, il avait aussi joué dans deux pièces de Synge sous l'Occupation, *Le Baladin du monde occidental* et *L'Ombre de la Ravine*. Et Vilar, que faisait-il durant cette période ? Blin nous l'apprend : Vilar avait « monté avec sa troupe différentes choses : *La Fontaine aux Saints* de Synge, quelques classiques, puis *Orage* de Strindberg[14] ». Une autre réception s'avère donc possible, à condition de bien connaître le théâtre irlandais. Mais si une telle compétence a grandement contribué à l'arrivée de Beckett sur la scène

---

12 M.B, « *En attendant Godot*, la première pièce de Samuel Beckett », *Opéra*, 30 janvier 1952, in André Derval (éd.), *Dossier de presse "En attendant Godot"*, Paris, IMEC et éditions 10/18, 2007, p. 19-20 (p. 19). Cette critique est rédigée à l'occasion de la radiodiffusion.

13 Andrée Waintrop, « Entretien avec Roger Blin », in *Étude des mises en scène des pièces de Samuel Beckett par Roger Blin*, Maîtrise, Études théâtrales, Université de Paris III, 1969, p. 12.

14 Roger Blin, *Souvenirs et propos*, Paris, Gallimard, 1986, p. 52.

parisienne, le rapprochement avec le théâtre irlandais a aussi permis une meilleure compréhension de la poétique du bilinguisme. En effet, bien avant l'essor que connut cette question, notamment par les travaux de Chiara Montini[15], Pascale Sardin[16] ou Nadia Louar[17], un critique français, Paul-Louis Mignon, fit partie, lui aussi, des clairvoyants, comme en témoigne sa description de l'œuvre de Beckett :

> [...] Samuel Beckett établit une dramaturgie originale qui manifeste, au moyen de l'outil « français », des caractères de la littérature irlandaise. Beckett a été marqué par son compatriote Joyce ; la rudesse de ses personnages, l'humour dans lequel ils baignent, leur besoin de transfigurer dans le jeu de l'éloquence une réalité misérable [...] les rapprochent des créatures d'un Synge ou d'un O'Casey, et leur tragique est marqué de la même mélancolie celtique[18].

Si la dramaturgie demeure "originale", cette singularité n'est plus la nouveauté absolue, hors de toute référence : elle est le fruit d'une conjonction, outil "français" et caractéristiques irlandaises – et Synge n'est, pour une fois, pas oublié. Ce détour parmi les clairvoyants permet alors de mieux comprendre le rôle joué par les cultures de Beckett non seulement dans la création de son œuvre, mais aussi dans sa réception. La nouveauté de l'œuvre provient donc de la tension entre la façon dont la culture du public définit le théâtre français de l'époque, et la façon dont *Godot* vient, elle, solliciter deux domaines culturels qui ne recoupent pas ce dernier : à savoir le théâtre irlandais, et le roman français. De cette tension naît un événement théâtral qui, bien des années plus tard, n'en finit pas d'inspirer des héritiers.

Jacques le fataliste à la Fontaine aux Saints n'a jamais existé. Cette pièce n'a pas été écrite – et pour cause. Quand on voit à quel point Beckett se soucie du rapprochement possible de sa pièce avec le *Godot* de Jouhandeau, on comprend mieux pourquoi de telles pistes ont été brouillées – ont-elles même été seulement conscientes ? Cependant, cela doit nous inviter, dans le domaine des études beckettiennes, à prolonger

15 Chiara Montini, *« La Bataille du soliloque » : genèse de la poétique bilingue de Samuel Beckett (1929-1946)*, Amsterdam | New York, Rodopi, 2007.

16 Pascale Sardin, *Samuel Beckett auto-traducteur ou l'art de l'"empêchement"*, Arras, Artois Presses Université, 2002.

17 Nadia Louar, « La figure du bilinguisme dans l'œuvre théâtrale de Samuel Beckett », *SBT/A*, n° 17, 2006, p. 313-330.

18 Paul-Louis Mignon, *Le Théâtre contemporain*, Paris, Hachette, 1969, p. 27-93 : « En France : une politique et une dramaturgie nouvelles » (p. 92).

la dynamique de réévaluation de Beckett par rapport à un corpus irlandais. Non pour minimiser le retentissement énorme que fut cette pièce, mais pour mieux saisir, au contraire, à quel point Beckett met en jeu une culture phénoménale, et, ce faisant, est à son tour devenu une figure incontournable de notre culture théâtrale. Ramener Beckett à ses sources, à ses influences, doit aussi nous rappeler que de telles sources ne sont pas des entraves, mais qu'elles peuvent constituer un formidable creuset pour l'innovation. Si Racine, que Beckett aimait tant, déclarait, dans sa préface de *Bérénice*, que « toute l'invention consiste à faire quelque chose de rien[19] », *Godot* nous apprend comment on peut, encore et toujours, « faire du neuf avec du vieux », et même avec deux vieux, l'un irlandais, l'autre français.

Matthieu PROTIN

19 Jean Racine, « préface de *Bérénice* » (en ligne : <www.theatre-classique.fr/pages/theorie/RACINE_PREFACEBERENICE.html> [page consultée le 25 mars 2020]).

SIGLES ET ÉDITIONS CITÉS

FS *La Fontaine aux saints*, par John Millington SYNGE, *Théâtre*, Françoise MORVAN (trad.). Arles, Actes Sud, « Babel », 1996.

G *En attendant Godot* [1952], Paris, Minuit, 1976.

JF *Jacques le Fataliste et son maître* [1796], par Denis DIDEROT. Paris, Gallimard, « Folio classique », 1973.

L1 *The Letters of Samuel Beckett*, t. 1, *"1929-1940"*, Martha Dow FEHSENFELD, Lois More OVERBECK (éd.). Cambridge UP, 2009.

L2 *The Letters of Samuel Beckett*, t. 2, *"1941-1956"*, George CRAIG, Martha Dow FEHSENFELD, Dan GUNN, Lois More OVERBECK (éd.). Cambridge UP, 2011.

GODOT, DE LA SCIURE AUX PLANCHES

« Le sketch des *Pensées* de Pascal par les Fratellini[1] »

Questionner les sources populaires d'*En attendant Godot* permet d'interroger les traces laissées par la comédie clownesque dans la pièce. *Godot* est-elle une pièce populaire ? Question délicate, tant le texte et ses représentations semblent autant nourrir que réfuter cette hypothèse. Pourtant, si Beckett lui-même avait envisagé de sous-titrer *En attendant Godot* « clownerie » et si les critiques, après la première de Roger Blin au Théâtre de Babylone en 1953, ont pour dénominateur commun la présence obsédante du clown, c'est que ce motif mérite qu'on y accorde une attention particulière. Qu'on songe seulement à la remarque, désormais célèbre, d'Anouilh qui voit dans la pièce « le sketch des *Pensées* de Pascal par les Fratellini ». Le clown dans *Godot* n'est *a priori* pas à prendre dans son acception comique. Il semble même relever plutôt du tragique si l'on s'en tient aux contours des personnages. Quel est donc ce clown beckettien et de quels clowns *Godot* est-il le nom ?

Il est indéniable que la présence du clown est à lier, en premier lieu chez Beckett, à l'expression du tragique. La marginalité – sociale, physique et psychique – révèle la figure archétypale du bouc-émissaire, figure beckettienne de prédilection. Nous y consacrerons notre premier point. Pour autant, la clownerie apparaît comme une brèche dans l'opacité du tragique, un remède à la pesanteur. Par cette réversibilité, le clown figure le personnage du débordement positif et de la joie, et les jeux auxquels se livrent les personnages dans *Godot* témoignent d'un véritable acharnement, d'un « increvable désir[2] » pour lutter contre la finitude. Notre deuxième point portera donc sur ce dépassement du tragique par la dérision.

---

1 Jean Anouilh, *Arts*, 27 février-5 mars 1953, « *Godot*, ou le sketch des *Pensées* de Pascal traité par les Fratellini », article repris dans *En marge du théâtre*, La Table Ronde, 2000, p. 53-54.

2 Alain Badiou, *Beckett : l'increvable désir*, Paris, Hachette Littérature, « Pluriel », 2006, p. 56.

LA FIGURE DU CLOWN DÉCHU

La figure du pitre déchu, le clown triste et l'image du vieux saltimbanque baudelairien « voûté, caduc, décrépit[3] » dessinent les contours d'une certaine iconographie des personnages beckettiens. Trois éléments majeurs permettent de définir ce clown déchu dans *Godot* : la figure du vagabond, les différentes pathologies et la représentation du bouc-émissaire.

Les personnages ont tout d'abord cette allure de vagabonds et de clochards qui fait écho au nomadisme des clowns. « Nous avons toujours vécu parmi les malles, les valises, sans qu'il fût jamais question de s'installer quelque part[4] » écrit François Fratellini. Vladimir et Estragon dorment n'importe où – « Où as-tu passé la nuit ? » (*G*, 81) demande Vladimir au début de l'acte deux. Lucky et Pozzo surgissent avec une valise d'on ne sait où. Le vagabond porte les stigmates de l'errance : misère, dénuement, hygiène douteuse. Paul Gordeaux écrit à propos de *Godot* : « Les dialogues de sourds ont été un moment à la mode ; puis il y eut les dialogues de fous. Voici les dialogues de clochards[5] ». Cette clochardisation du clown est fondamentale. « Je fréquentais les dépotoirs qui constituaient mon terrain de jeu[6] » raconte Grock. *Godot* est une pièce qui se prête particulièrement à cette analogie. On sait en effet que Vladimir « [...] *fouille dans ses poches, archibondées de saletés de toutes sortes* [...] » (18) et Jouanneau a par exemple choisi pour décor une friche industrielle[7]. L'habit fait le clown. Et les vêtements de Gogo et Didi rappellent les défroques empruntées aux vagabonds à l'origine de

3 Charles Baudelaire, « Le Vieux saltimbanque », *Œuvres complètes*, Paris, Robert Laffont, « Bouquins », 2011, p. 172.

4 Pascal Jacob, *Le Cirque, un art à la croisée des chemins*, Paris, Gallimard, 2001, p. 140.

5 Archives IMEC, « Correspondance personnelle 1960-1961 – droits étrangers », Critiques, *France-soir*, Paul Gordeaux.

6 Philippe Goudard, *Le Cirque entre l'élan et la chute*, Saint-Gély-du-Fesc, Editions Espace 34, 2010, p. 23.

7 Dans la mise en scène de Joël Jouanneau au Théâtre des Amandiers représentée le 1er février 1991, le décor est celui d'une friche industrielle, avec de vieux morceaux de tôle déchiquetés qui servent d'abris de fortune aux personnages. Le dénominateur commun à toutes les mises en scène, de la première de Blin aux dernières, comme celle de Jean-Claude Sachot, est bien cet aspect clochardisant que l'on retrouve à l'identique dans la figure du clown traditionnel.

l'auguste. Fratellini évoque ainsi sa rencontre avec l'un d'eux : « Celui qui me parlait avait les pieds nus dans d'énormes ribouis, percés de part en part et laissant déborder ses doigts de pieds. Un pantalon, trop large pour lui, descendait en vrille sur ses godasses. Ce pantalon bâillait légèrement à cause de la ceinture. Mon interlocuteur portait une redingote verdie et élimée[8] ». Les costumes d'Estragon et Vladimir sont des vêtements du trop : trop grands, trop larges ou trop petits. Outre l'aspect vestimentaire, les caractéristiques hygiéniques du clochard parcourent la pièce : Estragon dit en effet à Vladimir « Tu pues l'ail » (*G*, 21), et lorsque Pozzo demande « Lequel de vous sent si mauvais ? », Estragon lui répond : « Lui pue de la bouche, moi des pieds [...] » (65).

Cette marginalité se double de pathologies physiques qui montrent des clowns en involution : les personnages déambulent de manière disharmonieuse en raison de leurs difficultés motrices. Vladimir marche « *à petits pas raides, les jambes écartées* » (*G*, 9), Estragon se déplace « *en boitillant* ». Ces pathologies accentuent leur maladresse. Au cirque, l'impotence du corps est primordiale car elle témoigne de la balourdise du clown. Si elle est souvent source de comique, elle est toutefois rattachée à l'origine du premier auguste qui fait son entrée en scène pour la première fois par hasard et surtout par gaucherie, ce que rappelle Tristan Rémy :

> Le chef du manège, qui avait les jambes torses et s'appelait Machline, remplaça un soir à l'improviste un écuyer absent. Machline se présenta en piste dans un habit défraîchi de palefrenier pour passer les cerceaux à l'écuyère, et le clown de reprise l'entreprit si adroitement pour amuser le monde à ses dépens, qu'il le poussa vers les tonneaux tendus de papier de soie et l'y fit culbuter[9].

Ainsi naît l'auguste. Cette naissance hasardeuse liée à l'impotence est le point de départ de l'image physique marginale du clown. Chez Beckett, la sénescence accentue cette idée. Les corps sont en effet modelés par le passage du temps. Vladimir a des ennuis de prostate et Estragon est asthénique. La vieillesse est directement liée au statut du clown. Selon Tristan Rémy : « Les artistes d'agilité, fatigués, vieillis ou accidentés, plutôt que d'abandonner le métier [...] choisissent de « finir » comme clowns [...]. » (*EC*, 14). Si Grock a joué tardivement, il n'a pu malgré tout qu'être cantonné au rôle du « moins mobile », à savoir celui du

---

8 Jacob, *Le Cirque, un art à la croisée des chemins*, *op. cit.*, p. 45.

9 Rémy, *Les Clowns*, *op. cit.*, p. 72.

clown. Les acrobaties sont réservées aux performeurs. Le clown est donc d'emblée le personnage d'un manque, d'un amoindrissement, personnage du déclin, en somme, ce qui dans *Godot*, renforce l'aspect tragique des personnages qui semblent privés de tout.

À ces pathologies physiques s'ajoutent des pathologies psychiques. C'est principalement la figure de l'idiot qui apparaît dans *Godot* et celle-ci rappelle évidemment le personnage de l'Auguste, « cet idiot, ce crétin, ce bon à rien[10] », dont l'étymologie renvoie directement en argot berlinois au mot « idiot ». La réplique de Vladimir, « C'est peut-être un idiot » (*G*, 34) qui précède celle d'Estragon, « Un crétin [...] », met au jour cette expression de la marginalité. Le clown mime souvent l'idiotie pour provoquer le rire. Mais la figure du bouffon apparaît en réalité comme tragique : la mise à distance du pitre par le public implique une solitude totale, un ricanement qui, s'il est libératoire du côté du spectateur, n'en est pas moins cruel pour le clown en piste.

Cet élément est fondamental en ce qu'il souligne un autre aspect du clown tragique beckettien : la figure sacrificielle. Le clown est l'incarnation du bouc-émissaire. Les handicaps physiques et la représentation de l'idiotie renforcent ainsi le processus de marginalisation du pitre. René Girard le souligne en ces termes :

> Si l'infirmité, même accidentelle, inquiète, c'est parce qu'elle donne une impression de dynamisme déstabilisant. Elle paraît menacer le système en tant que tel. On cherche à la circonscrire mais on ne peut pas ; elle affole autour d'elle les différences qui deviennent monstrueuses, se précipitent, se télescopent, se mélangent, à la limite menacent de s'abolir. La différence hors système terrifie parce qu'elle suggère la vérité du système, sa relativité, sa fragilité, sa mortalité[11].

Le personnage de Lucky est sans aucun doute le représentant le plus évident du bouc-émissaire : il vient cristalliser les désirs d'asservissement de Pozzo, la perversion ludique de Vladimir et Estragon. Véritable bête de somme, Lucky apparaît en scène, surchargé de bagages aussi encombrants qu'hétéroclites. À l'instar du *pharmakos* antique, Lucky le mal nommé, devient symboliquement celui qui se sacrifie pour le bien de la collectivité puisqu'il permet à ceux qui l'entourent d'assouvir

10 Alfred Simon, *La Planète des clowns*, Paris, La Manufacture, 1989, p. 254.

11 René Girard, *Le Bouc-émissaire*, Paris, Grasset & Fasquelle, « Biblio essais-Le Livre de Poche », 1982, p. 34.

leurs pulsions de domination. Gilles Defacque écrit : « N'oublions pas que le clown s'en prend encore et toujours plein la gueule, qu'il traîne avec lui “la honte” du Christ, qu'il fait tache sur le paysage et que son surgissement provoque encore et toujours des tollés de rejets, de refus, de désirs de lynchage[12] ». Lucky pourrait incarner alors ce que Christian Moncelet nomme « la caricaturquisation[13] ». Pozzo illustre quant à lui le processus de domination charismatique, au sens où l'emploie Max Weber : « l'autorité fondée sur la grâce personnelle et extraordinaire d'un individu[14] ». Pozzo ne se signale en effet ni par ses qualités héroïques ni par son exemplarité. Pourtant, il apparaît comme un personnage mystérieux, voire mystique, « d'origine divine » (*G*, 30) comme il se présente, et la soumission de Lucky entre dans ce schéma de domination charismatique. Les injonctions « pense porc » (59), « plus vite ! » (28), « arrière ! » (29) font de Lucky un véritable esclave. Estragon et Vladimir lui obéissent tout autant et semblent même mus par le pouvoir que Pozzo s'est octroyé à travers ses intimidations réitérées : « Ici ? Sur mes terres ? » (31), « *(Avec colère)* Ne me coupez pas la parole ! » (41). Les répliques et didascalies attestent l'effet produit : « On ne pensait pas à mal [...] » (31) dit Vladimir.

Au cirque, l'agressivité du clown blanc à l'égard de l'auguste est récurrente. Le but est de ridiculiser l'autre : « C'est regrettable mais vous n'êtes qu'un paillasse » (*EC*, 101), dit Loyal au clown François. Si les formulations varient d'une entrée clownesque à l'autre, elles expriment toujours cette volonté d'asservir le partenaire et d'en faire son souffre-douleur : « Quelle joie si Goliath n'avait plus d'argent ! On pourrait se moquer de lui [...] » (*EC*, 74). Le langage véhicule la négation de l'autre, l'annulation de ce qu'il est, pour révéler en contraste la parole de celui qui humilie, et l'ériger en parole dominante, en seule parole légitime : « Parce que je suis moins bête que toi », répond le clown à l'auguste, réplique qui pousse Dario à constater : « Ce n'est pas permis

12 Gilles Defacque, « Le Clown : tradition/perversion ? », *Arts de la piste*, n° 30, décembre 2003, p. 29.

13 Frédéric Chauvaud, Jean-Claude Gardes, Christian Moncelet et Solange Vernois, « Introduction générale – Les mots de l'antipathie obsessionnelle », in Frédéric Chauvaud, Jean-Claude Gardes, Christian Moncelet et Solange Vernois (dir.), *Boucs émissaires, têtes de turcs et souffre-douleur*, Rennes, Presses Universitaires de Rennes, 2012, p. 11 (en ligne : <http://www.pur-editions.fr/couvertures/1338906032_doc.pdf> [page consultée le 11 juillet 2021]).

14 Max Weber, *La Domination*, Paris, Éditions La Découverte, 2015, p. 44.

de se moquer du monde » (*EC*, 132), comme Estragon qui, dans un élan de courage fait remarquer à Pozzo : « Traiter un homme de cette façon [...] c'est une honte ! » (*G*, 35).

Par les coercitions physiques de Pozzo, Lucky devient une bête de foire tenue en laisse par son maître, exécutant des danses à la demande. La chute de Lucky qui « *tombe avec tout son chargement* » (*G*, 29) est celle de sa dignité d'être humain. Cette victimisation est de mise dans les duos de clowns : le mode injonctif est toujours le plus employé, et le motif du bouc-émissaire apparaît de manière constante. À titre d'exemple, l'entrée "Charge et décharge !" évoque par bien des aspects les rapports de force entre Pozzo et Lucky. Dans cette entrée, Léandre ordonne à Chico de décharger la malle qu'il porte sur son dos :

> LÉANDRE, *prenant une décision* : Décharge ! *(Chico se débarrasse avec joie de sa malle ; il la laisse tomber lourdement sur la piste. Léandre montrant le régisseur)* : Je vais lui parler. *(Il fait quelques pas. M. Loyal s'avance. Léandre change d'avis.)* Non ! *(À Chico)* : Charge ! *(Il sort, suivi de Chico qui a eu toutes les difficultés possibles pour remettre la malle sur son dos)* (*EC*, 89).

Ces rapports de domination sont toutefois soumis à la réversibilité. Pour Max Weber, la domination n'est possible qu'avec celui qui a une « disposition acquise à l'obéissance[15] », ce que souligne Delphine Cézard : « Le bouc émissaire endosse le rôle que les groupes sociaux lui assignent tandis que le clown choisit d'entrer sur scène pour subir le jugement du public [...][16] ».

Cette servitude volontaire aboutit souvent à une inversion des rapports de force et témoigne finalement d'un strict rapport d'égalité. Baudrillard écrit à ce sujet que :

> La domination se définit par ce à quoi elle s'oppose, par des rapports de force et des contradictions internes. Elle se définit par une négativité, et le maître a autant besoin de l'esclave que l'inverse, pour exister[17].

La figure du clown sacrifié est réversible. Pozzo est digne de pitié à l'acte II et, aveugle, il est devenu dépendant de Lucky. Par une pirouette, l'auguste

15 *Idem*, p. 44.

16 Delphine Cézard, *Les « Nouveaux » clowns : approche sociologique de l'identité, de la profession et de l'art du clown aujourd'hui*, Paris, L'Harmattan, « Logiques sociales », 2014, p. 171.

17 Jean Baudrillard, *Carnaval et cannibale* suivi du *Mal ventriloque*, Paris, L'Herne, 2008, p. 38.

est autorisé à passer maître du jeu. La réversibilité de l'intelligence en bêtise est un élément majeur des procédés clownesques. « Foottit et Chocolat étaient tour à tour victimes », écrit Rémy qui rapporte cette anecdote :

> J'entends encore Foottit dire à Chocolat, impassible : « Espèce d'idiot ! », lui répéter dix fois la même injure, sous le nez, dans un porte-voix, en lui montant sur les épaules, en lui martelant le crâne, en lui crevant le tympan avec une énorme vrille, et je le vois s'arrêter avec un profond découragement parce que Chocolat, souriant béatement, lui répondait avec calme : « J'avais entendu la première fois[18] ».

Pourquoi Beckett privilégie-t-il ce type de figure ? Deux éléments nous permettent de trouver des réponses : la biographie de Knowlson, qui rapporte la fascination du dramaturge pour les figures de l'anormal, et la correspondance, qui témoigne d'une profonde empathie de Beckett pour les déshérités.

L'univers du cirque, les entrées et dialogues de clowns ne sont pas étrangers à Beckett. Ils semblent même avoir été « une inspiration déterminante[19] ». Alfonso Sastre rapporte que Beckett découvre le cirque comme « représentation existentielle » :

> Ce couple – le clown et l'auguste – est une représentation simplifiée d'un rapport complexe : celui de l'homme et de son prochain. Le clown et l'auguste sont deux hommes qui ne se comprennent pas. C'est pour cela que nous rions. C'est pour cela aussi que nous pourrions pleurer[20].

Beckett éprouve une sympathie particulière pour les mimes et les clowns. Charlie Rivel revient régulièrement dans sa correspondance : « Suis allé dimanche à la Deutschlandhalle pour voir en seconde partie de programme le vieux gros clown Charlie Rivel. Tournée d'adieu qui commence ici. De bons moments [...] » (*L4*, 362). Knowlson évoque les proximités de Beckett avec le music-hall et avec Chaplin : « Rivel exécute un numéro d'acrobate où il imite Charlie Chaplin [...]. La drôlerie du comique ramène Beckett au temps de sa jeunesse dublinoise,

---

18 Tristan Rémy, *Les Clowns*, Paris, Grasset & Fasquelle, 1945, p. 262.

19 Jean-Jacques Mayoux, « Le Théâtre de Samuel Beckett », *Études anglaises* n° 4, octobre-décembre 1957, p. 180.

20 Alfonso Sastre « Avant-garde et réalité », in Tom Bishop et Raymond Federman (dir.), *Cahier Beckett*, Paris, L'Herne, 1976, p. 237.

lorsqu'il allait au cirque ou au music-hall [...][21] ». L'évocation de Chaplin est intéressante : Beckett s'est toujours intéressé au music-hall et l'on ne commente plus l'analogie entre la démarche de Vladimir et celle de Charlot. Le clown beckettien est toutefois plus proche de Calvero, clown déchu et mourant de *Limelight*, que de Charlot, clown particulièrement vif.

L'attraction pour les maladies physiques et psychiques est un deuxième aspect qui légitime ce choix du clown dégradé. Beckett est « depuis longtemps fasciné par la maladie physique et mentale, l'esseulement, le déclin, et obsédé par la solitude et la mort[22] », écrit Knowlson. Au-delà des maladies, c'est tout un univers de dérangement qui intrigue au plus haut degré le dramaturge : « Il n'a jamais vraiment perdu sa vieille fascination pour les manifestations de l'inordinaire, du macabre, du désordre mental[23] », poursuit Knowlson.

Paule Thévenin qualifie Beckett lui-même de « marginal invétéré[24] ». Si le dramaturge est incontestablement tourné vers ces figures de la marge, les marginaux à leur tour se tournent facilement vers le théâtre beckettien, comme l'atteste cette lettre d'un prisonnier dont Beckett s'est particulièrement ému :

> Votre Godot ce fut un triomphe, le délire ! ! Votre Godot ce fut « Notre Godot » à nous, bien à nous ! Car chacun se voyait incarné, réincarné par un de ces personnages de la pièce ! Nous tous, nous sommes ces clochards qui ont mal aux pieds[25].

La réponse de Beckett révèle son attachement à ce type de figures : « Là où depuis toujours et pour toujours je tourne en rond, tombe et me relève, il ne fait plus tout à fait noir ni tout à fait silencieux [...] » (*L2*, 498).

Les pitres de Godot incarnent donc en premier lieu le pitre déchu. Néanmoins, ce qui fonde l'identité du clown réside principalement dans son ambivalence. S'il peut susciter aussi bien la fascination que le rejet, c'est qu'il est le trait d'union entre comique et tragique, joie et désespoir. « Toute tragédie suppose la rigolade[26] », écrit Genet. Les catégories sont poreuses. Ainsi, la face claire du clown se montre aussi

21 James Knowlson, *Beckett*, Oristelle Bonis trad., Paris, Actes Sud, 1999, p. 937-938.
22 *Idem*, p. 356.
23 *Idem*, p. 744.
24 Paule Thévenin, « Blin l'admirable », *Le Magazine littéraire*, 1986, p. 39.
25 Knowlson, *Beckett*, *op. cit.*, p. 663.
26 Jean Cau, « Jean Genet », *L'Express*, 5 novembre 1959, p. 37.

dans *Godot*. Ce n'est pas anodin que Beckett ait privilégié cette figure double : le clown réalise cette admirable fusion entre la marginalité et la jubilation, illustrant alors la définition du comique qui exige selon Bergson « une anesthésie du cœur[27] ». La clownerie, dans *Godot*, sert donc précisément le dépassement du tragique, sur un mode purement ludique.

LA JUBILATION DU CLOWN BECKETTIEN OU LE DÉPASSEMENT DU TRAGIQUE

La dimension comique repose sur trois piliers : le motif du duo, les échanges verbaux et la gestualité. « Il semble que le rire ait besoin d'un écho[28] » écrit Bergson. Les couples de *Godot* rappellent les duos de clowns dont les distinctions permettent l'épanouissement du comique. Dans *Godot*, Beckett met en scène des personnalités qui accordent leurs caractères selon la tradition du cirque. Pour Alain Badiou,

> Beckett s'inscrit dans cette tradition du théâtre comique : duettistes contrastés, costumes décalés, suite de numéros plutôt que développement d'une intrigue, trivialités, injures et scatologie, parodie du langage élevé[29].

Comme les clowns, les personnages de *Godot* vont par paires. Ce motif exploite les nuances des rapports à deux, de la reconnaissance à l'interdépendance. Le numéro de clown se construit à partir de la rencontre qui survient en apparence soudainement. Cet effet de surprise ouvre de nombreuses entrées. Dans « La Déclaration », Lulu dit à Tonio : « Tiens bonjour, comment vas-tu ? » (*EC*, 109), Mimile, dans « La Fête du directeur » s'écrie : « Tiens tiens ! Comme on se rencontre ! » (149), répliques qui font écho à celles de Vladimir : « Alors, te revoilà, toi [...] » et « Je suis content de te revoir. » (*G*, 9). L'amitié qui cimente les relations est un facteur commun aux entrées clownesques. Il en va

27 Henri Bergson, *Le Rire : essai sur la signification du comique*, Paris, Éditions Payot & Rivages pour la présente édition, « Petite Bibliothèque Payot », 2011, p. 36.

28 *Idem*, p. 11.

29 Badiou, *Beckett : l'increvable désir*, *op. cit.*, p. 73.

de même dans *Godot.* Vladimir affirme connaître Estragon « depuis cinquante ans peut-être » (74).

La tendresse est un autre critère des duos de clowns. Dans « Le Duel à la dynamite » : « Bario se dirige vers Rhum et l'embrasse tendrement. « Tu vois, nous sommes amis maintenant » (*EC*, 134), et dans *Godot*, Vladimir s'écrie : « Encore toi ! [...] Viens que je t'embrasse ! » (*G*, 81). Cette amitié est poussée à son paroxysme lorsque les deux clowns s'avèrent être, par leur complémentarité, totalement interdépendants. Martin Esslin à propos des personnages de *Godot* précise que c'est, parce qu'ils ont « des natures complémentaires qu'ils dépendent également l'un de l'autre et qu'ils doivent rester ensemble[30] ». C'est précisément ce qui construit le duo entre le clown blanc et l'auguste. L'impossible séparation est marquée dans *Godot* de manière récurrente : Vladimir demande : « Comment, liés ? » (27), et Estragon lui répond « Pieds et poings. » C'est lui qui plusieurs fois tente en vain de partir : « Je m'en vais » (14), dit-il. L'angoisse de séparation est particulièrement marquée : « Ne m'abandonne pas ! » (114), dit Vladimir. « Ne me quitte pas ! » (117), demande Estragon. Marie-Claude Hubert souligne que « toute tentative de séparation est vaine à l'intérieur du couple beckettien [...][31] ». De ce point de vue, la lutte solidaire contre l'angoisse du vide est extrêmement joyeuse puisqu'elle assure la conversion du pire – l'attente, la conscience de la finitude – en rire, par les jeux clownesques, véritables divertissements pascaliens qui détournent de la mort. Cette interdépendance est dans le couple Vladimir/Estragon l'expression d'une mutuelle solidarité et d'une prévenance réciproque. « Viens, il commence à faire froid. » (74), dit Estragon. « Je ne pourrai plus marcher ! » (44), « Je te porterai », lui répond Vladimir. Dans l'entrée du « Duel à la dynamite », Dario dit aux clowns Rhum et Bario : « Mettez-vous d'accord et faites la paix [...] » (*EC*, 134). Ce motif dispute/réconciliation est omniprésent dans *Godot.* Vladimir et Estragon ne cessent de se disputer et de se réconcilier : « C'est ça, engueulons-nous. [...] Maintenant, raccommodons-nous. » (*G*, 106). La parodie de la conjugalité prête plus encore au comique : « Peut-on savoir où monsieur a passé la nuit ? » (10), demande Vladimir.

30 Martin Esslin, *Le Théâtre de l'absurde*, Paris, Buchet-Chastel, 1992, p. 15.

31 Marie-Claude Hubert, « L'angoisse de la séparation dans le théâtre de Samuel Beckett », in Michael Haerdter, Marcel Maréchal et Colin Duckworth (dir.), *Approches de Samuel Beckett*, Centre d'études et de recherches théâtrales, Université de Lyon II, Organon, 1974, p. 40.

De fait, cette marche solidaire pour sortir des impasses métaphysiques apparaît moins douloureuse puisqu'elle se fait à deux. La joie est permise dans la mesure où il y a approbation conjointe du destin. Le duo est ici le moyen de l'amusement et l'outil privilégié contre le grand adversaire : le temps.

Le comique verbal constitue un deuxième élément qui légitime l'analogie entre les personnages de *Godot* et les clowns. Pour tuer le temps, les personnages se parlent « drôlement ». Roland Auguet évoque ainsi « les clowns parleurs, qui utilisent comme leur nom l'indique, toutes les ressources du langage pour susciter le rire[32] ».

Godot décline de nombreux procédés linguistiques empruntés aux clowns. L'exemple le plus manifeste est la fatrasie de Lucky. Renvoyant le sérieux académique et le divin à la fécalité, le discours de Lucky joue avec les répétitions de sons pour former de nouvelles constructions ludiques. C'est le dieu personnel « quaquaquaqua » (*G*, 59), « l'anthropopométrie » ou « l'acacadémie ». Le calembour est également un élément de la rhétorique clownesque : ainsi mettre le feu aux poudres devient « le feu aux poutres » (59) dans la bouche de Lucky. « On ne descend pas deux fois dans le même pus » (84) d'Estragon recrée le précepte d'Héraclite : "On ne descend jamais deux fois dans le même fleuve". Les subversions d'expressions illustrent aussi ce comique clownesque. Estragon répond « *du tic au tac* » (23) puis propose de « battre le fer avant qu'il soit glacé » (23). Ces déplacements de sens sont fréquents chez les clowns. Tony l'auguste répond à la remarque de Pipo qui affirme : « Des cafés, il y en a dans tous les coins » (*EC*, 272) : « Mais le mien ne sera pas dans un coin, il sera juste au milieu » (272). Tonio, dans « Le Barbier » demande à son client « Alors, mon pote, je te rase de près ou de loin ? » (54), Lucky évoque « les sports d'hiver » (*G*, 60), puis, de manière inattendue… les sports « d'automne » (60).

La dérision par le langage est une marque de fabrique du cirque. Beckett s'approprie ce procédé pour créer une distanciation critique. Tristan Rémy, à propos de Grock, rappelle que l'usage de certaines répliques était devenu si comique qu'elles furent considérées comme des répliques cultes longtemps : « "Sans blague !" et "Pourquôa ?" sont des réparties inoubliables […][33]. » Est-ce une manière de s'inscrire dans le sillage de ce clown que de donner à Vladimir la même réplique

---

32 Roland Auguet, *Histoire et légende du cirque*, Paris, Flammarion, 1992, p. 43.

33 Rémy, *Les Clowns*, *op. cit.*, p. 408.

lorsqu'Estragon lui dit « Je suis malheureux », et que Vladimir répond : « Sans blague ! » (*G*, 70) ? À l'évidence oui, si l'on consulte les indications de mise en scène données par Beckett lui-même, qui écrit en marge de cette réplique : « à la manière de Grock » (*L2*, 565).

Le lexique de la grivoiserie est également fréquent : « Alors nous serions baisés » (*G*, 111), dit Vladimir. Le bas corporel est, comme chez les clowns, lié à la sexualité : « Qu'est-ce que tu vas faire avec ta toute petite carotte ? » (*EC*, 74). demande l'auguste au clown Eugène. La fécalité est aussi un élément clownesque : « Plus de cognac ? Plus de coliques ! » (199), affirme le clown dans « Les Noix confites ». Estragon traite Pozzo de « fumier » (*G*, 46). Les insultes "Imbécile", "nigaud", "idiot" reviennent dans toutes les entrées. Comme chez les clowns enfin, la reprise dans *Godot* des évidences ou des truismes langagiers est surtout un moyen de révéler la facticité du langage : « À chacun sa petite croix. » (87), dit Vladimir, « Qui peut le plus peut le moins » (22), dit Estragon. Rhum, à propos de M. Recordier affirme « Oh ! Lui ! Quand il est en colère, il est de mauvaise humeur ! » (*EC*, 214). Il s'agit alors de mettre en scène un langage qui finalement ne dit rien et qui s'est vidé de sa substance.

Le comique de langage s'exprime aussi dans l'emploi des stichomythies, procédé récurrent des clowns qui met en relief l'effet de la chute comme dans l'entrée du « Tapis » :

> LE CLOWN : Sache donc que pour réussir mon numéro, il faut être sportif.
> L'AUGUSTE : Je le suis.
> LE CLOWN : Il faut être léger.
> L'AUGUSTE : Je le suis.
> LE CLOWN : Gracieux.
> L'AUGUSTE : Je le suis.
> LE CLOWN : Assez gourde.
> L'AUGUSTE : Je le suis… Non, je ne le suis pas ! (*EC*, 263)

Dans *Godot*, la stichomythie souligne l'enlisement du langage et en montre toute la vacuité en même temps qu'elle donne au dialogue un caractère récréatif. C'est le cas de cette conversation entre Vladimir et Estragon, qui met en relief tout autant le déraillement de la communication que l'entêtement comique d'Estragon :

> VLADIMIR. – On se croirait au spectacle.
> ESTRAGON. – Au cirque.

VLADIMIR. – Au music-hall.
ESTRAGON. – Au cirque. (*G*, 47-48)

La répétition renforce ici le dialogue de sourds, procédé typiquement clownesque. On en retrouve un schéma identique dans plusieurs passages et notamment :

VLADIMIR. – Si on faisait nos exercices ?
ESTRAGON. – Nos mouvements.
VLADIMIR. – D'assouplissement.
ESTRAGON. – De relaxation.
VLADIMIR. – De circumduction.
ESTRAGON. – De relaxation. (*G*, 107)

Dans les dialogues clownesques, un schéma revient souvent comme moteur du comique. C'est ce que nous pourrions appeler le principe de "l'idée magique", censée attirer le clown : « J'ai une idée sensationnelle ! » (*EC*, 224) dit Pipo à Dario. Nous l'appelons "idée magique" à dessein, car elle suspend pour un temps l'angoisse du clown occupé à ne rien faire. Pour lutter contre l'ennui, il s'agit de jouer sur la multiplicité des hypothèses qui agissent comme autant de propositions : « Et si on le laissait tomber ? » (*G*, 132), « Et si on se pendait ? », « Si on se quittait ? » (133), « Si on se levait, pour commencer ? » (118), demande successivement Estragon qui cherche désespérément à "faire" quelque chose. Comme chez les clowns, l'hypothèse vient donc offrir un espace ou une solution rêvée qui exprime potentiellement une sortie de crise : fuir l'ennui ou le vide. À la proposition succède toujours la « trouvaille », qui promet de sortir des impasses : « J'ai trouvé », (*EC*, 233) dit Rhum à Pipo, « Nous sommes sauvés ! » (228) s'exalte Pipo qui fait curieusement écho au « Nous sommes sauvés » (*G*, 104), de Vladimir.

La parole didactique est également un élément de langage des duos clownesques que l'on retrouve dans *Godot*. La tentative de pendaison et l'explication qui la précède sont assez éloquentes :

VLADIMIR. – Je ne comprends pas.
ESTRAGON. – Mais réfléchis un peu, voyons.
Vladimir réfléchit.
VLADIMIR *(finalement)* – Je ne comprends pas.
ESTRAGON. – Je vais t'expliquer. Gogo léger – branche pas casser – Gogo mort. Didi lourd – branche casser – Didi seul. (*G*, 22)

« Je vais t'expliquer » est une proposition qui parcourt toutes les entrées clownesques : elle vient souligner autant la lenteur intellectuelle de l'auguste que l'autoritarisme du clown blanc. Dans les deux cas, elle offre un stimulus puissant au comique.

Enfin, le comique de langage réside aussi dans une parole *a-performative*, lorsque les actes contredisent les mots et inversement. « Allons-y. », propose Estragon. La didascalie « *Ils ne bougent pas.* » (*G*, 134) suit immédiatement cette proposition. Clément Rosset, dans sa recension des types de gags, évoque ce qu'il nomme « l'élan stoppé[34] », qui « consiste à faire suivre l'énonciation d'un fait ou d'une pensée de sa dénégation immédiate ». Dans « Le Duel à la dynamite » : Bario dit « Pardon, Monsieur. La pomme, ce n'est pas pour manger » (*EC*, 133) tout en croquant dedans, comme le précise la didascalie qui suit sa réplique.

La métathéâtralité constitue également un élément du jeu clownesque. Il est de coutume au cirque de s'adresser directement au public et d'abolir le quatrième mur. « J'ai appris sur le tas[35] » dit le clown en désignant le public. Beckett rompt également avec l'illusion théâtrale lorsqu'il fait dire à Vladimir « Tout de même… cet arbre… *(se tournant vers le public)* … cette tourbière » (*G*, 18). Cette interaction, où le jeu adoube le spectateur comme partenaire scénique, souligne la proximité de la pièce avec le monde du cirque.

Enfin, le rapport à l'objet témoigne peut-être le plus de l'influence du clown dans *Godot*. Le clown ne peut en effet s'arracher du fouillis qui lui sert de support pour amuser le public : « Marteau » (*EC*, 191), « petit violon » (*EC*, 218), « mouchoir » (*EC*, 220), « chapeau » (*EC*, 81) … Cette liste non exhaustive peut évoquer la série d'objets de Pozzo : « panier », « pliant », « pipe », « fouet », « vaporisateur ». Ce comique s'inscrit alors dans la tradition grimaldienne du « comique d'accessoires[36] ». Claudine Amiard-Chevrel parle même de « fétichisme[37] ». Véritables *objouets*, les choses prennent dans *Godot* une importance aussi essentielle que les personnages qui gisent littéralement sous leurs accessoires. C'est dans le jeu avec la chose que s'expriment toutes les potentialités comiques.

---

34 Clément Rosset, « La Force comique » in *Critique*, n° 519-520 : *"Samuel Beckett"*, Paris, Minuit, 1990, p. 710.

35 Michelle Rivalland, « La Dernière », *Deux clowns sur les planches, 10 sketches pour un Auguste et un Clown blanc*, Crozon, Les Éditions Buissonnières, 2008, p. 43.

36 *Idem*, p. 13.

37 Claudine Amiard-Chevrel, *Du Cirque au théâtre*, Paris, L'Âge d'Homme, 1983, p. 195.

Le personnage devient alors l'objet de l'objet. Estragon engage un véritable dialogue avec sa chaussure : « *Estragon, assis sur une pierre, essaie d'enlever sa chaussure. Il s'y acharne des deux mains, en ahanant. Il s'arrête à bout de forces, se repose, haletant, recommence. Même jeu.* » (*G*, 9). Il est aussi question du « jeu du vaporisateur » de Pozzo. Le choix du mot est éloquent dans la mesure où il renvoie à la fois au jeu théâtral et à l'amusement. Estragon semble être le jouet de l'objet qui s'amuse à ses dépens. Tristan Rémy écrit ainsi que « tributaire de l'accessoire, le clown en est la première victime. Il se trouve ravalé au rang d'apprenti sorcier, d'opérateur, d'animateur de machines à surprises, qui agissent et font rire pour lui » (*EC*, 19). Le passage de l'échange de chapeaux entre Vladimir et Estragon est profondément cocasse. Le chapeau est un objet qui constitue un puissant levier comique mais il célèbre aussi, comme au cirque, la performance, la virtuosité du clown par laquelle la pesanteur se change en une certaine grâce.

La gestualité dans *Godot* s'inscrit aussi dans cette mécanique du pitre. Il est d'abord question de la démarche qui, comme chez les clowns, pour faire rire, doit être rapidement reconnaissable. Faire le clown, c'est adopter une posture physique. Ainsi, la démarche induite par les chaussures démesurées évoque cette allure de canard boiteux popularisée par Chaplin. Vladimir est en effet décrit comme « *s'approchant à petits pas raides, les jambes écartées* » (*G*, 9). Les postures des personnages témoignent aussi du clownesque. Vladimir et Estragon « *en se tapant le dos* » (81), ou « *en battant des bras pour se réchauffer* » (99), s'illustrent dans des attitudes parfaitement clownesques. La grimace du clown, à savoir le sourire étiré jusqu'aux oreilles, véritable "signature" de l'auguste, peut être contenue dans la contraction faciale d'Estragon : « *Son visage se fend dans un sourire maximum qui se fige, dure un bon moment, puis subitement s'éteint.* » (13). Cette pose clownesque se reproduit plus loin lorsque les personnages apparaissent comme « *grotesquement figés* » (25). Cette réitération est un autre procédé des clowns. Pour Tristan Rémy, pour que la clownerie devienne comédie, il faut qu'il y ait « la répétition, ce procédé de la comédie classique[38] ». La formule du cirque repose sur la ritualisation : ainsi les clowns ont souvent des tocs. Pozzo sort et range son vaporisateur quatre fois et Estragon est obsédé par le fait d'enlever sa chaussure. La répétition est définie par Bergson comme « la vision

38 Tristan, *Les Clowns*, *op. cit.*, p. 262.

d'une force qui s'obstine et d'un autre entêtement qui la combat[39] ». Les didascalies « même jeu » ou « à nouveau » qui ponctuent presque toutes les actions sont identiques dans les entrées clownesques. Cette mécanique du recommencement n'est qu'un moyen, dans *Godot* comme chez les clowns, de produire une esthétique du ratage et d'autoriser le droit à la reconquête, comme il est de tradition au cirque. Chez Beckett, il s'agit en somme d'« échouer mieux ». À la répétition s'ajoute le gag de l'imitation, récurrent chez les clowns, que l'on retrouve notamment lorsque Vladimir et Estragon s'amusent à imiter Lucky et Pozzo « *Vladimir mime celui qui porte une lourde charge.* » (41) et lorsque, pour passer le temps, les deux personnages s'imitent aussi entre eux : « *Il commence à sauter. Estragon l'imite.* » Nous retrouvons le procédé de l'imitation notamment dans l'entrée « Les Instruments » : « Le clown se lève et salue. L'auguste répète les mêmes gestes » (*EC*, 174) puis plus loin : « L'auguste l'imite » (174).

La mécanique du pitre réside enfin dans la multiplication des coups. Le plus souvent, c'est l'auguste qui en fait les frais. Lucky est l'exemple du préposé à la brutalité des autres : « Si on lui donnait une bonne correction tous les deux ? » (*G*, 111), propose Estragon. Vladimir lui répond « Tu veux dire, si on lui tombait dessus pendant qu'il dort ? » Plus loin : « [...] *Estragon bourre Lucky de coups de pieds, en hurlant* » (124). « Le coup de pied au derrière bien donné et surtout bien reçu[40] » est un élément comique essentiel, écrit Dominique Denis. Dans l'entrée « L'épileptique », Dario « flanque à Ceratto toutes sortes de coups » (*EC*, 144). Chez les clowns, frapper constitue donc un élément de réussite d'un numéro.

Tous ces éléments viennent alors rompre avec le misérabilisme dans lequel la pièce s'est trop longtemps laissé enfermer. Les jeux comiques assurent une portée jubilatoire au texte beckettien qui gomme pour un temps la pesanteur tragique.

Parler du clown beckettien implique donc de saisir toute l'ambiguïté de la figure clownesque, d'en montrer ses deux faces. Par un jeu de clair-obscur, Beckett semble sculpter les personnages de *Godot* selon ce modèle. À la lisière des registres comique et tragique, le clown n'est

39 Bergson, *Le Rire*, *op. cit.*, p. 99.
40 Dominique Denis, *1000 gags de clowns*, Paris, Magix unlimited, 1997, p. 82.

jamais cantonné à un rôle et il est par conséquent impossible de le rattacher à toute vision manichéenne. Tout à la fois grotesque et tragique, dérisoire et sérieux, le clown beckettien relève tant de l'auguste que du clown blanc et révèle à l'homme sa nature ambivalente, ni totalement coupable, ni totalement victime, à la fois sans espoir et plein d'illusion. La lutte solidaire contre la finitude, parce qu'elle s'inscrit dans une révolte ludique à plusieurs, marque l'approbation conjointe du destin, l'*amor fati* dont parle Nietzsche. Sous le masque, le personnage beckettien est finalement comme le clown, une figure profondément humaine. C'est sans doute la raison pour laquelle *Godot* est sans doute aussi populaire et qu'elle ne saurait souffrir davantage de la réputation élitaire qu'on lui attribua lorsqu'on refusait de la voir autrement qu'à travers la surenchère analytique des exégètes. Cette pièce appartient, comme le clown, à tout le monde. « Le monde entier est un théâtre » écrit Shakespeare. « Le monde entier est un cirque » aurait pu dire Beckett.

Marjorie COLIN

SIGLES ET ÉDITIONS CITÉS

EC *Entrées clownesques*, par Tristan RÉMY, Paris, L'Arche, 1962.

G *En attendant Godot* [1952], Paris, Minuit, 2001.

L2 *Les Années Godot : Lettres*, t. 2, "*1941-1956*", George CRAIG, Martha Dow FEHSENFELD, Dan GUNN, Lois More OVERBECK (éd.), André TOPIA trad. Paris, Gallimard, 2015.

L4 *Lettres*, t. 4, "*1966-1989*", George CRAIG, Martha Dow FEHSENFELD, Dan GUNN, Lois More OVERBECK (éd.), Gérard KAHN trad. Paris, Gallimard, 2018.

DEUXIÈME PARTIE

VISAGES D'UNE FORTUNE SCÉNIQUE HORS NORME

CHAPEAUX MELONS, NEZ ROUGE ET BIDON ROUILLÉ : UN *GODOT* DU XXIe SIÈCLE

Autour de la mise en scène d'*En attendant Godot*, par Jean Lambert-wild, Lorenzo Malaguerra et Marcel Bozonnet (2014)

Le 18 mars 2014, à la Comédie de Caen alors dirigée par Jean Lambert-wild, une mise en scène d'*En attendant Godot* voit le jour, sous la direction d'un trio composé de Jean Lambert-wild, Lorenzo Malaguerra et Marcel Bozonnet. Ce spectacle présente deux caractéristiques immédiatement repérables. Sa direction est tricéphale ; sur les trois artistes co-signataires de la mise en scène, deux sont sur le plateau. Sa distribution est bicolore : Vladimir et Estragon sont joués par deux acteurs ivoiriens noirs, Michel Bohiri et Fargass Assandé ; Lucky et Pozzo sont interprétés par deux artistes français blancs, Jean Lambert-wild et Marcel Bozonnet – ce dernier, en alternance avec Christophe Avril et Lorenzo Malaguerra ; l'enfant est blanc lui aussi – il est joué par Lyn Thibault, en alternance avec Carole Maurice.

Ce spectacle connaîtra une très bonne réception publique et critique, et fera l'objet d'une vaste tournée qui s'achèvera trois ans plus tard, en 2017. Aux côtés de celles de Bernard Lévy (2009), Jean-Pierre Vincent (2015) ou encore Laurent Fréchuret (2015) cette mise en scène figure parmi les grands *Godot* du théâtre français des années 2000 et 2010. Outre son indéniable justesse et sa grande qualité d'exécution, le spectacle offre un intérêt supplémentaire pour l'étude universitaire : il est accompagné d'un « carnet de bord » tenu par Jean Lambert-wild et Lorenzo Malaguerra, consultable en ligne, sous une forme hybride, textuelle et vidéographique[1]. Ces archives constituées par les créateurs eux-mêmes fournissent autant de matériaux rares pour tenter de comprendre l'esprit dans lequel le spectacle a été mené.

---

1 En ligne : <https://www.lambert-wild-malaguerra.com>, onglets : Ecmnésie > *En attendant Godot* [page consultée le 2 septembre 2019].

Le spectacle dirigé par Jean Lambert-wild, Marcel Bozonnet et Lorenzo Malaguerra porte la marque de son époque. Il s'inscrit dans une série de tendances assez bien partagées de la mise en scène de *Godot* en France au début du XXIe siècle. En examinant les principes de cette mise en scène, en mettant celle-ci en relation avec d'autres propositions remarquées dans les mêmes années sur les scènes françaises[2], il est possible de proposer un diagnostic de la "culture Godot" du théâtre français contemporain des années 2000 et 2010. Un contexte intellectuel commun se dessine, des lignes d'approche semblables se laissent identifier.

Mais le spectacle co-dirigé par Jean Lambert-wild n'est pas seulement le reflet de tendances partagées dans le milieu du théâtre français de service public ; il est également porteur de singularités fortes, significatives, qui font vivre de manière nouvelle le texte de Beckett, et qui témoignent de sa vitalité ainsi que de sa capacité à susciter de l'imprévu.

GODOT ET LA SCÈNE, SIÈCLE 21
Éléments de contexte

Quatre séries de faits sous-tendent les approches de la pièce par le théâtre français contemporain du XXIe siècle. Il s'agit tout d'abord de la notoriété de la pièce et des stéréotypes qui lui sont attachés. Mettre en scène *En attendant Godot* dans les années 2000 implique d'affronter la célébrité de la pièce, et avec elle son lot de clichés et de représentations toutes faites. La célébrité de *Godot* est à double tranchant pour celui qui se lance dans l'entreprise de la mise en scène. Elle est vendeuse, donne des chances de visibilité et ouvre à des possibilités d'effectuer une tournée importante : elle permet de projeter « une bonne roulante[3] », comme l'a confié Jean Lambert-wild. Mais cette célébrité comporte également sa part de pesanteur. À propos de la mise en scène qu'il a créée en 2009, Bernard Lévy formule nettement cette problématique :

2 Notamment les mises en scènes dirigées par Bernard Lévy (2009), Jean-Pierre Vincent (2015), Laurent Fréchuret (2015).

3 Jean Lambert-wild, Rencontre avec le public, Théâtre de la Manufacture – CDN de Nancy-Lorraine, 27 novembre 2014.

> *En attendant Godot*, la première pièce de Beckett, la plus connue, la plus lue, la plus jouée. Mettre en scène cette pièce, c'est se confronter à une multitude de *Godot* passés ou possibles, c'est prendre en compte une certaine mémoire, consciente et inconsciente. Une mémoire faite d'images devenues clichés : deux vagabonds en chapeau melon, un arbre étrange, un homme qui mène au bout d'une corde son esclave aux cheveux blancs[4].

Un des enjeux de la mise en scène d'*En attendant Godot* dans le cadre du théâtre français contemporain est la confrontation aux « images devenues clichés », mais aussi le détricotage d'un certain nombre de stéréotypes répandus dans l'opinion courante. Ces stéréotypes, encombrants et tenaces, peuvent être rapidement résumés. Ils évoquent une pièce avant tout métaphysique, voire théologique (dans Godot, ne devine-t-on pas "Dieu" ?), une pièce intellectuelle, abstraite – et accessoirement : une pièce désespérante et peu accessible. Une pièce sans ancrage, qui n'a lieu "nulle part", sinon "en absurdie" car, pour l'opinion courante de la fin du XXe ou du début du XXIe siècle, il est souvent évident qu'*En attendant Godot* représente, avec *La Cantatrice chauve*, la quintessence du "théâtre de l'absurde". L'étiquette lancée par Martin Esslin offre l'avantage de la commodité ; les manuels scolaires la relaient souvent, comme le montre Yann Mével[5]. Jean-Luc Lagarce l'utilise en 1980 dans son mémoire de maîtrise, où il indique qu'au temps de l'absurde « le discours dramatique se veut désormais détaché du contemporain[6] » : les dramaturges « tentent une mise en scène de l'homme dans sa condition universelle et intemporelle » et « l'inspiration est désormais philosophique ».

La vision stéréotypée d'*En attendant Godot* comme pièce métaphysique, abstraite et sans ancrage est illustrée et alimentée notamment par deux objets culturels symboliques qui, chacun à sa manière et à sa mesure, marquent la mémoire collective de la pièce en France. Il s'agit tout d'abord de la couverture d'*En attendant Godot* aux Éditions de Minuit : on y voit les silhouettes de Pierre Latour et Lucien Raimbourg, respectivement

---

4 Bernard Lévy et Jean-Luc Vincent, Note d'intention sur *En attendant Godot* (en ligne : <http://www.lireauxeclats.org>, onglets : Spectacles > *En attendant Godot* [page consultée le 4 septembre 2019]).

5 Voir *infra*, p. 248-253.

6 Jean-Luc Lagarce, *Théâtre et pouvoir en Occident*, Besançon, Les Solitaires intempestifs, 2000, p. 141. Lagarce abandonnera par la suite l'étiquette "théâtre de l'absurde". Voir « Vivre le théâtre et sa vie », *Théâtre/Public*, n° 129, transcription de l'émission de Lucien Attoun *Mégaphonie*, n° 125, 5 septembre 1995.

Estragon et Vladimir dans la mise en scène initiale de Roger Blin (1953), sous la forme de reproductions détourées de photographies qui se détachent sur le fond blanc caractéristique de Minuit. Le contraste du noir et du blanc marque l'irréalisme, souligne le caractère incongru des présences de Vladimir et Estragon, et place d'emblée la pièce dans une atmosphère de déréalisation. La mise en scène d'Otomar Krejča créée en 1978 dans le cadre du festival d'Avignon concrétise en quelque sorte la couverture des Éditions de Minuit. Des silhouettes noires se détachent sur une étrange ellipse blanche, comme autant de présences insolites dans un espace lui-même étrange et radicalement anti-naturel. Au-delà des qualités, largement décrites par la presse et longuement analysées par la critique universitaire[7], de la mise en scène de Krejča, il importe de constater que ce spectacle, en tant que consécration avignonnaise de *Godot*, fixé dans le marbre universitaire par son inscription au sommaire de la collection du CNRS *Les Voies de la création théâtrale*, contribue lui aussi à alimenter l'idée d'une pièce sans ancrage.

Il appartient au théâtre français contemporain des années 2000 d'entreprendre une lutte patiente contre ces principes devenus des stéréotypes. Le spectacle du trio Lambert-wild / Malaguerra / Bozonnet s'inscrit d'évidence dans cette logique. Le journal de bord de la création souligne l'importance, dès l'abord du travail, de se « libérer de toutes les lectures qui ont pu être faites auparavant[8] ». L'enjeu est d'établir un rapport au texte aussi immédiat que possible, en faisant abstraction dans un premier temps des strates de commentaires et de représentations toutes faites qui obstruent le rapport que chacun peut avoir avec *En attendant Godot.* Tel est sans doute le point de départ requis pour tout travail théâtral digne de ce nom, quel que soit le texte en jeu. Mais l'effort de nudité dans l'acte de lecture est tout particulièrement important dans le cas de *Godot*, qui a suscité une quantité record de commentaires et, surtout, de préjugés tenaces qui, loin de faciliter la lecture, l'obstruent. Au sujet du « Léviathan de papier » qu'est le commentaire, George Steiner écrivait dans *Réelles présences* :

7 Voir Odette Aslan, « *En attendant Godot* de Samuel Beckett », *Les Voies de la création théâtrale*, n° 10, Paris, CNRS Éditions, 1982, p. 187-250.

8 Jean Lambert-wild, Lorenzo Malaguerra, Marcel Bozonnet, *En attendant Godot* à la Comédie de Caen #2, Carnet de bord (en ligne : <https://www.lambert-wild-malaguerra.com>, onglets : Ecmnésie > *En attendant Godot* > Carnets de bord [page consultée le 2 septembre 2019]).

> Le commentaire est notre drogue. Comme des somnambules, nous sommes protégés du rayonnement, souvent dur et impérieux, de la présence nue par le bourdonnement soporifique du journaliste ou du théoricien[9].

Mettre en scène *En attendant Godot*, pour le trio Lambert-wild / Malaguerra / Bozonnet comme pour leurs homologues, consiste donc tout d'abord à se passer de la « drogue » du commentaire pour risquer la rencontre nue avec le texte.

Un deuxième élément de contexte de la mise en scène de *Godot* au XXIe siècle est l'évolution de la connaissance de Beckett et de son œuvre. Au fil des années, et très nettement à partir des années 1990 et des années 2000, Samuel Beckett ne peut plus apparaître l'écrivain sans biographie, détaché de son époque, détaché de tout, qu'il a pu sembler être. Beckett commence d'être connu, dans la sphère universitaire et dans le monde théâtral, comme un auteur en contexte[10]. Les metteurs en scène du XXIe siècle se réfèrent à la biographie de James Knowlson, dont les dates de publication en anglais (1996) puis en traduction française (1999) marquent des étapes importantes de l'évolution de la "culture Godot", tant du côté de l'Université que du côté de la création théâtrale. Marcel Bozonnet, par exemple, fait mention de ce texte de référence[11]. Les metteurs en scène ont également eu la possibilité et souvent pris l'habitude de se référer à la correspondance de Samuel Beckett – des références en sont visibles dans le Carnet de bord de Lambert-wild / Malaguerra / Bozonnet[12] – et aux carnets de notes de mise en scène de l'auteur – Jean Lambert-wild[13] et Bernard

9 George Steiner, *Réelles présences* [1988], Michel R. de Pauw (trad.), Paris, Gallimard, « Folio », 1991, p. 73.

10 Voir par exemple Anthony Uhlmann (dir.), *Samuel Beckett in context*, New York, Cambridge University Press, 2013.

11 Marcel Bozonnet, « Entretien avec Marcel Bozonnet », propos recueillis par Eugénie Pastor, 31 mai 2013 (en ligne : <https://www.lambert-wild-malaguerra.com>, onglets : Ecmnésie > *En attendant Godot* > Infos [page consultée le 2 septembre 2019]).

12 Une lettre de Beckett à Duthuit sur la scénographie de *Godot* est citée dans le Carnet de bord n° 6. Voir Jean Lambert-wild et Lorenzo Malaguerra, « En attendant Godot » à la Comédie de Caen #6, Carnet de bord (en ligne : <https://www.lambert-wild-malaguerra.com>, onglets : Ecmnésie > *En attendant Godot*).

13 « Lucky est aussi connu pour traverser un terrible monologue de sept minutes sans ponctuation. Loin d'une logorrhée sans queue ni tête, Beckett, au détour d'une note de mise en scène d'*En attendant Godot* à Berlin, considère même que ce passage confère sa tonalité à la pièce tout entière. Suivant cette remarque, Lucky se doit de donner du sens à cette parole apparemment incohérente. » (Jean Lambert-wild et Lorenzo Malaguerra, *En attendant Godot* à la Comédie de Caen #5, Carnet de bord [en ligne :

Lévy[14] y renvoient explicitement. Les grandes mises en scènes de *Godot* du début du XXIe siècle ont pris, à la suite de la recherche universitaire, ce que Matthieu Protin a nommé « le tournant des archives[15] ».

Le troisième fait majeur sous-tendant la "culture Godot" du théâtre français contemporain des années 2000 et 2010 est l'effacement de la polarisation modernisme/progressisme. Jeanyves Guérin[16] a rappelé que, dans le paysage intellectuellement clivé du théâtre français des années 1950, Samuel Beckett est apparu, aux yeux des penseurs du progressisme théâtral, comme un auteur moderniste et « bourgeois[17] ». Puisqu'il n'était pas "politique" au sens voulu par les progressistes, *Godot* ne pouvait être qu'« apolitique[18] », selon le mot de Sartre. Au sujet de la réception européenne de la pièce au milieu des années cinquante, Ruby Cohn note :

> Très vite, les journalistes divisèrent le petit monde du nouveau théâtre en deux camps, l'Absurde d'un côté, et le théâtre politique de l'autre. Beckett représentait l'un, Brecht représentait l'autre[19].

La manière dont le théâtre français contemporain aborde la pièce de Beckett à la fin du XXe siècle et au début du XXIe relève d'un autre horizon intellectuel. Elle est naturellement tributaire de l'affaiblissement des idéologies et des clivages idéologiques, dont un des symboles est la chute du mur de Berlin en 1989, année qui coïncide avec celle de la disparition de Beckett. Dans ce paysage renouvelé, d'autres lectures sont possibles, qui acceptent de laisser résonner *En attendant Godot* sur des plans multiples, sans exclure la dimension politique. Dans son texte intitulé « Le théâtre et le politique » publié en recueil en 1999, Sylviane Dupuis, en s'appuyant notamment sur le cas de *Godot*, donne Beckett en exemple des auteurs susceptibles de faire du théâtre « un lieu où l'on se demande ensemble ce que c'est que l'être humain et son désir, ce qu'il en est des rapports de pouvoir, de la violence, de l'amour et de

<https://www.lambert-wild-malaguerra.com>, onglets : Ecmnésie > *En attendant Godot* ; page consultée le 2 septembre 2019]).

14 Lévy et Vincent, Note d'intention sur *En attendant Godot*, *op. cit.*

15 Matthieu Protin, Colloque « Culture Godot », 22 novembre 2019.

16 Jeanyves Guérin, « Lectures politiques d'*En attendant Godot* », *Revue d'Histoire du Théâtre*, 2017, p. 134-135.

17 Jean-Paul Sartre, *Un Théâtre de situations* [1973], Gallimard, « Folio essais », 1992, p. 173.

18 *Idem*, p. 82.

19 Ruby Cohn, « Les enfants de Godot », Marie-Claire Pasquier (trad.), *Cahiers Renaud Barrault*, n° 110, Paris, Gallimard,1985, p. 6.

la peur », d'une manière « plus profondément "politique", en définitive, que bien des pièces à thèse[20] ».

Le quatrième élément sous-jacent aux mises en scènes de *Godot* sur les scènes françaises des années 2000 est la posture minoritaire et critique adoptée par le théâtre français contemporain de la fin du XXe siècle. L'article de Jean-Marie Piemme « Du théâtre comme art minoritaire[21] » (1983) explicite cette posture. Contre les outils univoques de communication, le théâtre français contemporain revendique l'ouverture du sens comme un moyen de solliciter un spectateur critique. Comme l'écrit Enzo Cormann, le théâtre contemporain se veut « un art contraire, aux antipodes de la communication marchande[22] », un art qui travaille à l'éveil des esprits critiques singuliers, proposant « une méditation interrogative[23] ». Dans ce contexte, *Godot*, pièce à laquelle l'auteur refuse farouchement de « trouver [...] un sens plus large et plus élevé, à emporter après le spectacle, avec le programme et les esquimaux[24] », ne peut apparaître que comme une œuvre privilégiée pour sa polysémie et sa capacité à véhiculer des interrogations aiguës.

UN SPECTACLE REPRÉSENTATIF DE LA "CULTURE GODOT" DU THÉÂTRE FRANÇAIS CONTEMPORAIN DES ANNÉES 2000 ET 2010

Élaborée dans le contexte intellectuel qui vient d'être brièvement décrit, la démarche du trio Lambert-wild / Malaguerra / Bozonnet met en œuvre une série de lignes d'approche qui font du spectacle un exemple assez représentatif de la "culture Godot" du théâtre français contemporain

20 Sylviane Dupuis, « Le théâtre et le politique », *À quoi sert le théâtre ?*, Éditions Zoé, « Mini Zoé », n° 31, 1999.

21 Jean-Marie Piemme, « Du théâtre comme art minoritaire », *Théâtre/Public*, mars-avril 1983, n° 50, p. 4-8.

22 Enzo Cormann, *À quoi sert le théâtre ?*, Besançon, Les Solitaires intempestifs, 2003, p. 66.

23 Enzo Cormann, « L'énigme dramatique », Entretien avec Alain Françon et Bernadette Bost, *Enzo Cormann – Le mouvementeur*, *Registres*, Hors série II, printemps 2010, Paris, Presses de la Sorbonne nouvelle, p. 118.

24 Samuel Beckett, « Lettre à Michel Polac », janvier 1952, reproduite en quatrième de couverture d'*En attendant Godot*, Paris, Minuit, 1952.

des années 2000 et 2010. La mise en scène se construit à partir de cinq grandes directions que partagent, moyennant quelques nuances, les autres grandes mises en scène de cette pièce à la même époque.

Il s'agit d'abord de souligner le concret de *Godot*. Contre le stéréotype d'une pièce purement abstraite, *En attendant Godot* apparaît avant tout, dans le travail de Lambert-wild *et alii* aussi bien que dans d'autres mises en scène françaises créées dans les mêmes années, comme une écriture des corps, de l'espace, du temps – et donc du rythme. Jean Lambert-wild écrit ainsi que « le texte n'est aucunement abstrait mais parle de situations des plus concrètes[25] » ; dans *En attendant Godot*, « tout est très concret[26] ». Les carnets de bord évoquent « l'exigence musicale du texte de Beckett » et constatent que « l'écriture de Beckett en fait la mise en scène[27] ». Marcel Bozonnet affirme l'intention de « traiter le texte comme on appréhende une partition[28] ». « Un temps », « silence », « long silence », « repos » : attentif aux nuances dans les indications rythmiques, le travail de l'acteur s'apparente à un travail de musicien interprète[29]. Cette approche exclut d'aborder la mise en scène muni d'un appareil d'idées construites préalablement au travail de plateau. « Il n'y a pas besoin d'avoir des idées », indique Jean Lambert-wild, « il suffit de respecter les didascalies[30] ». « Nous respectons à la lettre les indications de Beckett[31] », indique le Carnet de bord de la création. La didascalie du second acte précisant qu'Estragon s'empêtre dans « *la toile de fond* » (*G*, 96) vaut injonction d'employer un tel dispositif scénographique. Les trois co-metteurs en scène produisent un effort de littéralité dans l'approche du texte. Les répétitions sont un travail de « recherche de

25 Jean Lambert-wild, « Entretien entre Yves Lisoie et Jean Lambert-wild au Théâtre des Quatre Saisons », propos recueillis par Yves Lisoie, 3 mars 2017 (en ligne : <https://www.lambert-wild-malaguerra.com>, onglets : Ecmnésie > *En attendant Godot* > Infos [page consultée le 2 septembre 2019]).

26 Jean Lambert-wild et Lorenzo Malaguerra, *En attendant Godot* à la Comédie de Caen #2, Carnet de bord, *op. cit.*

27 *Ibid.*

28 Bozonnet, « Entretien avec Marcel Bozonnet », art. cité.

29 Jean Lambert-wild et Lorenzo Malaguerra, *En attendant Godot* à la Comédie de Caen #3, Carnet de bord (en ligne : <https://www.lambert-wild-malaguerra.com>, onglets : Ecmnésie > *En attendant Godot* [page consultée le 2 septembre 2019]).

30 Jean Lambert-wild, « Entretien avec Jean Lambert-wild », propos recueillis par Eugénie Pastor, 20 avril 2013 (en ligne : <https://www.lambert-wild-malaguerra.com>, onglets : Ecmnésie > *En attendant Godot* > Infos [page consultée le 2 septembre 2019]).

31 Lambert-wild et Malaguerra, *En attendant Godot* à la Comédie de Caen #2, art. cité.

l'exactitude[32] » – travail que Jean Lambert-wild et Lorenzo Malaguerra nomment « peler l'oignon beckettien[33] ».

Il est frappant de voir que les metteurs en scène des différents *Godot* du théâtre français contemporain emploient des expressions cousines, voire identiques, pour exprimer cette dimension de leur démarche. Bernard Lévy et Jean-Pierre Vincent font eux aussi, très directement, le choix d'une approche concrète et l'exploration d'un texte-partition. Lévy évoque « une écriture aussi exigeante qu'une partition musicale[34] » qui demande patience et minutie dans son déploiement. Vincent souligne l'écriture très précise des silences dans le texte de Beckett : « Un temps, c'est une respiration, une articulation. Un Silence, c'est une attente. Un Long silence, c'est un abîme [...][35]. » Le metteur en scène insiste sur la « succession de petites actions très concrètes[36] » qui forme l'univers de la pièce. Cette approche exclut de se laisser diriger par des 'idées' : « [...] toute 'idée' devient très rapidement anecdotique [...][37]. » Il s'agit, comme pour le trio de la Comédie de Caen, « d'oser respecter toutes les indications de Beckett ».

Approcher *En attendant Godot* sans idées préconstruites, en étant à l'écoute de la matière concrète du texte : rien de nouveau, remarquera-t-on, et rien qui soit absolument propre à la "culture Godot" contemporaine. La démarche des metteurs en scène ici envisagés n'est pas radicalement éloignée de l'« humilité active[38] » de Roger Blin. Le concret de *Godot* était le point de départ du metteur en scène en 53, qui, par exemple, construit le jeu à partir du « point de départ physiologique[39] » que constituent les maladies et handicaps des personnages. Passer d'abord par le concret du texte et de ses indications pour les corps est de fait le

32 Marcel Bozonnet, *En attendant Godot* à la Comédie de Caen #5, Carnet de bord vidéo réalisé par François Royet, 1'47" (en ligne : <https://www.lambert-wild-malaguerra.com>, onglets Ecmnésie > *En attendant Godot* [page consultée le 2 septembre 2019]).

33 Lambert-wild et Malaguerra, *En attendant Godot* à la Comédie de Caen #3, art. cité.

34 Lévy et Vincent, Note d'intention sur *En attendant Godot*, art. cité.

35 Jean-Pierre Vincent, « Entretien avec Jean-Pierre Vincent », propos recueillis par Fanny Mentré (en ligne : <https://www.theatre-contemporain.net>, onglets : Spectacles > *En attendant Godot* [page consultée le 4 septembre 2019]).

36 *Idem*.

37 Jean-Pierre Vincent, Note sur *En attendant Godot*, cité par Caroline Veaux, « En attendant Godot », Pièce [dé]montée, Paris, Canopé éditions, n° 207, avril 2015, p. 20.

38 Roger Blin, *Souvenirs et propos*, recueillis par Lynda Bellity Peskine, Paris, Gallimard, 1986, p. 58.

39 *Idem*, p. 88.

préalable obligé de toute approche sérieuse d'*En attendant Godot* comme de tout texte du répertoire théâtral. Mais le fait est que nos metteurs en scène du XXIe siècle prennent soin de le dire et le redire. Preuve, sans doute, de la prégnance des stéréotypes sur le caractère abstrait ou métaphysique du texte, et de la nécessité de poursuivre patiemment la lutte contre ceux-ci[40].

La "culture Godot" du théâtre français contemporain affirme également, contre le supposé cloisonnement métaphysique de la pièce, la possibilité du politique. Au XXIe siècle, *En attendant Godot* apparaît nettement comme une pièce qui pose directement des questions aiguës liées au vivre-ensemble. Cette dimension se traduit concrètement dans des mises en scène dans lesquelles les vagabonds beckettiens ne se réduisent pas à des clowns métaphysiques hors de tout ancrage concret : ils apparaissent comme des êtres socialement situés, fût-ce à la marge de la société, que ce soit chez Joël Jouanneau (Théâtre des Amandiers, 1991), Philippe Adrien (1993) ou, plus récemment Laurent Vacher (2014). Jeanyves Guérin a montré avec netteté le devenir politique de *Godot* dans les années récentes[41].

Dans la création de la Comédie de Caen, Vladimir et Estragon sont « deux immigrés clandestins en l'attente d'un passeur ». « Pour moi, cette lecture politique est évidente[42] », affirme Jean Lambert-wild ; la pièce « résonne aujourd'hui avec une forme d'évidence » « en ces temps de flux migratoires », où des personnes de plus en plus nombreuses sont condamnées à s'empêtrer dans des « lieux sans identité[43] ». L'apparence de l'arbre, tout droit sorti d'un paysage sahélien, la substitution d'un bidon rouillé à la pierre indiquée par les didascalies, construisent la

40 « C'est concret », nous a confié un jeune candidat à l'agrégation de Lettres modernes, pour premier commentaire à la sortie d'une représentation d'*En attendant Godot* mis en scène par Bernard Lévy. Réaction d'un étudiant baigné dans les lettres qui, pour s'être peu frotté aux scènes, s'était forgé l'habitude de tenir le théâtre pour une chose littéraire ? Ou bien dépassement radical, par la vertu de la mise en scène, des stéréotypes absurdistes ?

41 Jeanyves Guérin, « Lectures politiques d'*En attendant Godot* », *Revue d'Histoire du Théâtre*, 2017, p. 133-146. L'article mentionne la mise en scène de Lambert-wild / Malaguerra / Bozonnet, p. 140-141. Voir également le texte proposé par Jeanyves Guérin dans le présent volume, *infra*, p. 109-122.

42 Jean Lambert-wild, « Entretien avec Jean Lambert-wild », propos recueillis par Eugénie Pastor, art. cité.

43 Jean Lambert-wild, Lorenzo Malaguerra et Marcel Bozonnet, « Résumé » (en ligne : <https://www.lambert-wild-malaguerra.com>, onglets : L'inventaire > Ecmnésie > *En attendant Godot* [page consultée le 2 septembre 2019]).

possibilité d'une référence africaine. La distribution joue un rôle essentiel dans l'activation de la signification politique. Michel Bohiri et Fargass Assandé, dans les rôles de Vladimir et Estragon, forment un duo nettement distinct de celui de Pozzo et Lucky, joués respectivement par Marcel Bozonnet et Jean Lambert-wild. L'Afrique démunie et solidaire s'oppose à une image de l'Europe marquée par la violence et la fermeture à autrui. Selon Lorenzo Malaguerra, les deux personnages blancs « démontrent toute la vacuité, l'absence de sens de nos sociétés consuméristes[44] ». *En attendant Godot* est ainsi identifié par le trio de création comme « un texte éminemment politique[45] ». La même expression exactement, « éminemment politique[46] », est reprise par Laurent Fréchuret. Le même adverbe est employé chez les deux artistes, comme une arme pour lutter contre un stéréotype de la pensée commune, celui de la métaphysique dépolitisée et dépolitisante. « Beckett, auteur politique, quoi qu'on ait dit[47] », ajoute Laurent Fréchuret. Chez Jean-Pierre Vincent, la dimension politique de *Godot* se nourrit notamment de la lecture de Günther Anders, et tout particulièrement l'article « Être sans temps » paru dans *L'Obsolescence de l'homme*[48].

Contre le stéréotype de la pièce sans ancrage, *En attendant Godot* apparaît, dans la "culture Godot" du théâtre français contemporain du XXIe siècle, comme une pièce dotée d'un arrière-plan historique. Le trio Lambert-wild / Bozonnet / Malaguerra prend en compte les vestiges autobiographiques identifiables dans *En attendant Godot*, ainsi que les traces de l'extermination :

> Beckett a insufflé çà et là des éléments autobiographiques dans la bouche de Vladimir et d'Estragon qui fournissent une densité historique à la pièce et du concret aux personnages. En faisant référence à Roussillon, où il habitait

44 Lorenzo Malaguerra, « Entretien avec Lorenzo Malaguerra », propos recueillis par Eugénie Pastor, 18 avril 2013 (en ligne : <https://www.lambert-wild-malaguerra.com>, onglets : Ecmnésie > *En attendant Godot* > Infos [page consultée le 2 septembre 2019]).

45 Lambert-wild, « Entretien avec Jean Lambert-wild », propos recueillis par Eugénie Pastor, art. cité.

46 Laurent Fréchuret, « Entretien avec Laurent Fréchuret, metteur en scène », propos recueillis par A.D., *Les Trois coups*, 15 juillet 2015 (en ligne : <https://lestroiscoups.fr> [page consultée le 3 septembre 2019]).

47 Laurent Fréchuret, Note d'intention sur *En attendant Godot*, avril 2014 (en ligne : <https://www.theatre-contemporain.net>, onglets : Spectacles > *En attendant Godot* [page consultée le 3 septembre 2019]).

48 Gunther Anders, « Être sans temps », *L'Obsolescence de l'homme* [1956], 2001.

> une maison durant la guerre, ou en évoquant les charniers qui font immanquablement penser à la shoah, Beckett fait de *Godot* une pièce inscrite dans la face sombre du 20e siècle[49].

Si l'auteur efface les références les plus explicites, des traces subsistent : « il laisse passer des ombres[50] », commente Marcel Bozonnet. Dans la mise en scène du trio, l'ombre de l'Histoire et du génocide se laisse percevoir notamment à travers le personnage du Garçon, dont le costume et la silhouette sont inspirés de la célèbre photographie « Arrestation dans le ghetto de Varsovie » datée de 1943. « Bien distinct des autres personnages[51] », pour Jean Lambert-wild, le garçon est le seul à ne pas porter de chapeau melon. Il est comme une vision d'un autre temps, la présence visible d'un passé qui ne passe pas. Bernard Lévy note de son côté que, « parmi la multitude de questions qu'envisage ce texte, se trouve celle de la pensée après la Shoah[52] ».

La quatrième composante de la "culture Godot" des scènes contemporaines est l'ouverture polysémique. L'importance de préserver celle-ci est soulignée par tous les metteurs en scène de la pièce. Ce trait n'est certes pas spécifique au XXIe siècle, et apparaît de fait à tout artiste soucieux de se pencher sérieusement sur le texte. Roger Blin évoquait l'« ambiguïté totale[53] » de la pièce. Krejča affirme avoir veillé à proposer une forme ouverte à de multiples investissements imaginaires et spéculatifs de la part du spectateur : « pour que le spectateur choisisse, on lui donne des possibilités[54] ». Odette Aslan, voit dans le spectacle dirigé par le metteur en scène tchèque une mise en scène ouverte « jouant sur les virtualités de sens sans en fixer aucun[55] ». La culture de la polysémie, bien accordée avec la posture globale du théâtre français contemporain,

49 Lambert-wild et Malaguerra, *En attendant Godot* à la Comédie de Caen #5, Carnet de bord, art. cité.

50 Bozonnet, « Entretien avec Marcel Bozonnet », art. cité.

51 Lambert-wild et Malaguerra, *En attendant Godot* à la Comédie de Caen #5, Carnet de bord, art. cité.

52 Bernard Lévy, « Cheminer avec Samuel Beckett », propos recueillis par Manuel Piat Soleymat, *La Terrasse*, no 166, mars 2009. Il faut noter que ces lectures qui historicisent en partie le théâtre de Beckett ne sont pas une découverte toute récente. Le texte d'Adorno « Pour comprendre *Fin de Partie* » a été écrit au début des années 1960, et publié en 1973 (Theodor W. Adorno, *Versuch, das « Endspiel » zu verstehen*, Francfort, Suhrkamp, 1973).

53 Blin, *Souvenirs et propos*, *op. cit.*, p. 85.

54 Aslan, « *En attendant Godot* de Samuel Beckett », art. cité., p. 215.

55 *Idem*, p. 250.

persiste naturellement dans les mises en scène de *Godot* au XXIe siècle. Pour les metteurs en scène, la possibilité politique et la manifestation de l'arrière-plan historique ne doivent pas entraîner un verrouillage des interprétations. Ce désir est très net dans le cas du spectacle de Jean Lambert-wild, Lorenzo Malaguerra et Marcel Bozonnet. Le premier note ainsi qu'il s'agit d'« ancrer la pièce, sans en réduire la portée universelle, dans la tragédie d'aventures humaines qui se déroulent à nos portes[56] ». Lorenzo Malaguerra souhaite éviter de tirer le texte beckettien vers une référence trop actuelle. Selon lui, l'ancrage politique du spectacle, indéniable, a vocation à se laisser régulièrement oublier pour laisser place à ce que le discours contient d'« universel[57] ». De fait, les toiles peintes non figuratives qui encadrent la scène entrent en tension avec les éléments d'ancrage africain, évitant une lecture trop univoque. Pour Laurent Fréchuret, *Godot* est « une œuvre dramatique existentielle, mais aussi l'œuvre engagée d'un auteur politique[58] ». Les lectures situées sur différents plans coexistent.

Le même souci de préservation de la polysémie se retrouve chez Bernard Lévy et Jean-Pierre Vincent. Le premier affirme n'avoir « pas voulu imposer de signification définitive mais déplier pas à pas le sens, en tentant de donner à voir et à entendre sa vertigineuse polysémie originelle[59] ». Le second note que, dans le travail de mise en scène d'*En attendant Godot*, « tout penchant vers une "interprétation" ou une autre risque de troubler d'abord le travail des acteurs, puis la lisibilité du cœur de l'œuvre, et donc la réception par le spectateur[60] ». La mise en scène de Jean-Pierre Vincent est de fait saluée par Fabienne Darge comme « le *Godot* idéal » car « toutes les dimensions de la pièce – existentielle, politique, prophétique, linguistique, cosmique… – se déploient avec une clarté impeccable, une précision musicale[61] », sans que l'une prenne le pas sur les autres.

Dernière direction partagée au sein du théâtre français contemporain, lorsqu'il s'agit de mettre en scène *En attendant Godot* : la tonicité. Le début

---

56 Lambert-wild, Malaguerra et Bozonnet, « Résumé », art. cité.

57 Lorenzo Malaguerra, *En attendant Godot* à la Comédie de Caen #6, Carnet de bord, vidéo réalisée par François Royet, 1'07'' (en ligne : <https://www.lambert-wild-malaguerra.com>, onglets : Ecmnésie > *En attendant Godot* [page consultée le 2 septembre 2019]).

58 Fréchuret, Note d'intention sur *En attendant Godot*, art. cité.

59 Lévy et Vincent, Note d'intention sur *En attendant Godot*, art. cité.

60 Vincent, Note sur *En attendant Godot*, cité par Caroline Veaux, art. cité, p. 20.

61 Fabienne Darge, « Le "Godot" idéal est arrivé, à Marseille », *Le Monde*, avril 2005.

du XXIe siècle présente des interprétations résolument toniques, qui tournent le dos au stéréotype d'une pièce désespérante. Dès 1953, Jean Anouilh qualifiait *Godot* de « chef-d'œuvre désespérant pour les hommes en général[62] ». En 1980, le mémoire de maîtrise écrit par Jean-Luc Lagarce situait *En attendant Godot* au sein d'un théâtre de l'absurde destiné à évoquer « la situation sans espoir de l'homme perdu dans l'univers[63] ». Le désespoir systématique n'est pas au programme des mises en scène de la pièce dans le théâtre français des années 2000 et 2010. Selon Jean Lambert-wild, les grands textes comme *Godot*, loin de nous placer dans une « position cynique » devant les pesanteurs de l'existence, nous placent dans une « position tonique[64] ». Sur le chapitre de la tonicité, Laurent Fréchuret est particulièrement prolixe, comme en témoigne une note d'intention survitaminée : « on ne va pas se pendre, on ne va pas déprimer, on va rêver ensemble d'un autre monde » ; il évoque « la joie de durer », le « tonus d'attendre », une « attente pleine de vie » ; « le tragique est un carburant, un ressort[65] ». Selon Jean-Pierre Vincent, « ce n'est pas du théâtre de l'Absurde, idiote invention ! C'est l'affirmation fragile d'une résistance dans la débâcle[66] ». Il est logique que, pour tous ces metteurs en scène, l'étiquette de l'absurde soit congédiée. Pour le trio de la Comédie de Caen, la pièce n'a « rien d'absurde[67] ». Pour Laurent Fréchuret, Samuel Beckett est cet auteur « que l'on classait au XXe siècle dans le *Théâtre de l'absurde*[68] ».

La mise en scène de Jean Lambert-wild, Lorenzo Malaguerra, Marcel Bozonnet s'inscrit donc dans un paysage d'ensemble. Mais cette représentativité ne saurait gommer les singularités de la proposition.

---

62 Jean Anouilh, « *Godot*, ou le sketch des *Pensées* de Pascal traité par les Fratellini », *Arts*, 27 février – 5 mars 1953, repris dans Jean Anouilh, *En marge du théâtre*, Paris, Table ronde, 2000, p. 54.

63 Lagarce, *Théâtre et pouvoir en Occident*, *op. cit.*, p. 141.

64 Lambert-wild, « Entretien entre Yves Lisoie et Jean Lambert-wild au Théâtre des Quatre Saisons », propos recueillis par Yves Lisoie, art. cité.

65 Fréchuret, Note d'intention sur *En attendant Godot*, art. cité.

66 Jean-Pierre Vincent, Note d'intention sur *En attendant Godot* (en ligne : <https://www.theatre-contemporain.net>, onglets : Spectacles > *En attendant Godot* [page consultée le 4 septembre 2019]).

67 Lambert-wild, Malaguerra et Bozonnet, « Résumé », art. cité.

68 Fréchuret, Note d'intention sur *En attendant Godot*, art. cité.

UNE APPROPRIATION SINGULIÈRE D'*EN ATTENDANT GODOT*
Noir, blanc, clown

Le premier élément de singularité de ce spectacle, du moins à l'échelle française, est son caractère bicolore : Jean Lambert-wild, Lorenzo Malaguerra et Marcel Bozonnet ont dessiné un *Godot* en noir et blanc. Il ne s'agit plus du noir et blanc de la couverture des éditions de Minuit, mais d'un noir et blanc politique et actuel. Le choix d'une distribution métissée a été fait par le passé, hors des frontières hexagonales, dans certaines mises en scènes d'*En attendant Godot.* Dans la création dirigée en 1980 par Donald Howarth dans l'Afrique du Sud de l'Apartheid, le choix d'une distribution métissée coïncide avec celui de la Comédie de Caen : Vladimir et Estragon sont interprétés par des acteurs noirs tandis que Pozzo et Lucky le sont par des acteurs blancs[69]. La mise en scène d'Ilan Ronen, créée à Haifa en 1984, joue de même sur des différences visibles et audibles entre les deux duos, le couple Pozzo-Lucky, porté par des acteurs israéliens et parlant l'hébreu, s'opposant à un couple Vladimir-Estragon joué par des acteurs arabes parlant principalement l'arabe palestinien[70]. Dans la mise en scène de Lambert-wild, Malaguerra et Bozonnet, le bichromatisme de la distribution accentue la disparité entre les deux binômes : le binôme de la solidarité et de la tendresse constitué par Vladimir et Estragon, le binôme de la violence brute et de la domination formé par Pozzo et Lucky.

Mettre du noir dans *Godot* n'est pas une démarche entièrement inédite en France. Alain Timar avait présenté en 1995, dans le *off* d'Avignon, un *Godot* fondé sur une distribution noire – Timar a présenté en 2006 la même pièce, construite avec une équipe d'acteurs philippins. Ces distributions apportent une ouverture peut-être inattendue à la lecture du texte. Les noms de Lucky, Pozzo, Vladimir, Estragon, évoquent des inscriptions géographiques imaginaires certes différentes

69 Voir Jeanyves Guérin, « Attendre ou ne pas attendre Godot – Quelques remarques sur la fortune mondiale d'une pièce réputée apolitique », *infra*, p. 66.

70 Enoch Brater, « The Globalization of Beckett's *Godot* », *Comparative Drama*, Vol. 37, No. 2 (Summer 2003), p. 149.

pour chacun des personnages, mais les horizons sont *a priori* européens. Dans ces deux cas de mises en scène « au noir » d'*En attendant Godot*, les acteurs africains soulignent la capacité de la pièce à exprimer de manière juste une part de la situation de leur continent d'origine, « comme si Beckett avait écrit cette pièce pour les Africains[71] », dit Katanga Mupey en 1995. Fargass Assandé, chargé du rôle d'Estragon dans le spectacle de 2014, a l'impression que « Beckett a écrit caché dans une ville africaine[72] », tant les résonances lui semblent fortes entre *Godot* et un certain sentiment africain contemporain lié à l'attente d'un avenir meilleur. Le carnet de bord vidéo de la création de la Comédie de Caen propose des images, à la fois potaches et significatives, de Vladimir et Estragon en train d'attendre, sur une plage, tout en regardant la mer[73] – référence à la situation géopolitique qui suscite des espoirs d'Europe chez de nombreux Africains, mais aussi clin d'œil aux difficultés rencontrées par Michel Bohiri pour obtenir le visa devant lui permettre de participer aux répétitions prévues en vue de la création d'*En attendant Godot*.

Le deuxième point de singularité de la mise en scène est le principe d'hétérogénéité qui l'anime. Les couleurs, matières et textures se frottent les unes aux autres sans s'harmoniser. La mise en scène ne cherche pas la synthèse, mais la coexistence d'éléments hétérogènes : le frottements des éléments physiques, mais aussi celui des modes de jeu. La critique Caroline Châtelet souligne ainsi la « diversité des registres de jeux » et « la friction entre ces différents jeux[74] ». Ce principe d'hétérogénéité entre en cohérence avec le choix d'une mise en scène tricéphale qui, au rebours d'une tendance historique forte de la mise en scène, ne prétend donc pas exprimer un point de vue unificateur. Jean Lambert-wild déclare : « quel est l'avantage à regarder le monde au travers d'un

---

71 Katanga Mupey, « Festival d'Avignon : *En attendant Godot* », *Soir 3*, 22 juillet 1995, Archive INA, 1'35" (en ligne : <https://m.ina.fr> [page consultée le 5 septembre 2019]).

72 Fargass Assandé, Carnet de bord #2, Carnet vidéo réalisé par François Royet, 3'12" (en ligne : <https://www.lambert-wild-malaguerra.com>, onglets : Ecmnésie > *En attendant Godot*).

73 Carnet de bord #1, Carnet vidéo réalisé par François Royet, 55" (en ligne : <https://www.lambert-wild-malaguerra.com>, onglets : Ecmnésie > *En attendant Godot*).

74 Caroline Châtelet, « *En attendant Godot* de Samuel Beckett, mise en scène de Marcel Bozonnet, Jean Lambert-wild et Lorenzo Malaguerra – Hors du carcan Godot », *Agôn*, 28 août 2014 (en ligne : <https://journals.openedition.org>, onglet : Agôn [page consultée le 16 octobre 2019]).

seul point de vue[75] ? » Cette hétérogénéité de principe répond au caractère « composite[76] », rhapsodique, du texte de Beckett. Elle répond également à une caractéristique profonde du geste d'écriture beckettien : le refus du centre organisateur. Pièce dépourvue de centre et notamment d'un conflit central, *En attendant Godot* est construite autour de couples dont les éléments renvoient sans cesse l'un à l'autre : Vladimir/Estragon ; l'arbre / la pierre ; acte I / acte II ; texte français / texte anglais. La vérité du geste ne se trouve littéralement en aucun point, mais se laisse deviner dans le mouvement entre les pôles.

La troisième singularité forte de la mise en scène consiste en l'inscription clownesque originale qu'elle met en œuvre. La dimension clownesque d'*En attendant Godot* est certes un acquis de la "culture Godot" depuis la création de la pièce en 1953 sous la direction de Roger Blin. Les metteurs en scène du théâtre français contemporain font volontiers référence au burlesque cinématographique. Laurent Fréchuret cite ainsi Chaplin et Keaton[77] ; Jean-Pierre Vincent mentionne « l'héritage avoué des burlesques américains [...] Keaton, Chaplin, Laurel et Hardy[78]... » Mais la mise en scène du trio Lambert-wild / Malaguerra / Bozonnet va plus loin que la plupart de ses homologues dans l'exploration de la question clownesque. Jean Lambert-wild évoque un « travail d'imprégnation préparatoire[79] » : visionnages intégraux des films des figures clownesques du burlesque cinématographique (les frères Marx, Chaplin, Keaton), mais aussi rassemblement d'une documentation sur les clowns de scène marquants du XXe siècle (notamment Grock et le Teatr Licedei de Slava Polunin), ainsi que sur les augustes et blancs historiques, qu'ils se soient exprimés sur la piste ou au music-hall (Rhum, Foottit et Chocolat). Jean Lambert-wild constate que plusieurs moments d'*En attendant Godot* ne se comprennent que par référence à des entrées clownesques bien précises

---

75 Jean Lambert-wild, « Entretien entre Yves Lisoie et Jean Lambert-wild au Théâtre des Quatre Saisons », propos recueillis par Yves Lisoie, 3 mars 2017 (en ligne : <https://www.lambert-wild-malaguerra.com>, onglets : Ecmnésie > *En attendant Godot* > Infos [page consultée le 2 septembre 2019]).

76 Lévy et Vincent, Note d'intention sur *En attendant Godot*, art. cité. Le metteur en scène et son assistant opposent « l'écriture mathématique » de *Fin de Partie* à la matière « plus composite, plus extravagante » d'*En attendant Godot*.

77 Laurent Fréchuret, Note d'intention sur *En attendant Godot*, *op. cit.*

78 Jean-Pierre Vincent, Note d'intention sur *En attendant Godot*, *op. cit.*

79 Jean Lambert-wild et Lorenzo Malaguerra, *En attendant Godot* à la Comédie de Caen #3, art. cité.

que Beckett devait connaître, et qu'une grande partie de son public des années 1950 devait avoir en mémoire[80]. Une telle imprégnation préparatoire au travail de plateau, qui fait l'effort de couvrir l'ensemble du spectre des formes clownesques, n'est pas courante dans le cadre de mises en scène d'*En attendant Godot*.

Enfin, au regard de la question clownesque, un trait inédit structure la mise en scène : le rôle de Lucky n'est pas joué par un acteur, mais tenu par un clown. « Ce sera mon clown qui sera sur scène[81] », annonce Jean Lambert-wild au moment de débuter les répétitions. Depuis des années, ce dernier nourrit et développe sur scène une figure clownesque qui s'exprime dans le cadre de performances que l'artiste nomme « calentures[82] ». Cette figure, aujourd'hui nommée Gramblanc, effectue un véritable parcours et se modifie de « calenture » en « calenture ». Avec *En attendant Godot*, pour la première fois, le clown de Jean Lambert-wild se glisse « tel un coucou[83] » dans la peau d'un personnage préalablement écrit par un dramaturge. Le spectacle est donc le lieu d'un croisement entre deux œuvres : celle de Samuel Beckett et celle de Jean Lambert-wild en tant qu'artiste clownesque. *En attendant Godot* constitue une étape significative sur le chemin de cette création perpétuellement renouvelée qu'est le clown de Jean Lambert-wild : à cette occasion, pour la première fois, ce clown accède à la parole. Dans le même temps, le clown de Jean Lambert-wild est identifié par son créateur non plus comme un auguste mais comme un blanc. En 2013, au moment où débute le projet de mise en scène d'*En attendant Godot*,

80 Entretien avec Jean Lambert-wild, propos recueillis par Yannick Hoffert, 10 octobre 2019.

81 Jean Lambert-wild, « Entretien avec Jean Lambert-wild », art. cité.

82 « Une Calenture est un délire furieux auquel les marins sont sujets lors de la traversée de la zone tropicale et qui est caractérisé par des hallucinations et le désir irrésistible de se jeter à la mer », indique le site internet de Jean Lambert-wild (en ligne : <https://www.lambert-wild-malaguerra.com>, onglets : Ecmnésie > Calentures [page consultée le 2 septembre 2019]). Pierre par pierre, ces Calentures sont destinées à former l'armature d'un hypogée. Jean Lambert-wild a prévu d'effectuer au cours de sa carrière, avec son clown, un ensemble de trois cent vingt-six Calentures (en ligne : <https://www.lambert-wild-malaguerra.com>, onglets : Ecmnésie > Symbole de l'hypogée [page consultée le 2 septembre 2019]).

83 Catherine Lefeuvre, « Le Clown Gramblanc » (en ligne : <https://www.lambert-wild-malaguerra.com>, onglets : Calentures > *Coloris Vitalis* > Infos [page consultée le 2 septembre 2019]). Ce précédent donnera lieu à des récidives : *Richard III* (2016), *Dom Juan* (2019).

Jean Lambert-wild utilise encore l'expression « mon auguste[84] » pour présenter son clown ; Pozzo est considéré comme le blanc. En 2017, au terme de la série de représentations d'*En attendant Godot*, l'artiste présente cette fois son clown comme un blanc[85]. Cette nouvelle singularité induit une relecture du rapport dramatique entre Pozzo et Lucky. En raison de l'émergence de la nature blanche du clown de Jean Lambert-wild, le rapport habituellement pressenti entre Pozzo et Lucky se modifie.

L'étonnant est que cette saisie du personnage par un clown extérieur à l'œuvre de Beckett, que cette « superposition dans le jeu », cette « inclusion du personnage dans le personnage[86] » se fassent dans le plus parfait respect du texte. Il s'agit de tout le contraire d'une mise en scène qui prendrait le texte pour prétexte. Une convergence se laisse constater entre ce clown et l'univers beckettien. Tout se passe, à en croire le diagnostic de Jean Lambert-wild au sujet de son clown, « comme si Lucky existait en lui depuis longtemps[87] ». De fait, ce « clown à pyjama » semble indiqué pour une interprétation de Lucky. Dans *En attendant Godot*, il offre une présence muette extrêmement forte. Loin d'être apathique, il réagit à ce qui l'entoure, sur le mode de la peur. Son interprétation de la grande tirade du premier acte est étonnante de précision dans l'articulation et dans l'adresse aux spectateurs. Le désir d'organisation dans le propos est spécialement apparent, les articulations sont manifestes – à la différence de la proposition de Jean Martin dans la mise en scène de Roger Blin, où l'ensemble du discours est d'emblée présenté comme une logorrhée immaîtrisée. Le costume du clown de Jean Lambert-wild offre « l'avantage de l'ambivalence[88] », se trouvant au cœur d'un éventail d'associations qu'il suscite : « un rêveur éveillé, un somnambule, un bagnard, un déporté, un personnage sorti d'une bande dessinée, un être conceptuel couvert des rayures de l'infamie médiévale[89] ». Il rappelle les rayures choisies par Beckett pour sa mise en scène de *Godot* à Berlin en 1975 pour le costume que se partagent

84 *Idem.*

85 Lambert-wild, « Entretien entre Yves Lisoie et Jean Lambert-wild au Théâtre des Quatre Saisons », art. cité.

86 Lefeuvre, « Le Clown Gramblanc », art. cité.

87 Lambert-wild et Malaguerra, *En attendant Godot* à la Comédie de Caen #5, Carnet de bord, art. cité.

88 Catherine Lefeuvre, « Le Clown Gramblanc », art. cité.

89 *Ibid.*

Vladimir et Estragon. Ce pyjama a par ailleurs pour effet de souligner la dissemblance entre les deux binômes de personnages. Si Vladimir et Estragon, tous deux vêtus de noir, constituent un couple d'apparence cohérente, Pozzo et Lucky se signalent au contraire par la disparité de leurs costumes : Pozzo porte une tenue d'extérieur tandis que Lucky évolue dans une sorte de pyjama qui évoque une tenue d'intérieur.

Un examen du spectacle du trio Lambert-wild / Malaguerra / Bozonnet permet donc d'identifier les grands traits de la "culture Godot" du théâtre français contemporain, tout en constatant qu'au sein de cette culture commune, une large place reste ouverte à l'imprévu et à l'innovation. Le spectacle prouve une nouvelle fois la capacité d'*En attendant Godot* à résonner de manière étonnamment forte avec des situations actuelles.

Au-delà, cette version en noir, blanc et clown d'*En attendant Godot* prouve la vitalité, la pertinence et l'actualité de la question clownesque aujourd'hui, pour entrer au cœur de l'écriture scénique de Samuel Beckett, mais aussi pour figurer le monde et l'homme dans le monde. Le chemin clownesque pris par cette mise en scène permet l'incarnation d'un grand texte du répertoire, d'une manière susceptible d'atteindre l'objectif jadis assigné au théâtre de la décentralisation. Publiée à quelques heures de la première représentation, l'ultime page du Carnet de bord de création formule le vœu que le spectacle soit « profondément populaire, accessible à tout un chacun[90]. » Si l'objectif est atteint, le clown n'y est sans doute pas pour rien.

Yannick HOFFERT

---

90 Jean Lambert-wild et Lorenzo Malaguerra, *En attendant Godot* à la Comédie de Caen #9, Carnet de bord (en ligne : <https://www.lambert-wild-malaguerra.com>, onglets : La grande entente > *En attendant Godot* [page consultée le 2 septembre 2019]).

« DES RIRES DE MÉMOIRE »

Entretien avec Jean Lambert-wild autour d'*En attendant Godot*

Jean Lambert-wild témoigne du processus collectif de cette création animée par une direction tripartite (*En attendant Godot,* spectacle dirigé par Jean Lambert-wild, Lorenzo Malaguerra et Marcel Bozonnet, créé en mars 2014 à la Comédie de Caen – Centre Dramatique National de Normandie). Il revient sur la scénographie qu'il a conçue, puis évoque son clown de scène, nommé Gramblanc, créé dans les années 2000 et qui, dans *En attendant Godot*, apparaît pour la première fois dans une pièce du répertoire, endossant le rôle de Lucky. Alors que Gramblanc était jusqu'ici muet, il prend la parole pour la première fois à l'occasion de la tirade de Lucky.

MONTER *EN ATTENDANT GODOT*
Origines et méthode

QUESTION. – Pourquoi avoir choisi de monter *En attendant Godot* ?

JEAN LAMBERT-WILD. – Les raisons sont d'abord humaines. Fargass Assandé et Michel Bohiri, grands acteurs, amis artistiques et compagnons de route, se trouvaient en grande difficulté, sans moyens de subsistance. En Afrique, le théâtre est mourant ; les textes y circulent de moins en moins. Connaissant cette situation, nous avons appliqué une logique de saltimbanques qui, au fil des aventures communes, tissent des liens et se constituent une famille choisie, au sein de laquelle prévalent l'entraide et la solidarité. Les rôles de Vladimir et Estragon attendaient respectivement Michel Bohiri et Fargass Assandé. Et la notoriété d'*En attendant Godot* donnait des chances au spectacle de faire une tournée importante – ce que l'on appelle « une bonne roulante ». Le choix de la pièce procède aussi d'une sorte de défi artistique, en ce qui me concerne. Je cherchais le rôle qui, dans le théâtre contemporain, était le plus difficile à tenir. Il fallait mettre Gramblanc au défi du répertoire pour qu'il puisse enfin percer le langage. En dialogue avec Catherine Lefeuvre et Lorenzo Malaguerra, nous avons conclu que ce rôle était celui de Lucky. Grâce au spectacle *Comment ai-je pu tenir là-dedans*, inspiré de *La Chèvre de Monsieur Seguin* d'Alphonse Daudet et qui a connu plus de quatre cents représentations, nous avions pu constituer une réserve que nous avons décidé d'investir dans cette création nouvelle.

QUESTION. – Qui est le metteur en scène de ce spectacle ?

JEAN LAMBERT-WILD. – Il n'y a pas de metteur en scène. Le spectacle a été co-construit par un trio : Lorenzo Malaguerra, Marcel Bozonnet et moi-même. Je rejette la notion de « metteur en scène ». Je refuse de prétendre que le metteur en scène est un créateur, alors qu'il ne fait que compenser l'incapacité de son écriture par une position de pouvoir. Je préfère les termes plus modestes qui jadis étaient en usage chez certains : Vilar se disait « régisseur » ; plus tard, on a souvent parlé d'"animateurs". Notre spectacle a été co-organisé à travers la conjonction de trois regards. Monter *En attendant Godot* est une aventure. Qui peut prétendre que, dans une telle aventure, le regard d'un seul, prétendument omniscient, pourrait valoir mieux que le regard de trois ?

DE LA SCÉNOGRAPHIE

QUESTION. – Au sein de ce processus collectif, vous avez été en charge des questions scénographiques. Pouvez-vous nous dire dans quel esprit vous avez pensé la scénographie d'*En attendant Godot* ?

JEAN LAMBERT-WILD. – En artisan. Mon premier souci, en tant que directeur d'un Centre Dramatique National, est de donner du travail à mes camarades. Une scénographie mal adaptée aux conditions de notre artisanat empêche la circulation d'un spectacle. J'ai du mal à comprendre qu'il existe des projets dotés d'un budget de création de plus d'un million d'euros – correspondant à trois années de développement d'un CDN –, pour produire des spectacles d'une durée monstrueuse, de 12h ou 18h, et qui ne sont finalement que très peu joués, sinon devant le public, autorisé et complice à l'avance, du Festival d'Avignon, d'un grand plateau parisien ou d'un grand *hub* international. Mon premier souci, donc, est de proposer une scénographie qui permette une tournée la plus variée possible, nous offrant la possibilité de répondre positivement à toutes les invitations. Ce qui a été le cas, puisque le spectacle a connu un peu plus de cent quatre-vingts représentations.

Et puis, il y a l'attention au texte. Afin de penser la scénographie, j'ai commencé par lire le texte et toute l'œuvre de Beckett. Dans *En attendant Godot*, l'organisation physique de l'espace est explicite, et il me semble que tout peut, et doit, rester très simple. J'ai dû parfois argumenter auprès de Marcel Bozonnet qui avait tendance à complexifier l'approche en voulant transposer l'imaginaire de l'espace de la représentation. J'ai par exemple tenu à la toile de fond. Le texte mentionne une toile de fond : il y a donc une toile de fond. Le texte de Beckett témoigne d'un sens des dynamiques de jeu très clair, dont il convient de tenir compte. Rien de bien métaphysique dans mon approche de la scénographie, donc : seulement du concret. Un rapport au concret que je partage avec Lorenzo Malaguerra pour sa mise en pratique sur scène.

QUESTION. – Comment la toile a-t-elle été peinte ?

JEAN LAMBERT-WILD. – Il s'agit d'un travail par pigments. J'ai souhaité obtenir un effet semblable à celui des paréidolies. En fonction des éclairages, l'on peut imaginer que l'on reconnaît des formes – mais des formes qui restent inachevées. Concrètement, les toiles ont été peintes au sol. Afin d'avoir une vue d'ensemble sur la peinture en train de se faire, je me suis fait suspendre par un crochet à quinze mètres au-dessus du sol. Je donnais des indications aux peintres à l'aide d'un porte-voix. L'on dressait ponctuellement les toiles pour faire des essais d'éclairages, puis on les remettait au sol afin de poursuivre la mise en peinture. C'était, somme toute, un processus assez clownesque.

QUESTION. – Comment avez-vous conçu les éléments pivots de l'espace scénique : l'arbre, la pierre, la route ?

JEAN LAMBERT-WILD. – Rien n'est plus difficile que de faire un arbre sur scène. Je me suis inspiré d'un arbre qui existe réellement, dans le désert du Sahel : un arbre noir foudroyé par la chaleur, saisi par l'avancée du désert – une avancée tellement rapide que tout le vivant y a comme séché sur place. J'en ai reproduit les lignes du mieux que j'ai pu. En cohérence avec cet indice africain, la pierre est remplacée par un bidon rouillé et cabossé. Nous avons représenté la route – ou plutôt, un chemin – d'une manière très simple. Au sol, nous avons posé un tapis pignoché de latex pour casser son aplat, puis nous avons versé des copeaux de pneu noir pour donner de la densité. Le chemin a ensuite été tracé au balai. L'ensemble a été conçu dans un désir d'économie. Il ne s'agissait pas seulement de « faire des économies », mais aussi, et surtout, de ne pas surcharger le dispositif alors que le texte réclame de la simplicité.

DU CLOWN ET DE LUCKY

QUESTION. – Quelle est, selon vous, l'importance de la question du clown dans l'écriture d'*En attendant Godot* ?

JEAN LAMBERT-WILD. – C'est une question d'une importance primordiale pour l'intelligence du texte. Sans la référence à l'univers de l'âge d'or de la comédie clownesque, certains passages sont difficilement compréhensibles. Les chapeaux melons sont une référence indiscutable à ces clowns anglais vagabonds qui essaient dérisoirement de s'apparenter au monde des nantis. Nous avons conservé des chapeaux de ce type dans notre spectacle. Plus précisément encore, des scènes entières d'*En attendant Godot* font directement référence à des entrées connues d'une bonne part du public de l'époque de l'écriture et de la création de la pièce. Vladimir regarde à plusieurs reprises dans son chapeau, y passe la main, le secoue, tape dessus : il s'agit d'un clin d'œil direct à une entrée du célèbre clown Rhum, à l'occasion de laquelle son chapeau melon se faisait explosif. Le clown tapait sur son chapeau, regardait à l'intérieur : rien. Il recommençait : une détonation. Il recommençait : une salve de mitraillette. Rhum avait participé à la Première Guerre mondiale. La référence au traumatisme était claire. Nous avons voulu travailler en ce sens, en reprenant le gag de l'entrée clownesque de Rhum. Au lieu des détonations, nous avons placé une lumière qui se déclenche au fond du chapeau et éclaire brutalement le visage de Vladimir.

Plus généralement, je pense que Beckett a dû être sensible au potentiel dramatique des relations entre les personnages clownesques. Il a dû trouver la logique de la comédie clownesque plus riche que l'organisation théâtrale classique. Il me semble que, pour comprendre *En attendant Godot*, il importe de comprendre, en termes d'interprétation, quel était l'endroit de l'inspiration de Beckett. L'inspiration clownesque n'est, à cet égard, pas anecdotique. Il s'agit aussi du rire de mémoire, qui est une grande qualité du clown – du moins, lorsqu'il n'est pas affadi par l'intention du divertissement à tout prix. Le grand rire clownesque est un rire de mémoire, et ce rire innerve *En attendant Godot*. Cette notion d'un rire de mémoire est une perspective conceptuelle que j'extrapole pour essayer de mieux caractériser ce qui advient dans une entrée clownesque. Les clowns agissent sur des mémoires qui sont sociales, historiques, politiques, corporelles, biologiques. Des mémoires individuelles qui nous rappellent des phases de notre existence. Il suffit par exemple de regarder une entrée de Charlie Rivel pour revenir, dans une nostalgie joyeuse, à quelques instants de notre enfance. Mais aussi des mémoires collectives qui nous rappellent ce que nous avons à partager pour faire société. Les entrées de Karandash, de Ludor Citrik, de Gilles Defacque sont construites sur l'archéologie de mémoires enfouies qu'ils savent convoquer à notre bénéfice. Les clowns sont des régulateurs de mémoires détonants. Ils savent agencer signes et intersignes tout en mettant crûment les spectateurs devant la responsabilité de leur mémoire. Cela fait, ils s'autorisent en plus, sous nos yeux stupéfaits de spectateurs, à triturer cette mémoire, à la démasquer en aruspices hilares. Ce rire si singulier se différencie donc du rire du *one man show* ou du *stand up*. Il y a une grande différence entre le rire d'une entrée clownesque et la structure en *punch-line* d'un *stand-up*. Le *stand-up* travaille sur l'état d'une époque, sur son actualité. Au contraire, Grock ou Gilles Defacques construisent l'horlogerie d'une mémoire de leur siècle qu'ils démontent méticuleusement. Un rire de mémoire a une dramaturgie aussi efficace que complexe. Sans trop m'étendre sur ce sujet, car il faudrait que je bâtisse une chambre à coucher pour en border le sens, j'ai le pressentiment que ce rire est un puits noir où les rouges comme les blancs s'aiguisent de poésie, d'une liberté transgressive ouverte à toutes nos solitudes. Cette impression sensorielle m'aide à concevoir une présence contemporaine d'un Clown blanc, capable d'accueillir l'effroi comme la joie. Le rire est une excellente thérapie contre la perte de mémoire, mais comme toujours cela dépend de son origine et de sa direction car, malheureusement, certains rires participent de nos amnésies collectives. C'est sur cette hypothèse intuitive que je travaille actuellement l'interprétation de *Cap au pire* de Samuel Beckett. Ce long poème est à mon oreille un récital pour Clown blanc.

Lorsque, au deuxième acte, Estragon déclare : « C'est toute l'humanité », nos spectateurs riaient souvent beaucoup. En peu de mots, un constat devient une évidence partagée, dans la référence aux mémoires. Ce rire participe de la construction d'une humanité commune.

QUESTION. – Dans le spectacle, vous interprétez le personnage de Lucky à travers votre propre clown Gramblanc, qui était déjà apparu à de nombreuses reprises sur scène, et que vous continuez d'interpréter, dans le cadre de ce que vous nommez des « calentures ». Cette distribution peut paraître contre-intuitive : l'on a coutume de lire le couple Pozzo-Lucky comme un couple dominant-dominé, et on considère plus aisément que Pozzo est le blanc dominateur de l'auguste opprimé.

JEAN LAMBERT-WILD. – Dans le couple formé par Pozzo et Lucky, il nous est apparu que l'auguste était Pozzo, le blanc Lucky. Leur complémentarité est patente. Et Lucky, bien qu'apparemment discret et mutique, tient un rôle essentiel. Les modalités de ses déplacements et de sa présence font de ce caractère un centre, un pivot qui distribue les actions et mouvements des autres. Telle est la fonction du blanc. Il ne s'agit pas du tout nécessairement d'une question de pouvoir. Il n'est pas dans l'essence du blanc d'exercer un pouvoir, même s'il a pu, à un moment de l'histoire, se glisser de manière privilégiée dans cette fonction. Le blanc se constitue comme centre et redistribue les énergies autour de lui. Cette disposition ne doit pas être interprétée systématiquement en termes de rapports de force. Ce type de rapport est également visible dans *Dom Juan* de Molière, où la vedette n'est pas le personnage éponyme mais bien l'auguste Sganarelle. Don Juan, lui, redistribue les énergies. Beckett a parlé de Lucky comme centre : il a confié que, pour lui, la tirade de Lucky est le centre de la pièce.

QUESTION. – La tirade de Lucky, précisément, est un temps fort de ce spectacle. Pouvez-vous nous dire comment vous avez abordé l'interprétation de ce moment ?

JEAN LAMBERT-WILD. – Si, pour Beckett, tout *En attendant Godot* se trouve réfléchi et concentré dans cette tirade, alors tout doit y être compréhensible et plein de sens : tel a été notre postulat avec Lorenzo Malaguerra. Lucky a quelque chose à dire. Il ne s'agit pas seulement d'une logorrhée, d'un moment d'hystérie verbale. Le langage lui a été confisqué longtemps et, au moment où il est sommé de parler, les mots qui ont été si longtemps renfermés en lui remontent à la surface – tous en même temps, mais tous très précisément. Des articulations sont visibles dans ce texte qui est le contraire d'une bouillie. Le rapport du clown au réel est fondé sur le concret : il fait entendre chaque mot qu'il prononce. Dans ses mots, se creuse son existence. Il s'agit de transmettre cette énergie de celui qui a quelque chose à dire et qui est traversé par une pensée éruptive qui éperonne son geste. Il s'agit de jouer sur cette dynamique propre au clown blanc qu'est la capacité de rupture. Et cela, sans perdre le sens. Je voulais qu'un spectateur, même non initié, puisse percevoir un sens, une intention de sens. Ce sens est notamment politique. Lucky voit « le feu aux poutres » : il a la vision d'un monde qui se détruit.

Lorenzo Malaguerra, qui fut le maïeuticien délicat qui sortit au forceps Gramblanc du silence, me disait régulièrement, au cours du travail de répétitions et de la série de représentations, que cette tirade joue un rôle majeur dans l'énergie globale de la pièce. Si l'interprétation de la tirade est réussie, alors toute la pièce bascule et le deuxième acte trouvera un surcroît de vivacité et de drôlerie. Un peu comme le *berserker* viking, Lucky, en tant que clown, se livre à fond, de tout son être, dans un acte qui le laissera exsangue mais qui doit déboucher sur une percée. En d'autres termes : sur une torsion du réel. Car telle est la fonction du blanc, plus que de susciter le rire : tordre le réel. Avec son monologue, Lucky effectue une percée – dans le langage.

Propos recueillis
par Yannick HOFFERT

QUELQUES REMARQUES SUR LA FORTUNE MONDIALE D'UNE PIÈCE RÉPUTÉE APOLITIQUE

Attendre ou ne pas attendre Godot

> Il semble que ce soit là où elle est persécutée que la littérature montre ses vrais pouvoirs, en défiant l'autorité [...]. La fiction, la poésie, la critique acquièrent dans ces pays un poids politique dans la mesure où elles donnent une voix à ceux qui en sont privés.
>
> Italo CALVINO, *La Machine littérature.*

« Aucune pièce dans l'histoire du XXe siècle n'a eu un tel effet. Le théâtre ne s'en est jamais remis[1] ». Sortons de l'Hexagone. Karlheinz Stroux monte *Godot* au Schlosspark Theater de Berlin dès octobre 1953. La pièce est jouée à Rome, Zurich et dans quatorze villes allemandes et même, de façon quasi clandestine à Belgrade[2] en 1954, à Dublin[3], Londres, Arnhem et Mexico en 1955. L'année suivante, Alan Schneider la fait représenter à Miami et Herbert Berghof à New York. Elle est reprise au Théâtre Hébertot. On la joue aussi à Buenos Aires. Peter O'Toole interprète le rôle de Vladimir à Bristol. Sa carrière mondiale commence.

1 Brigitte Salino, « *En attendant Godot*, le jour où la terre a tremblé », *Le Monde*, 1er juin 2006. *Cf.* Charles Mcnulty, *Los Angeles Times*, 16 avril 2012 : « Beckett, 20th Century Playwriting's No. 1 Game-changer ».

2 Predag Todorović, « Beckett in Belgrade », p. 453-464 in Stan Gontarski (dir.), *The Edinburgh Companion to Samuel Beckett*, Edinburgh University Press, 2012.

3 Mise en scène par Alan Simpson au Pike Theatre.

Pour connaître le devenir transnational de la pièce, consultons d'abord Worldcat et l'*Index translationum* de l'UNESCO. La liste des langues de traduction, qui sans doute n'est pas exhaustive, est significative :

> afrikaans, albanais, allemand, arabe, arabe dialectal, arménien, basque, bengali, birman, bulgare, catalan, chinois, coréen, créole des Antilles, croate, danois, dari, espagnol, estonien, filipino, finnois, galicien, gallois, grec, hébreu, hindi, hongrois, indonésien, islandais, italien, japonais, kurde, lituanien, luxembourgeois, macédonien, malais, malayalam, néerlandais, népalais, norvégien, occitan, ourdou, penjabi, persan, polonais, portugais, romanche, roumain, russe, serbe, sicilien, sinhala, slovène, suédois, tamazight, tchèque, turc, ukrainien, yiddish et yoruba.

Premier constat : peu de pièces françaises du vingtième siècle élargi ont atteint l'universalité, c'est-à-dire se sont jouées en dehors de l'Europe et de l'Amérique du Nord.

Nombreux sont « les enfants de Godot[4] ». En France, signalons seulement deux pièces qui ne sont pas passées à la postérité. En 1979, André Engel met en scène au TNS une adaptation libre de la pièce, *Ils allaient obscurs sous la nuit solitaire*. Aux deux couples de Beckett s'ajoutent un couple de jeunes mariés et deux loubards. *Godot est arrivé !*, comédie de Patrick Ruggirello représentée en 2011 au festival d'Avignon, est une transposition. Les personnages ont perdu leurs noms originels. Ce sont deux SDF, Gamelle et Marco, qui attendent de meilleurs lendemains sur un banc. Godot se présente : c'est Germaine, une autre SDF, pleine d'allant.

C'est hors de France qu'on trouve surtout les surgeons de la pièce. *Fando et Lis* d'Arrabal[5], *Boesman and Lena*[6], pièce d'Athol Fugard qu'ont

---

4 Ruby Cohn, « Les enfants de Godot », *Cahiers Renaud-Barrault*, n° 110, 1985, p. 3-15.

5 Le premier Arrabal est souvent vu pour un continuateur de Beckett. Voir par exemple, Carlos de Lara, « Arrabal imitateur doué de Beckett », *Les Lettres françaises*, 8 janvier 1959. Il est assuré qu'il a vu *En attendant Godot* mis en scène par Josefina Sánchez Pedreño en 1956 au Dido Pequeño Teatro de Madrid. Il a récusé toute filiation. Beckett, en 1967, a fourni un témoignage en sa faveur alors qu'il était emprisonné en Espagne (*Lettres*, t. IV, Gallimard, 2018, p. 190).

6 Athol Fugard, *Boesman et Lena*, trad. française, Opale, 1979. Deux métis chassés de leur bidonville errent dans un terrain vague. Ils y rencontrent un vieux Bantou avec lequel le dialogue est impossible. Victimes, ils sont devenus bourreaux. L'auteur est né de père irlandais. Il monta *Godot* avec des acteurs noirs à Johannesburg en 1962 puis *La Dernière Bande* en 1976. Voir Werner Huber, « Transformations of Beckett : the case of Athol Fugard », *Literator*, n° 10, novembre 1989, p. 48-54.

montée Roger Blin en 1976 et Philippe Adrien en 2016, *Rosencrantz and Guildenstern are Dead*[7] de Tom Stoppard, où l'histoire de Hamlet est revue par deux comparses qui ressemblent à Vladimir et Estragon, les premières pièces de Slavomir Mrozek[8] et celles de Václav Havel sont entrées dans le canon international. Harold Pinter et Edward Albee ont également reconnu leur dette à l'égard de Beckett. *L'Encyclopédie mondiale du théâtre contemporain*[9] fait état d'adaptations très politiques en Palestine et aux îles Fidji. Elle signale aussi un *Esperando a Todot* et un *Esperando a Rodó* en Uruguay. Les informations manquent sur ces dernières pièces.

Plusieurs pièces sont des continuations allographes de celle de Beckett. On n'en signalera que quelques-unes. En 1966, Jorge Lavelli crée *Godot je došao* (en français *Il est arrivé*[10]) de Miodrag Bulatovic (1930-1991). Cet écrivain monténégrin reprend la pièce où son auteur auquel il dédie la sienne, l'avait arrêtée. Godot arrive. C'est un boulanger qui apporte de la farine, tient un discours irénique et affranchit Lucky. Celui-ci prend le pouvoir et se comporte en despote. C'est contre Godot que se fait l'union. On le condamne à mort. Lucky lui sauve la vie en affirmant qu'il n'existe pas. Il s'en va, laissant ses sacs de farine. Cette pièce souvent délirante se termine mal. Elle est donc plus pessimiste que son hypotexte. La postérité japonaise d'*En attendant Godot* est considérable. La dernière pièce en date, *Yattekita Godot (Voilà Godot)* de Minoru Betsuyaku (1937-), a triomphé à Tokyo en 2007 et a été représentée ensuite un peu partout dans le monde, et notamment à Paris[11] en 2012. C'est également une continuation proleptique. Vladimir et Estragon bavardent à un arrêt de bus. Surviennent Pozzo et Lucky inchangés puis deux femmes, l'une étant la mère d'Estragon, l'autre la mère d'un enfant dont Vladimir serait le

7 Voir Axel Kruse, « Tragicomedy and Tragic Burlesque : *Waiting for Godot* and *Rosencrantsz and Guildenstern are Dead* », *Sydney Studies in English*, n° 1, 1975-1976, p. 76-96 ; Joseph E. Duncan, « *Godot comes. Rosencrantz and Guildenstern are dead* », *Ariel*, IV, 12, 1981, p. 57-70…

8 Voir Martin Esslin, « *Mrozek, Beckett and the Theatre of the Absurd* », *New Theatre Quaterly*, X, 40, novembre 1994, p. 377-381.

9 Don Rubin (dir.), *The World Encyclopedia of Contemporary Theatre*, Londres, Routledge, 1994-2000.

10 Miodrag Bulatovic, *Il est arrivé*, trad. française, Seuil, 1967.

11 À la Maison du Japon. La pièce s'est jouée un peu partout dans le monde. Il est dommage qu'elle n'ait pas été traduite en français alors que tant de pièces médiocres sont mises à l'affiche.

père, et enfin Godot. Il porte une valise et un parapluie. Il se nomme. Estragon et Vladimir ne lui prêtent aucune attention. Ils semblent avoir oublié qu'ils l'attendaient. De Beckett, celui qu'on considère comme le maître du théâtre de l'absurde japonais a gardé une idée forte : « Plus l'homme se trouve dans une situation tragique, plus il en devient comique[12] ». Sa pièce est une *slapstick comedy* (une comédie burlesque). Peut-être l'auteur se souvient-il d'*Arrêt d'autobus* de Gao Xingjiang (1940-). Des gens bavardent en attendant le bus qui doit les amener de leur lointaine banlieue au centre d'une métropole, pour un travail, un rendez-vous amoureux, un cours d'anglais ou un repas. Un an puis dix ans se passent. Le bus, qui représente la modernisation, n'est toujours pas passé. Ils comprennent qu'ils auraient dû aller à pied[13]. Cette satire de la société chinoise (et de la révolution culturelle) valut à son auteur d'être accusé de « pollution spirituelle[14] ». Il s'exila en France et reçut le prix Nobel de littérature en 2000.

En 2019, *Yes Godot* d'Anas Abdul Samad (1974-) s'est joué un peu partout en France. Vladimir, Estragon et Lucky, trois hommes-marionnettes muets errent dans le *no man's land* d'une ville, Bagdad, ravagée par des guerres cataclysmiques. Ils se révoltent et s'en prennent à leur créateur, figure tutélaire du théâtre contemporain, « comme s'ils en avaient marre d'attendre ce qui n'arrive jamais : la fin de la pièce, de la guerre, la fin des attentats, des bombardements, la paix. Vers la fin du spectacle, moment bouleversant, l'effigie de Beckett s'échappe du plateau et, filmée, va hanter les rues de Bagdad mais aussi de Mossoul[15] ». Le metteur en scène s'en explique : « Le texte de Beckett est le déclencheur pour pouvoir exprimer notre propre attente désespérée. Est-ce que nous attendons ? Qu'attendons-nous ? Est-ce que notre avenir sera meilleur que le présent [...][16] » ?

La doxa énoncée par *Théâtre populaire* exigeait que les auteurs situassent les œuvres et les personnages. Les pièces devaient, comme celles de Brecht, O'Casey et Adamov, être pliées à la conception marxiste du

12 « Une vision minimaliste du théâtre », *La Terrasse*, 10 mai 2010.

13 La pièce n'a pas été traduite en français. Pour une analyse, voir Harry H. Kiushu, « Will Godot come by bus or through a trace ? Discussion of a chinese absurdist play », *Modern Drama*, n° 41, 1998, p. 461-473.

14 Alain Peyraube, « Gao Xinjiang, écrivain français de langue chinoise », *Le Monde*, 20 octobre 2000.

15 Jean-Pierre Thibaudat, « Bagdad sur Besançon, second volet du focus Irak », *Médiapart*, 26 janvier 2019.

16 « *Yes Godot*, l'attente du peuple irakien », *L'Alsace*, 5 janvier 2019.

réalisme, c'est-à-dire montrer les rapports sociaux de production. S'y ajoutait l'obligation d'optimisme historique. *En attendant Godot* entrait mal dans les normes idéologiques de l'époque. Il était difficile de voir Vladimir et Estragon comme de la graine de militants. Beckett était disqualifié pour avoir confiné ses personnages dans un *no man's land*, non dans une société de classes. Son défaut de radicalité était rédhibitoire. Aucun écrit politique issu de sa plume ne pouvait faire paratexte à ses pièces. Il avait nettement séparé son œuvre littéraire et ses quelques engagements qu'il voulait discrets. Les critiques de la pensée progressiste, de Sartre à Bernard Dort, considéraient que sa pièce avait été récupérée par la bourgeoisie. L'opposition entre Brecht et Beckett était celle de deux modèles. Tout était clair : ou bien un théâtre politique, ou bien l'absurde bourgeois, nihiliste et décadent. L'on citera un augure marxiste, Raymond Williams : « *The play has become, among some people, a byword for pessimism and decadence* [...][17] ». La même idée se trouve chez Lukacs[18] qui, lui, n'avait sans doute pas vu la pièce. Elle va longtemps être doxique. En 1976, on peut encore lire ceci dans *Théâtre/Public* :

> Qui doit, pour survivre ou vivre mieux, ne pas attendre Godot ? Certes il y a des gens qui attendent Godot, mais il y a aussi des gens qui n'attendent pas Godot [...]. L'humanité entière, riches et pauvres, maîtres et esclaves, tous également transformés en clownesques clochards métaphysiques, tous attendent Godot [...]. Un militant syndicaliste n'attend pas Godot. Beckett est, au fond son ennemi (de classe) [...]. Le ministre de l'intérieur, lui, a, d'une certaine manière, besoin de Beckett [...]. Il lui faut Beckett pour les intellectuels[19].

L'horizon d'attente, au début des années 1950, tirait le Nouveau Théâtre du côté de l'existentialisme et de l'absurde. L'enjeu, à considérer la première réception de *Godot*, était philosophique et parfois théologique. Marc Beigbeder évoquait le théâtre à l'âge métaphysique[20]. Beckett y rejoignait Sartre, Camus, Gabriel Marcel. Après coup, Brigitte Salino peut écrire : « Vladimir et Estragon sont, sur les scènes, les premiers habitants d'un monde tout juste sorti de la deuxième guerre mondiale,

17 Raymond Williams, « Hope deferred », *The New Statesman*, 19 mai 1961.

18 Georges Lukacs, *La Signification présente du réalisme critique*, Trad. fr. Gallimard, 1960, p. 99.

19 Alain Girault, « Ne pas attendre Godot », *Théâtre/Public*, n° 10, avril 1976, p. 23.

20 Marc Beigbeder, « Le théâtre à l'âge métaphysique », *L'Âge nouveau*, IX, janvier 1954, p. 30-41.

des camps et d'Hiroshima. Leur ciel est vide, inutile d'y chercher la transcendance [...][21] ». Vladimir et Estragon étaient seulement des clochards et/ou des clowns. Aucun des critiques de la création n'a perçu le potentiel politique de la pièce. Elle était souvent vue comme pessimiste voire nihiliste. Guy Dumur avait seulement hasardé l'idée d'un arrière-plan socio-politique : « On sent la ville toute proche, avec la misère et la police [...]. Beckett est un esprit subversif [...][22] ». De même, Robert Kemp à sa façon : « Voyez là-dessous tout ce que vous voudrez de politique et d'idéologique [...][23] ». Le politique, pour ne pas dire le politiquement correct, était chez Sartre et, après 1954, chez Brecht. *Godot*, envers et contre tout, a montré une remarquable adaptabilité à un grand nombre de contextes socio-historiques. Ce que reprochaient les doctrinaires à la pièce explique sa fortune mondiale.

Les metteurs en scène doivent accepter des contraintes à leur créativité qu'imposent les didascalies et l'intransigeance de Beckett (puis de ses ayants droit). Mais les spectateurs, eux, interprètent la fable en fonction de leur propre situation historique. L'auteur est loin de les avoir oubliés[24]. C'est ce qu'a bien vu Ronan Mc Donald : « Si *En attendant Godot* a un attrait ou un sens qui perdure, ce n'est pas parce qu'il parle directement d'une condition humaine hors du temps, mais plutôt parce qu'il peut prendre vie dans différents contextes et moments historiques... [...][25] ». Et le critique de préciser : « La pièce doit avoir un aspect caméléon – elle doit changer ses connotations dans différentes situations, lieux, moments historiques. Elle doit être transposable au niveau des nations, s'adaptant aux différents systèmes de signes, mais pas transhistorique, opérant par-delà les moments historiques [...][26] ».

---

21 Brigitte Salino, « *En attendant Godot*, le jour où la terre a tremblé », art. cité.

22 Guy Dumur, « En attendant Beckett », *Combat*, 1er janvier 1953.

23 Robert Kemp, « *En attendant Godot* », *Le Monde*, 14 janvier 1953.

24 C'est ce que pensait Bernard Dort dans son compte rendu de la création (*Les Temps modernes*, n° 90, 1er mai 1953, p. 1843-1845).

25 « If *Waiting for Godot* has an appeal or meaning that endures, it is not because it speaks directly to an ahistorical human condition, but rather because it can come alive in various contexts and historical moments ... », Ronan McDonald, « *Waiting for Godot* and Beckett's cultural impact » in Dirk Van Hulle (dir.), *The New Cambridge Companion to Samuel Beckett*, Cambridge University Press, 2015, p. 51.

26 « The play needs to have a chameleonistic aspect – it must change its connotations in different situations, places, historical moments. It must be transnational, moving across sign systems, but not transhistorical, operating above them », *Ibid.*

Auteur ombrageux et vétilleux, Beckett a enserré la mise en scène et la scénographie de ses pièces dans un carcan de didascalies. Il a d'ailleurs fait des exceptions à la loi qu'il instituait quand elles étaient jouées au loin. Ainsi a-t-il accepté que la pièce soit interprétée par des acteurs noirs, ce qui fut fait à Boston en 1957. Aurait-il désapprouvé, comme l'ont fait Edward Beckett et Jérôme Lindon, la mise en scène de *Godot* par Susan Sontag dans Sarajevo assiégée[27] ?

« Ne perdons pas notre temps en vains discours », disait Vladimir (*G*, 103). Que les palabres font obstacle à l'action est une idée sans cesse moulinée dans la littérature et les discours militants comme dans les débats parlementaires. Un seul exemple, ce mot de Clémentine Autain souvent cité : « Ne pas attendre Godot, prendre parti et agir [...][28] ». Beckett est oublié. Ne reste qu'un syntagme figé. Godot c'est l'impossible, l'inaccessible, celui ou ce qui ne vient pas et/ou qui ne viendra jamais. C'est, selon les énonciateurs, le retour de la croissance, la solution à un problème social etc. C'est, selon les pays, la terre[29], la fin des pénuries, la paix, la prospérité, des institutions démocratiques, l'état de droit, la justice[30]... La solution à un problème, pour ne pas dire le salut, ne doit pas venir de l'extérieur. Citons encore Clémentine Autain : « Aujourd'hui nos gouvernements attendent Godot. Ils ne prennent pas la mesure de l'épuisement du modèle industriel consumériste [...][31] ». Il y a là matière à une thèse de sociolinguistique.

Sortons à nouveau de l'Hexagone. Dès 1957, la pièce franchit le rideau de fer et se joue à Varsovie où l'octobre polonais a entr'ouvert une porte. Brigitte Salino rapporte ainsi l'événement : « Près de la moitié des spectateurs quittent la salle à l'entracte. Les dix jours suivants, il y a beaucoup de places vides dans le théâtre. Puis, tout d'un coup, les réservations “explosent”. Des samizdats qui circulent en ville rapportent des informations sur le rapport que Khrouchtchev a tenu devant le XXe congrès du parti sur les crimes de Staline. Les Polonais ovationnent *Godot.* Pour eux, ce qu'il représente est devenu clair : c'est le socialisme [...][32] ». Ou tout simplement la liberté. De l'autre côté du

27 Béatrice Mousli, *Susan Sontag*, Flammarion, 2017.

28 *Le Monde, L'Humanité*, 15 septembre 2016 ; *L'Express, Ouest-France*, 16 septembre 2016...

29 « *Waiting for Godot : farmers seek return of seized land* », *Myanmar Times*, 17 août 2018.

30 « *Waiting for Godot*, Kenyan version : The end of poverty, tribalism and corruption », *The East African*, 13 août 2017.

31 Clémentine Autain, *Nous avons raison d'espérer*, Flammarion, 2015, p. 142.

32 Salino, « *En attendant Godot*, le jour où la terre a tremblé », art. cité.

mur, l'absurdité est un paradigme socio-politique, non métaphysique ou philosophique[33]. Et, comme le pensait Camus, la perception de l'absurde conduit à la révolte, en l'occurrence à l'insurrection de la société civile. Il faut attendre 1987 – la perestroïka – pour que la pièce soit jouée à Moscou et la chute du mur pour qu'elle le soit en Roumanie, Bulgarie et à Berlin Est.

Ayant précédemment examiné des appropriations politiques de l'attente de Godot en Tchécoslovaquie, Israël, Australie, Bosnie, je vais me tourner vers d'autres régions du monde, principalement en Asie et en Afrique, dont la place dans la république mondiale du théâtre est mal connue en France.

En 1934, paraît *Negro Anthology*, ouvrage monumental que Nancy Cunard a rassemblé[34]. Beckett a traduit dix-sept textes d'auteurs français (dont Péret et Crevel). En 1937, il avait failli enseigner en Afrique du Sud. En 1963, il est sollicité par le mouvement contre l'Apartheid et signe avec une cinquantaine d'autres auteurs (dont Graham Greene, Arthur Miller, John Osborne, Harold Pinter, James Saunders…) une déclaration par laquelle il s'engage à ne laisser jouer aucune de ses pièces dans le cadre de l'Apartheid. Il écrit à son animateur : « Je suis tout à fait d'accord avec votre point de vue et prêt à refuser des représentations sauf devant un public n'ayant fait l'objet d'aucune discrimination […][35] ». Il pose comme exigence que la troupe et le public soient multiraciaux. *En attendant Godot* a joué un rôle considérable dans l'histoire du théâtre sud-africain. En 1976, Benjy Francis monte la pièce au Market Theatre de Johannesburg avec des acteurs noirs. Lui-même joue le rôle de Pozzo[36]. La censure autorise le spectacle … parce qu'il ne s'y passe rien. Quatre ans plus tard, *En attendant Godot* se joue au Baxter Theatre de l'université de Capetown. Donald Howarth (1931-), lui-même dramaturge, fait le choix d'une distribution multiraciale. Des acteurs noirs jouent Didi et Gogo[37],

33 Voir Jeanyves Guérin, « Lectures politiques d'*En attendant Godot* », *Revue d'Histoire du théâtre*, avril-juin 2017, p. 133-146.

34 Nancy Cunard, *Negro Anthology*, Londres, Wishart & co, 1934. L'ouvrage a reparu en 2018 aux nouvelles éditions Jean-Michel Place.

35 « I am in entire agreement with your views and prepared to refuse performances except before a non-segregated audience ». Cette lettre manuscrite non reprise dans la correspondance de Beckett est consultable sur le site de la British Library.

36 Voir son témoignage dans David Smith, Imogen Carter and Ally Carnwath, « In Godot we trust », *The Guardian*, 8 mars 2009.

37 John Kani et Winston Ntshona avaient joué dans *The Island* d'Athol Fugard, pièce dans laquelle deux prisonniers politiques improvisaient des jeux dialogués.

des acteurs blancs jouent Pozzo et Lucky. Quand Pozzo déclare, chaussant ses lunettes, que Vladimir et Estragon sont « de la même espèce » que lui-même, donc des humains aussi, le mot prend tout son sens au pays de l'Apartheid. La pièce appartient aujourd'hui au canon théâtral sud-africain. Athol Fugard avait écrit dans ses *Notebooks* : « Vladimir et Estragon ont dû lire les comptes rendus des procès de Nuremberg – ou alors ils étaient à Sharpeville… Quelle que soit l'horreur que vous choisissiez, ils savent exactement de quoi vous parlez […][38] ».

En 2009, le prix Caine de littérature africaine est attribué à une nouvelle de l'écrivain nigérian E. C. Osondu, *Waiting*[39]. Son cadre est un camp de réfugiés quelque part en Afrique. Le narrateur se fait appeler Orlando parce qu'il espère être adopté en Floride. Une religieuse lui a fait lire *En attendant Godot*. Pour elle, c'est Dieu qu'attendent Vladimir et Estragon. « Ici au camp, nous attendons, attendons et attendons encore. C'est la seule chose que nous faisons ». Lui et les autres attendent un camion de nourriture, un camion d'eau, un photographe de la Croix rouge, une éventuelle adoption par une famille américaine… Un critique a donné ce commentaire :

> Attendre. Attendre le salut. Cela semble être la malédiction de l'Afrique. Attendre que la Cour pénale Internationale nous sauve. Attendre le salut de nos politiciens ; et nos politiciens se sont montrés sous leur vrai jour comme Godot dans la pièce – envoyant un messager à Vladimir et Estragon afin d'aiguiser leur appétit avec des promesses de paradis et en ne leur livrant rien[40].

Le personnage de Godot est devenu un paradigme du discours politique. Il est sans cesse évoqué dans l'incipit ou la clausule d'éditoriaux. En voici quelques exemples glanés dans la presse nigériane :

38 « Vladimir and Estragon must have read the accounts of the Nuremberg trials – or else they were at Sharpeville… Choose your horror… they know all about it […] » (Athol Fugard, *Notebooks 1960-1977*, Faber & Faber, 1983, p. 62). Dans les notes rédigées en 1962 et 1963, Beckett est très présent, mais aussi Camus dont Fugard lit au même moment *L'Homme révolté* et *Le Mythe de Sisyphe*.

39 La nouvelle a été publiée en octobre 2008 dans le magazine *Guernica*.

40 « Waiting. Waiting for salvation. That seems to be Africa's curse. Waiting for the International Criminal Court to save us. Waiting for salvation from our politicians ; and our politicians have showed us their true colours like Godot does in the play – sending a messenger to Vladimir and Estragon to whet their appetite with promises of heaven and delivering nothing […] » (« Africa must stop waiting for Godot and take charge of its own destiny », *The East African*, 16 novembre 2012).

Quand le lauréat du prix Nobel de littérature de 1969, l'Irlandais Samuel Beckett, écrivit sa célèbre pièce *En attendant Godot* en 1948, il n'avait peut-être pas à l'esprit l'administration actuelle du président Muhammadu Buhari ni la diminution des primes par certains de ses lieutenants sur des politiques similaires ainsi que sur des programmes avec délais. Mais les circonstances de l'apparente imprécision du budget 2017, et plus particulièrement les doutes planant sur son adoption finale, lui confèrent une similitude avec une sorte de Godot. La situation revient à dire : plus on attend, moins on voit[41].

Dans sa tragicomédie de 1952 *En attendant Godot*, l'écrivain irlandais Samuel Beckett montre le désarroi et la stérilité qui l'accompagne dans une attente interminable d'un Godot qui n'arrive pas. Rejoints par trois autres acteurs amusants, ces personnages qui s'attardent se retrouvent encore plus enlisés dans une vaine attente de quelqu'un qu'ils ne connaissent pas. La pièce se termine, de façon à la fois tragique et comique, sans que l'on découvre Godot dans l'œuvre en 2 actes.

Heureusement, la longue attente de la publication de l'autobiographie d'Osoba, ancien rédacteur en chef du *Daily Times du Nigeria*, qui devait devenir directeur du groupe de gestion du journal et gouverneur de l'état d'Ogun, n'a pas suivi la trajectoire de Godot[42].

Dans la pièce *En attendant Godot*, deux personnages, Estragon et Vladimir, plutôt que de s'engager dans une entreprise sérieuse pour gagner leur vie, ont décidé d'attendre un mythique Godot dans l'espoir qu'il leur apporte toutes les bonnes choses de la vie. Pour s'occuper, ils mangent, dorment, discutent, se disputent, chantent, jouent, font de l'exercice, échangent leurs chapeaux et envisagent même le suicide. En fin de compte, ils sont appauvris et déçus

---

41 « When the winner of the 1969 Nobel Prize in Literature, Irishman Samuel Beckett, wrote his celebrated play "Waiting for Godot" in 1948, he might not have had in mind the present administration of President Muhammadu Buhari and the diminished premium by some of the latter's lieutenants, on matching policies as well as programmes with timelines. But the circumstance of the seemingly indeterminate fortunes of the 2017 budget, especially with respect to doubts over its eventual passage, confers on it the semblance of a Godot of sorts. The situation is like the more we wait, the less we see […] » (Monima Daminabo, « Waiting for budget, waiting for Godot », *The Elites*, 30 avril 2017).

42 « In his 1952 tragicomedy, *Waiting for Godot*, Irish writer Samuel Beckett presents the helplessness and accompanying barrenness of an endless wait for a Godot who doesn't show up. Joined by three other funny actors, these tarrying figures get further mired in a futile wait for the person they do not know. The play closes, tragically and comically, without Godot being revealed in the two-act work. Mercifully, lingering for the autobiography of Osoba, former editor of Daily Times of Nigeria, who went on to become the paper's Group managing-director and the governor of Ogun State, hasn't followed the trajectory of Godot […] » (Banji Ojewale, « *Segun Osoba : no longer waiting for Godot* », *The Guardian*, 16 juillet 2019). Ce quotidien publié à Lagos est considéré comme le meilleur journal du Nigeria.

> car le Père Noël n'est pas venu. Les Nigérians ne manqueraient pas de tomber dans ce piège si nous continuions à attendre un mythique Deus Machina[43].

On lit aussi dans *Jeune Afrique* : « L'Afrique doit résolument avancer dans son processus d'intégration économique. Nous ne pouvons plus attendre Godot[44]... ».

Au Pakistan :

> À chaque fois que je me demande si les relations entre le Pakistan et l'Inde redeviendront normales un jour, je pense à la célèbre pièce absurde de Samuel Beckett, *En Attendant Godot*. Comme la plupart des lecteurs le savent, il s'agit d'une pièce où deux hommes lambda attendent quelqu'un ou quelque chose, appelé Godot, qui n'apparait jamais dans la pièce et qui de toute évidence a peu de chance de venir un jour.
>
> Bien que la pièce n'ait clairement aucun lien avec la rivalité entre le Pakistan et l'Inde étant donné sa provenance et son époque, elle me semble pourtant être une parfaite métaphore pour ce qui empêche la normalité et le développement du sous-continent.
>
> Nous attendons tous le moment où les relations s'amélioreront entre les deux pays, et ce moment n'arrive jamais[45].

Au Sri Lanka :

> Si je devais produire ma propre version du classique de Beckett, elle se situerait entre 2010 et 2014 et aurait lieu dans le très populaire café The Coffee Bean & Tea leaf à Colombo au Sri Lanka. Ces années particulières font référence à une

---

43 « In the play *Waiting for Godot*, two characters, Estragon and Vladimir rather than engage in meaningful enterprise for a living decided to wait for a mythical Godot in the expectation that he would bring them all the good things of life. To occupy themselves, they eat, sleep, converse, argue, sing play games, exercise, swap hats and even contemplate suicide. At the end of the day, they were impoverished and disappointed for the Father Christmas failed to arrive. Nigerians would fall into this trap if we continue to wait for a mythical Deus Machina [...] » (« *As Nigeria continues waiting Godot* », *The Daily Times*, 29 novembre 2016).

44 Abdoul Sallam Bello, *Jeune Afrique*, 5 septembre 2017.

45 « Whenever I wonder whether Pakistan-India relations will ever normalise, my mind wanders to Samuel Beckett's celebrated absurdist play *Waiting for Godot*. As most readers will know, it is a play about two nondescript men waiting for somebody, or something, called Godot, who never makes an appearance during the play, and is clearly unlikely to ever come. While the play clearly has no connection to the Pakistan-India rivalry given its provenance and timing, it seems to me a perfect metaphor for this impenetrable impediment to normalcy and development in the subcontinent. We all wait for a time when relations will get better between the two countries, and that time never comes. » (William Milam, « Waiting for Godot in Southern Asia », *The Friday Times*, 7-13 octobre 2016).

> période où le pays vivait ses dernières années de « dictature ratée ». J'ai choisi ces années précisément parce que j'ai habité au Sri Lanka jusqu'à ces années et que je n'ai donc pas connu les conditions sous le nouveau gouvernement. Pour commencer, Pozzo et Lucky seraient un duo comique d'hommes politiques qui représenterait à la fois l'ignorance et l'idiotie du gouvernement. Didi et Gogo en revanche, représenteraient la jeunesse de Colombo[46].

> Le Messie que nous attendons est encore illusoire ; ce n'est pas si simple que cela en a l'air[47].

Terminons ce parcours par le Maghreb. Arthur Adamov, icône de *Théâtre populaire*, fut un partisan inconditionnel du FLN. Or on ne joue pas *Paolo Paoli* ni *Le Printemps 71* en Algérie. En 1963, celui qu'on a appelé le père du théâtre marocain, Tayeb Saddiki[48] (1939-2016), alors animateur du Théâtre municipal de Casablanca, donne cent cinquante représentations *d'En attendant Godot* au Maghreb. La pièce connaît un grand succès au Maroc. Elle est mal reçue en Algérie. Certains spectateurs se montrent hostiles, se souvient le metteur en scène et traducteur. « Nous n'avons pas attendu pour faire la révolution, nous l'avons faite[49]… ». Ce n'était que partie remise. *Godot* est l'une des pièces étrangères aujourd'hui les plus jouées en Algérie. Elle a inspiré le film *Rumeur*s de Mohamed Latrèche et le premier chapitre de *Fada, fatra*s *de maux*[50], le roman de Djamel Mati. Elle a valu l'un de ses premiers succès à Kheireddine Lardjam. Il faudrait ajouter qu'en Kabylie, région particulièrement opprimée, la pièce, traduite par le poète Mohia[51], a eu un succès durable.

---

46 « If I were to produce my own take on Beckett's classic, it would be set between 2010 and 2014 and take place in the popular Coffee Bean & Tea Leaf café in Colombo, Sri Lanka. These specific years are in reference to a time when the country was in its last years under 'a failed dictatorship'. I chose these years specifically because I was living in Sri Lanka up until this time, and so have not experienced conditions under the new government. To begin with, Pozzo and Lucky would be a comedic duo of politicians who represent both the ignorance and the idiocy of the government. Didi and Gogo however, would represent the Colombo youth […] » (« If Beckett's *Waiting for Godot* was based in Sri Lanka… », 2 décembre 2015).

47 « The Messiah we have been waiting for is still illusory ; it does not come in one package », « Sri Lanka's wait for Godot » (*Daily Mirror*, 27 décembre 2017.

48 Taddek Saddiki a adapté plusieurs pièces de Molière mais aussi *Les Bonnes* et *Les Chaises*.

49 Tayeb Saddiki, « *En attendant Godot* », *Horizons maghrébins*, n° 5, 2008, p. 197.

50 Djamel Mati, *Fada fatras de maux*, APIC Éditions, 2004.

51 On lui doit aussi des traductions ou adaptations de Molière, Jarry, Sartre, Pirandello et Mrozek.

Lors du centenaire de Beckett, un journaliste algérien explique ainsi la fortune de la pièce dans une société qui transforme les jeunes en chômeurs et en clochards :

> Samuel Beckett parle à tous ceux qui sont dans le désespoir et dans l'expectative. La pièce nous dit que la situation de l'homme est absurde parce qu'il ne vit pas dans le présent, dans le ici et maintenant et qu'il projette la plupart du temps son avenir. Il attend, il voit la vie de manière processive et de ce fait il se quitte lui-même. C'est peut-être la raison qui explique pourquoi cette pièce a eu autant de succès en Algérie. Les deux personnages de la pièce sont un peu comme les "hittistes[52]" algérois qui ont un grand sens de la dérision et ils savent qu'ils sont dans une situation kafkaïenne dont il est difficile de sortir[53].

En 2018, Halim Zelam donne sa version d'*En attendant Godot*, *Nestanaou felhit* (*Nous attendons au mur*) au festival international du théâtre expérimental de Mednine. Les personnages de Beckett sont à nouveau des « hittistes ». « Nonchalants, sans aucune notion du temps ni de l'espace, les personnages traînent sur scène sans objectif précis, tantôt à ne rien dire, tantôt à dormir ou à ne plus réfléchir, par paresse et manque de vivacité, en attendant Godot, qui n'arrivera jamais au bout du compte[54] ».

Godot revient sans cesse dans la rubrique politique des journaux algériens. Deux exemples : en 2015, un journal titre : « La Constitution algérienne : en attendant Godot[55] ». En 2018, on lit ceci dans un autre : « … ils attendent de voir avant de se décider. Ils attendent si ce n'est pas le même scénario que les précédents qui va se rejouer avec le même acteur principal. Auquel cas, ce sera peine perdue, plaident-ils. Ils attendront Godot[56] ».

On retrouve la même idée chez une journaliste tunisienne après la révolution de la dignité : « Alors n'attendons pas Godot : il ne viendra pas. Mais œuvrons en vue de tordre le cou à l'impossible, sous des

52 Les hittistes sont les adolescents des grandes villes algériennes qui, sans espoir d'un emploi, passent leurs journées, adossés à un mur (hitt en arabe). Voir Kamal Guerroua, *Journal d'un hittiste*, Ressouvenances, 2018.

53 Benaouda Lebjaï, « Samuel Beckett, conforme à la version originale », *El Watan*, 28 avril 2006.

54 *El Watan*, 19 avril 2018.

55 Naoufel Brahimi, *Mondafrique*, 21 avril 2016.

56 O. A., « Partis : en attendant Godot », *Liberté*, 11 avril 2013.

latitudes qui prennent vent de toutes parts, mais font de la résistance. C'est d'ailleurs ce qui les a sauvés jusqu'ici d'un naufrage avéré[57] ».

Le parti d'avant-garde n'est pas le rédempteur suprême. Il installe des dictatures corrompues. C'est dans la société civile que se trouvent les solutions. On le sait aujourd'hui. Loin d'être une pièce pessimiste, nihiliste et démobilisatrice, *En attendant Godot* a été un peu partout reçu comme une pièce positive et tonique. Les prisonniers, chômeurs, migrants, réfugiés, opprimés, plus perspicaces que les doctrinaires brechtiens, se sont reconnus dans Vladimir et Estragon qui affrontent des pénuries et font l'expérience de la violence. Il n'est plus question de résignation fataliste. Résumons. Dans le Paris des années 1953, Godot ne pouvait pas être une pièce politique. Ni les spectateurs ni les critiques ne le pensaient. Si, de Varsovie à Capetown, d'Alger à Colombo, de Dhaka à Ramallah, elle est devenue une pièce du politique, c'est parce que Godot fonctionne comme une métaphore polysémique[58]. C'est aussi l'opinion Ronan McDonald auquel reviendra le dernier mot :

> L'affinité de la pièce avec les conditions extrêmes fut aussi manifeste dans un certain nombre de productions célèbres lors de périodes de crise politique ou sociale, quand il s'est trouvé que les gens ont senti l'immédiateté particulière et matérielle de la confusion, de l'incertitude, de l'attente et de l'espoir[59].

Jeanyves GUÉRIN

57 Samia Harrar, « Le geste à la parole… », *Le Temps*, 13 janvier 2017.

58 « [*Godot*] can stand as a powerful métaphore for any situation in which people suffer need, frustration or oppression […] », David Bradby, *Waiting for Godot*, Cambridge University Press, 2001, p. 209.

59 « The affinity of the play with conditions of extremity was also manifest in many well-known productions during periods of political or social crisis, when it appeared that confusion, uncertainty, waiting and hope were pressing with particular and material immediacy. », Ronan McDonald, art. cité, p. 56-57.

SIGLE ET ÉDITION CITÉS

G *En attendant Godot* [1952]. Paris, Minuit, 2006.

TROISIÈME PARTIE

HOMMAGES ET OUTRAGES

RÉÉCRITURES ET PARODIES

LA SECONDE CHUTE, OU CONTINUER *GODOT*

Un regard rétrospectif

> ESTRAGON. – Tu crois que Dieu me voit ? (*G*, 108)
>
> VLADIMIR. – Il m'a semblé qu'il nous voyait. (*G*, 127)
>
> Samuel BECKETT, *En attendant Godot*.

Revenir, trente ans plus tard, sur un texte qu'on n'écrirait nécessairement plus de la même manière aujourd'hui – ou qu'on n'écrirait plus, ayant passé ailleurs ; tenter après si longtemps de s'interroger sur la genèse (en bonne partie oubliée) et le sens d'un geste d'écriture dont je m'étonne encore de l'avoir osé (si ce n'est, il faut le constater, qu'il m'a précisément ouvert la voie au théâtre, et qu'il en allait sans doute beaucoup plus d'une irrésistible pulsion instinctive que d'une intention)... n'est pas chose aisée. Que sait-on de ce qui fait naître, impose et meut l'écriture, de sa nécessité profonde ? Et que peut-on en dire qui ne soit pas, toujours, une réinterprétation, une reconstruction mentale, voire même une pure fiction ?

Mais essayons – puisque j'y suis si obligeamment conviée.

En commençant par constater que la "figure vide" de Godot (cette géniale invention, par Beckett, d'un *deus absconditus* du théâtre d'après-guerre, ou cette paradoxale incarnation d'une impossible issue, d'un impossible salut, d'un impossible sauveur et d'une transcendance absente), mais aussi la structure d'appel constitutive d'*En attendant Godot*, qui suscite et ouvre l'imagination de chaque lecteur/lectrice, ou de chaque spectateur/spectatrice, en appelant/différant à l'infini les réponses à une infinité de questions essentielles, ont incontestablement “appelé” à son tour le texte de *La Seconde Chute*, ma première pièce de théâtre, qui se présente de manière tout à fait iconoclaste comme un “acte III” de *Godot*, en embrayant sur la dernière réplique de la pièce (qui reprend celle de la fin de l’Acte I, mais en inversant les noms des personnages – comme s’ils n’en faisaient qu’un… en deux) :

> VLADIMIR. – Alors, on y va ?
> ESTRAGON. – Allons-y.
> *Ils ne bougent pas.* (*G*, 134)
>
> VLADIMIR. – Alors, on y va ?
> ESTRAGON. – Allons-y.
> *Ils se concentrent.* (*SC*, 11)

S’efforçant, pour ne plus souffrir, de parvenir à « l’absence totale de désirs », Vladimir et Estragon, « *assis au milieu de la scène, face au public, dans la position dite du “lotus”* », se sont tournés vers la méditation… Le Garçon va les en tirer en arrivant plus tôt que prévu, au *début* de la pièce, pour leur annoncer que Godot, cette fois, *va venir.*

C’est cette impertinente “continuation”, au sens médiéval du terme, qui m’a permis il y a trente ans d’oser “faire le saut”, et de prendre conscience par l’acte de ce que j’avais à dire au théâtre (mais pas seulement), par le détour – et le détournement – du texte d’un autre (mais toutes les histoires qu’on raconte, même en s’inspirant d’autrui, nous racontent aussi !). Texte passionnément admiré, lu et relu : beaucoup de mes trouvailles sont d’ailleurs issues de la lecture de Beckett (ainsi Vladimir suggère-t-il déjà à Estragon de « faire l’arbre » (*G*, 107), qui est une autre position du yoga ; l’un et l’autre se disent alternativement “vus par Dieu” – à qui je substituerai l’Auteur observant ses personnages ; etc.). Mais texte aussi vis-à-vis duquel quelque chose de très profond, en moi, se rebellait tout aussi passionnément.

En témoigner ici m’apparaît presque comme une reconnaissance de dette.

D’autre part, les questions que continue de poser à chacun et chacune d’entre nous cette pièce devenue l’un des rares mythes littéraires universels de notre temps, depuis près de soixante-dix ans que lectures et mises en scène successives ne cessent de *l’augmenter*, n’ont pas fini de nous concerner. Peut-être même nous sollicite-t-elle plus que jamais.

M'interroger (ce pourrait être assez vain) sur ce qu'ont représenté pour moi l'écriture et l'imprévisible destin de *La Seconde Chute* me paraît donc indissociable d'un autre questionnement : qu'avons-nous à faire, aujourd'hui, de *Godot*, qu'avons-nous à apprendre (encore, ou à nouveau) de ce texte dont Beckett a déclaré, et on l'a beaucoup répété après lui, qu'il l'avait écrit pour « se détendre » pendant la rédaction de *L'Innommable* et de sa "*Trilogie*" romanesque, ce qui est un peu court, ou que l'on a considéré comme un produit du "théâtre de l'absurde", ce qu'il n'est évidemment pas – alors qu'il renferme peut-être, bien que sous une forme ludique, clownesque, la quintessence de ce que nous dit Beckett sur la condition humaine, et de son rapport au théâtre (car on sait que chez lui mieux que chez nul autre, forme et fond ne font qu'un) ; et cela d'autant plus qu'il a peut-être cru l'écrire sans intention ni même sérieux intellectuel, en "levant la garde", en quelque sorte ?

Or je suis persuadée que l'essentiel se dit, se "trouve" le plus souvent à l'insu de qui écrit : surgissant là où précisément l'effort, la volonté, l'intention consciente, la culture accumulée, aussi (et chez Beckett elle est abyssale !) lèvent la garde mais continuent de mouvoir *par en-dessous* l'écriture, comme en sous-main, s'y condensant et la métamorphosant en un révélateur inouï.

Il me semble aussi que le plus "vrai" – le moins concerté, ou le moins dogmatique : cette vérité aveuglante, au cœur de l'écriture, mais qui nous échappe – surgit souvent paradoxalement grâce au détour de la fiction (j'entends par fiction non pas forcément un récit, une histoire imaginaire, mais tout ce qui est de l'ordre du symbolique, et ne se présente pas comme une tentative, réaliste, de représentation du "réel", d'expression directe de la réalité ou de soi). Et que le nouveau découle bien souvent – tout aussi paradoxalement – du détournement, de la réécriture ou de la subversion des mythes, des récits ou des formes qui nous précèdent[1], revisités, retravaillés, déconstruits (déboulonnés) ou réinventés par l'imaginaire et le désir humains en vue de nouvelles figures, de nouvelles images ou de nouvelles formes partageables.

1 Voir à ce sujet : Sylviane Dupuis, « Le théâtre comme subversion des mythes : de *La Seconde Chute* au *Jeu d'Ève* », dans *Métamorphoses du mythe*, Peter Schnyder [dir.], Paris, Orizons/L'Harmattan, 2008, p. 832-849 (sur *La seconde Chute* : p. 841-842).

GODOT : LA BIBLE COMME "MATRICE"
La Seconde Chute : *Godot* comme "matrice"

C'est justement ce que réalise avec *Godot*, magistralement, un Beckett qui fait son entrée dans le théâtre en se greffant à la fois sur la tradition populaire du cirque (ou du music-hall), sur Shakespeare et sur Synge, et sur les Écritures[2], qui forment le substrat, ou le texte-matrice, de toute la pièce. Beckett y convoque à la fois la Bible : « VLADIMIR. – Tu as lu la Bible ? » (*G*, 13) ; le récit mythique de la Chute qui ouvre la Genèse, avec l'Arbre de vie (mais qui, à l'Acte I, paraît… mort, et qui "renaît" à l'Acte II) ; et, en miroir (on sait que l'Ancien et le Nouveau Testaments se font écho dans les Écritures, où le second répond terme à terme au premier qu'il est sensé "accomplir", et où la Croix du Christ se fait Arbre de Rédemption), le récit de la Passion du Christ au Golgotha – conçu comme rachat de la Chute, de la Faute originelle –, avec l'allusion aux deux larrons pendus en même temps que le Christ : l'un sauvé, l'autre damné (14-16[3]), et l'identification d'Estragon au mauvais larron (« Je suis damné ! » ; 104) ou à Jésus (« Toute ma vie je me suis comparé à lui. » ; 73)… comme s'il portait sur lui tout le poids de l'héritage chrétien.

Mais ici le salut *ne vient pas*. Du moins pas du dehors. Ou pas d'"en haut". L'attente du spectateur (habitué à ce qu'une pièce finisse) n'aboutit ni à l'arrivée d'un dieu, d'un sauveur ou d'un homme providentiel, ni à un dénouement. Les personnages resteront prisonniers de leur attente (et de la Bible, de sa structure de salut, qui porte toute la pièce), soir après soir. Se répétant, en boucle :

> ESTRAGON. – Et si [Godot] vient ?
> VLADIMIR. – Nous serons sauvés. (*G*, 133)

2 On sait (par Anne Atik) que Beckett, fils d'une quaker, possédait quatre éditions de la Bible (en anglais, en allemand, en italien et en français), et (par Robert Pinget) qu'il la savait par cœur : elle sous-tend l'ensemble de l'œuvre – et, très explicitement, *En attendant Godot.*

3 Une phrase latine prétendument trouvée par Beckett chez saint Augustin : « Ne désespère pas. L'un des larrons fut sauvé. Ne présume pas. L'un des larrons fut damné. » serait d'ailleurs à l'origine de la création de *Godot*, de la forme (binaire et paradoxale) de la pièce, et de l'identification de Vladimir et Estragon aux deux larrons du Golgotha : voir à ce sujet Edward Bizub, *Faux pas sur les pavés : Proust controversé*, Paris, Classiques Garnier, 2020, p. 440.

Mais les spectateurs ? Qu'attend d'eux l'auteur ?

Beckett *dénonce*-t-il, dans *En attendant Godot*, cet emprisonnement dans l'attente de ses deux personnages, leur aliénation à Godot (quel qu'il soit), attendu comme le sauveur – et dès lors, au lendemain de la guerre, comment ne pas penser à ces soi-disant "sauveurs" auxquels se sont aliénés les peuples… de Hitler à Staline, en passant par Mussolini, Franco ou Salazar ? Montre-t-il leur aliénation à une religion qui leur commande d'attendre et d'espérer le retour du Christ – seule issue qui donnerait sens à la vie, et à la souffrance, ou rachèterait la "culpabilité d'être né" –, leur soumission à l'espérance messianique, qui oriente toute la civilisation occidentale, du judéo-christianisme aux révolutions communistes et à leur attente du "Grand Soir" ? Ou encore à la Providence (souvenons-nous qu'il y a *Jacques le Fataliste* de Diderot derrière *Godot*) ? Nous montre-t-il l'homme s'en prenant à ses godillots, ou à God(ot), au lieu de "s'en prendre à lui-même" ? Jusqu'où va Beckett dans la mise en question du comportement de ses personnages, dans la distance prise avec eux et dans la monstration d'un aveuglement qui renvoie chaque spectateur à ses propres croyances, menacées d'effondrement par ce qui vient d'avoir lieu avec la Seconde Guerre ? Je me le suis souvent demandé.

Ou au contraire, estime-t-il que la croyance dans un salut possible (si pathétique, si entêté et si aveugle que soit l'espoir qui la soutient) est ce qui fait tenir debout tout être humain, quel que soit son malheur ? Godot : une illusion de théâtre, un pur postulat, un "peut-être que quand même…" qui recouvrirait *toutes* nos illusions nécessaires pour ne pas mourir ?

Ou encore : cette pièce inépuisable nous dirait-elle tout cela *à la fois* ?

Face à Beckett, il faudrait se taire, m'a écrit Jérôme Lindon début 1990, tout en m'autorisant à éditer ou à faire jouer *La Seconde Chute*. À l'époque, bien sûr, je l'avais un peu mal pris. Ou très ironiquement. Y voyant excès de respect ou de culte rendu. Alors que j'avais écrit cette pièce, justement, pour *ne pas* me taire, pour commencer à parler, à penser tout haut, affronter les Pères, à oser me mesurer avec eux. Pour mettre le pied dans la porte.

Aujourd'hui je comprends autrement ce que Lindon a voulu dire. Beckett laisse ouvertes toutes les lectures à la fois (pourvu qu'elles demeurent multiples et même et surtout contradictoires), sans livrer aucune réponse – parce que c'est sans issue. Il le fait sans juger ses personnages – parce qu'il n'y a que « la détresse », dit-il, que l'on soit victime (Lucky) ou même devenu bourreau (Pozzo). Et en ce sens, oui, seul le silence peut lui succéder – comme au *Hamlet* de Shakespeare : *The rest is silence.*

Mais quoi ? Au-delà de Beckett, il n'y aurait donc (plus) rien à dire ou à écrire ?

Au moment où me "vient" *La Seconde Chute*, écrite entre avril et juillet 1988 (j'avais une trentaine d'années), osant passer outre à l'interdit implicite d'attenter à Beckett (ou serait-ce en raison de cet interdit même, de la sacralisation quasi religieuse qu'on ressentait dans ces années-là, au point que ma pièce ne pourra pas être créée en français avant de l'avoir été en allemand), ce que je lis dans *Godot*, en dépit d'une vénération pour le dramaturge qui ne fera que s'approfondir au cours des années suivantes, c'est cet enfermement des personnages dans l'immobilité, dans l'illusion : leur attente vaine du salut ; c'est l'étouffement mortifère de la répétition auquel les a voués (depuis quarante ans) et *nous* a voués leur auteur. Et c'est bien sûr l'absence, dans la pièce, que l'on peut ressentir comme une provocation, de tout personnage féminin : la condition humaine réduite à quatre hommes en train de tourner en rond, et de devenir fous.

Sans savoir où je vais (ni contre quel enfermement, quel étouffement je me bats peut-être, en me servant d'Estragon), je me greffe alors sur *En attendant Godot* pris à son tour comme texte-matrice, et reprends à Beckett ses personnages à l'endroit où il les a laissés, en leur ouvrant la possibilité d'une issue.

Pour voir ce qu'ils en font.

ÉCRIRE POUR LE THÉÂTRE APRÈS BECKETT, ET QUAND ON EST FEMME

Mais comment oser écrire pour le théâtre, après Beckett ? Comment secouer la paralysie du respect, mettre ses pas dans ceux des "grands auteurs" qui vous ouvrent *et* vous barrent la route ?

Autre manière peut-être de poser une question que je ne me posais pas : comment oser écrire pour le théâtre quand on est une femme, et qu'il y en a si peu encore pour accéder à la scène ? (Un an plus tôt, en 1987, dans *La Vie matérielle*, Marguerite Duras rappelait que de 1900 à 1965, pas une seule pièce de femme n'avait été jouée ni « à la Comédie-Française, ni chez Vilar au TNP, ni à l'Odéon, ni à Villeurbanne », et qu'on n'avait jamais vu ni en France ni peut-être en Europe, entre ces deux dates, « un auteur femme ni un metteur en scène femme[4] »...) Comment prétendre donner corps et voix à des personnages que des hommes et des femmes réels viendront nourrir de ce qu'ils sont, oser faire accéder à la scène un monde issu de sa seule imagination, de ses mots et de sa pensée, qui pourrait en arriver à *s'incarner* ? Miracle de l'incarnation théâtrale, vertigineuse démiurgie (que jalousent aux auteurs, depuis plusieurs décennies, les metteurs en scène... au point de n'avoir souvent plus qu'un désir : se passer des auteurs pour se rêver seuls démiurges à leur place !), qui exige, bien plus qu'on ne croit, de *faire effraction* ; de s'exposer. Et doublement, dans les années 1980, lorsqu'on n'était pas un homme. Or justement... je vais choisir de me confronter – et beaucoup s'en sont étonnés – à une pièce sans aucun personnage de femme[5] !

Figure manquante du texte beckettien, elle va littéralement faire effraction dans mon propre texte – comme si la transgression de cet "interdit d'entrer" que j'éprouvais comme auteure avait trouvé à se matérialiser, sur le mode parodique, dans une figure féminine qui surgit comme le refoulé : c'est un Dieu-Femme, une figure de divinité ou une "Madone en gloire" qui, comblant l'attente des personnages, et descendue des cintres tel un *deus ex machina*, va atterrir sur le plateau à la place de Godot !

("Refoulé" de la pièce de Beckett qui est aussi bien entendu féminité absente... du divin, dans la culture religieuse occidentale – et en particulier dans le protestantisme ! Outre Prajnã-pãramitã, "la Vacuité", "le Vide", vertu fondamentale du bouddhisme qui implique un état de "pauvreté" et presque de mort à soi-même qui a pu apparaître comme une alternative aux valeurs occidentales : c'est le nom que le Garçon annonce d'abord être celui de « Madame Godot », j'avais en tête, en imaginant ce Dieu-Femme-Mère, à la fois la Shekhinah de la Kabbale juive, "élément féminin en Dieu" ou "part féminine de Dieu", et le culte marial catholique : l'Église considérée comme la Mère protectrice de tous les chrétiens, notion absente du protestantisme).

---

4 Marguerite Duras, *La Vie matérielle*, Paris, POL, 1987, p. 15.

5 Seules allusions au "féminin" dans *Godot* : a) négatives : nés d'une femme à qui ils en veulent de les avoir par là voués à la mort : « Elles accouchent sur une tombe » (*G*, 126), les deux compères, s'ils se suicidaient, enfanteraient selon Vladimir (21) une mandragore, plante magique censée naître du sperme des pendus ; or la mandragore a la forme d'un corps féminin ; b) positive : seul personnage féminin de *La Tempête* de Shakespeare où elle incarne la compassion et la vertu, « la divine Miranda » (59) se cache dans le monologue de Lucky.

Estragon, bouleversé – on se souvient que la "posture utérine, la tête entre les jambes" (*G*, 98, 124) lui est coutumière chez Beckett –, croit reconnaître sa mère… Tandis que Vladimir philosophe :

> VLADIMIR. – […] Hein ! Si Dieu… ÉTAIT UNE FEMME ??? […] Tordant ! deux mille ans d'élucubrations à bazarder… des bibliothèques entières… vlan !
> ESTRAGON *(subitement effrayé)*. – Mais alors… qu'est-ce qui resterait ?
> VLADIMIR. – Rien. Tout serait à récrire. (*SC*, 23)

Mais lors de sa troisième apparition, la marionnette de « (Madame) Godot » – qui n'était qu'une duperie de plus infligée aux personnages – va se fracasser sur la scène :

> ESTRAGON *(penché sur le mannequin décapité)*. – Alors ça !
> VLADIMIR *(même geste)*. – Alors ça !
> ESTRAGON. – Elle est vide ! GODOT EST VIDE ! (*SC*, 39)

Ce coup de théâtre, et la prise de conscience résignée, par Vladimir, que c'est l'Auteur qui se joue d'eux, vont susciter la colère et, un peu plus tard, la révolte inattendue d'Estragon, qui n'accepte pas d'avoir été "trompé" et se soulève contre l'Auteur… qui va surgir devant tout le monde sous les traits de Samuel Beckett. Le véritable Godot, dont les autres n'étaient que des avatars, c'était l'Auteur, ventriloque de ses personnages. Tel le Créateur qui, dans la Bible, enfante par son Verbe.

« Et si Dieu était une femme ? » est le titre que plusieurs journalistes ont donné à leur article pour parler de ma pièce, au moment de sa création à Zurich par Jean Grädel, en traduction allemande, en 1996. Et c'est en effet l'hypothèse saugrenue que formule *La Seconde Chute* ; mais ce n'est en rien son "message", ce n'est pas du tout ce qu'elle dit – puisqu'elle laisse les personnages devant la vacance de Godot, de Dieu, et du salut. Et donc, devant un vide plus radical encore que dans *Godot* : car cette fois, « il n'y a plus rien à attendre. » (*SC*, 28).

Mais l'Auteur soudain leur apprend autre chose :

> L'AUTEUR. – En face de vous, IL N'Y A RIEN ; le mur n'existe pas. *(Un temps.)* Il n'a JAMAIS existé. *(Un temps.)* Vous êtes libres… (*SC*, 57)

et les confronte pour la première fois à la liberté : à la nécessité de choisir entre rester, ou s'en aller, échappant à leur enfer.

LA CHUTE (BIBLIQUE) COMME ENTRÉE DANS LA CONSCIENCE

Si je tente de reconstituer par bribes le processus d'écriture de *La Seconde Chute* (dont le titre est à entendre à la fois comme "chute" : comme dénouement apporté à la pièce de Beckett, et comme « Chute » au sens biblique du terme), il y eut en tout cas, à un moment donné, la découverte de la petite phrase du critique Alfred Simon que je place en exergue de la pièce : « Vladimir et Estragon, c'est Mercier et Camier[6] prenant conscience qu'ils sont en train de devenir personnages de théâtre ».

Et il y a bien sûr le lien avec Pirandello, avec cette géniale mise en scène du théâtre par lui-même, de sa machinerie et de ses abîmes, chez celui qui a donné pour titre à l'édition collective de ses pièces : *Maschere nude*, et qui fut l'une des révélations de mon adolescence. En particulier *Six personnages en quête d'auteur* (qui a marqué Beckett dans sa jeunesse, quand il a vu la pièce à Dublin) : un autre texte-déclencheur, dans ma relation au théâtre.

Je pense qu'à un moment donné s'est imposée à moi l'idée que le Vladimir et l'Estragon de Beckett, jusque-là emprisonnés dans leur aveuglement de personnages, pourraient en arriver... après quarante ans... à tout à coup prendre conscience de ce qu'ils sont : des personnages de théâtre debout devant un public qui les regarde – et qui attendent que la pièce finisse et que la lumière s'éteigne. La première surprise et la première colère passées, cette dés-illusion les entraîne de l'autre côté du miroir, en quelque sorte, et ils réalisent qu'ils se trouvent, à la fois, sur une route, qui pourrait être celle de la vie, *et sur les "planches"* – le mot est déjà dans *Godot* pour désigner le « lieudit la Planche » (*G*, 122) où ils ont rendez-vous –, c'est-à-dire sur une scène, observés par un Auteur invisible qui les détermine à leur insu (comme le font les dieux, ou Dieu, pour les hommes).

Tout cela fusionnant dans mon esprit avec le mythe biblique de la Chute, qui représente symboliquement – c'est du moins ainsi que je le lis – l'entrée de l'être humain dans la conscience : goûter au fruit

6 *Mercier et Camier*, roman commencé en 1946 qui "invente" le pseudo-couple de *Godot*, et qui préfigure *Godot*, avec beaucoup d'humour, est aussi le premier texte écrit directement en français par Beckett (il ne paraîtra qu'en 1970).

interdit de l'Arbre du Paradis, dont il est dit aussi dans la Genèse qu'il est l'Arbre de la connaissance du Bien et du Mal, c'est accéder à un savoir "divin" que le Dieu de la Bible prétend refuser à sa créature. La désobéissance d'Adam et Ève, suscitant la colère de leur Créateur, les chasse du paradis… de l'enfance et de l'inconscience, en les faisant passer de l'éternité (ou de la non-conscience du temps) à la réalité de la vie ; et de l'ignorance, de l'innocence animale, au savoir et à la conscience du mal.

Or pour Vladimir et Estragon, chez Beckett, la souffrance, c'est précisément la conscience, c'est de penser ; et la seule paix : dormir. Ou mourir, ne plus être (comme le suggérait déjà Hamlet dans son célèbre monologue). Ils en rêvent – mais sans jamais passer à l'acte.

Dans ma pièce, ils vont être amenés à une nouvelle prise de conscience (une nouvelle "Chute"), qui va opposer à son créateur un Estragon méconnaissable, déterminé à ne plus se laisser manipuler ou… imposer son texte, et accédant par la désobéissance et la rébellion contre Godot à sa propre parole, et au courage.

UNE RÉÉCRITURE QUI EST AUSSI UN « RETOURNEMENT »

Donc, premier attentat contre *En attendant Godot* : à cette pièce où "rien n'arrive, deux fois", comme on a pu le prétendre de manière très réductrice, qui semble se répéter en boucle, et écrite pour ne pas finir, j'oppose une suite de coups de théâtre et j'offre un dénouement, inventant une "chute" à la pièce de manière iconoclaste et consciemment anti-beckettienne, en inversant toute l'esthétique de *Godot* et en brisant le cercle de la répétition.

Dans cette pièce qui dit, selon François Noudelmann : « Plus aucune transcendance ne peut intervenir sur scène […][7] », je fais descendre des cintres (à la place du Godot attendu en vain) une figure de Divinité féminine… qui révèle aux personnages que « Dieu est mort ». Mais elle aussi révélera finalement son vide : il ne s'agissait que d'une fausse transcendance : d'une machine de théâtre. D'une illusion.

7 François Noudelmann, *Beckett ou la scène du pire*, Champion, 1998, p. 112.

Godot, qui n'arrive jamais chez Beckett, arrive deux fois dans *La Seconde Chute.* Une première fois sous l'apparence d'une divinité-femme, d'une "Madone" substituée au "Dieu le Père à barbe blanche" qu'on attendait peut-être – car Lucky y fait allusion dans son monologue, et le Garçon mentionne la barbe « blanche » (*G*, 130) de... Godot –, alternative après tout pas si incongrue à un Dieu-Père d'ailleurs désigné dans la Bible hébraïque, au Psaume 103, comme "Père matriciel" : *Rehem* ; et une deuxième fois avec le visage de l'Auteur lui-même, Père des personnages beckettiens, qui vont comprendre (dans ma pièce) qu'ils sont "écrits" par lui – et le forcer à comparaître.

Enfin, c'est Estragon – qui a été poète (*G*, 14) –, clairement porteur de l'intentionnalité de ma propre pièce (alors que l'ironique Vladimir le dominait dans *Godot*), qui prend le risque de s'insurger, faisant soudain preuve d'une vaillance et d'une détermination inflexible qu'on ne lui connaissait pas... malgré les menaces de l'Auteur qui a déjà deux fois éteint la lumière sur la scène. Parce que cette fois, « ça ne va pas se passer comme ça ! [...] il va bien falloir qu'il m'écoute » (*SC*, 49).

Marthe Robert allait jusqu'à voir dans chaque traduction rivalisant avec le texte-source « un acte de piété et une tentative de destruction[8] ». Dans toute réécriture (et toute imitation, parodie, tout pastiche) coexistent aussi sans aucun doute hommage rendu et subversion du modèle, ou geste (le plus souvent inconscient) de destruction. Comme s'il s'agissait de faire place nette, de prendre ses distances avec ce qu'on vénère, mais qui fait obstacle, pour pouvoir, enfin, commencer. Et naître à soi.

(Des pastiches de Flaubert et Nerval que publie Proust avant de se lancer dans le grand chantier de *La Recherche*, le romancier avouera qu'ils lui ont servi à se "désintoxiquer" de modèles trop admirés ou trop écrasants[9] – tout en s'annexant leur savoir-faire...)

---

8 Marthe Robert, citée par Jacqueline Bastuji, « Traduction et théorie linguistique », *Change*, n° 19, 1974, p. 29.

9 Marcel Proust, « À propos du style de Flaubert », *Contre Sainte-Beuve*, Paris, Gallimard, « Bibl. de la Pléiade », 1971, p. 594 : « [...] en ce qui concerne l'intoxication flaubertienne, je ne saurais trop recommander aux écrivains la valeur purgative, exorcisante, du pastiche. »

CHAQUE MISE EN SCÈNE UNE RECONTEXTUALISATION INATTENDUE

En 1989, ce qui arrive de tout à fait imprévisible est la chute du mur… de Berlin (dans la nuit du 9 au 10 novembre). L'effondrement de l'URSS précède de peu la mort de Beckett, décédé le 22 décembre, et se produit donc l'année qui suit l'achèvement de ma pièce.

Ainsi *La Seconde Chute* va-t-elle connaître un destin inattendu dans les pays de l'Est, où elle sera traduite et jouée en Lituanie et en Pologne, et traduite en arménien, en russe et en ukrainien[10] : car la situation que j'ai imaginée (l'Auteur "libérant" ses personnages en faisant tomber le "quatrième mur" et en leur révélant qu'ils peuvent sortir de scène, enjambant la rampe, pour rejoindre le reste de l'humanité) rejoint, par un très curieux concours de circonstances, celle des habitants de l'ex-URSS ! L'usure, le désespoir, puis la montée de l'indignation qui conduit Estragon à exploser, la "chute du mur" puis l'hésitation de Vladimir et Estragon à quitter la scène pour passer "de l'autre côté" (après un demi-siècle ou presque où ils ont chaque jour répété la même pièce, convaincus qu'il n'y avait pas de dehors envisageable), et cette liberté qui s'offre à eux et au Garçon (Pozzo s'étant entre-temps suicidé en apprenant que Godot n'était qu'une illusion), et les laisse ébahis et sans repères ; enfin, leur choix de ne pas sortir, de continuer comme avant mais librement – soit pour ne pas se quitter (la tendresse qu'ils ressentent l'un pour l'autre l'emportant), soit par réalisme, soit par lâcheté, par peur du nouveau –, laissant le (jeune) Garçon, et lui seul, faire le saut hors de la scène et rejoindre, en riant, les spectateurs… tout cela a apparemment croisé l'expérience de ceux à qui je n'aurais jamais imaginé m'adresser ! À

10 Publiée en 1993 aux Éditions Zoé à Genève, la pièce avait préalablement fait l'objet, en 1991, d'une lecture scénique en français par Chantal Morel (à Paris, Genève, Lausanne, Göttingen et Hanovre), puis en 1992, d'une autre lecture scénique à la Rote Fabrik à Zurich. Elle est créée à Zurich en traduction allemande (au Theater an der Winkelwiese), par Jean Grädel, en mars 1995, puis en septembre 1996 en français, par Philippe Morand, au Théâtre de Poche à Genève puis à Lausanne et à Paris. En septembre 1998, elle est créée en français à Montréal (au Centre culturel Strathearn), et en février 2013 à New York (au Barnard Theater, Columbia University). Dans les pays de l'Est (d'ex-URSS), la pièce est créée (en lituanien) à Siauliai, en Lituanie, en février 1996 ; en automne 2006, elle est créée (en polonais) au Théâtre national de Cracovie.

Cracovie, *La Seconde Chute* est même restée inscrite au répertoire du Théâtre national durant un an, en alternance avec d'autres pièces.

Nos fables en disent toujours plus que nous ne l'imaginions. D'ailleurs elles sont là pour ça : pour se voir sans cesse relues autrement, dans d'autres contextes, pour servir à autre chose, et à d'autres. Mais aussi pour nous révéler à nous-même.

Après coup je me suis demandé si la fable de *La Seconde Chute* n'avait pas aussi été pour moi, à mon insu, une manière très détournée d'accuser la mentalité helvétique de la fin des années Quatre-vingts… songeant à ce que déclarait Friedrich Dürrenmatt le 22 novembre 1990, dans le mémorable discours qu'il prononce trois semaines avant sa mort lors de la remise du prix Gottlieb Duttweiler à Václav Havel – qui lui aliéna en Suisse beaucoup de monde, et tous nos Conseillers fédéraux, qui refusèrent de lui serrer la main : discours, ou fable grinçante de dramaturge, sur notre « prison helvétique » (« assez différente évidemment de celles où l'on vous a jeté, cher Havel »), où nous serions des enfermés volontaires, chacun y devenant le gardien des autres, craignant le dehors, le risque, les autres, et nous protégeant de la vie même… Évoquant de biais le scandale politique de « l'affaire des fiches », qui conduira de nombreux écrivains et artistes suisses à boycotter, la même année, l'anniversaire des sept cents ans de la Confédération (cette affaire représentera un tournant décisif dans la vie politique et la mentalité suisses), Dürrenmatt ironise : « l'administration de la prison a ouvert un dossier sur tous ceux dont elle supposait qu'ils se sentaient prisonniers et pas libres[11] »…

SE RELIRE, RELIRE (AUTREMENT) *GODOT*

Neuf ans après l'écriture de *La Seconde Chute*, invitée, en tant que poète, à prendre la parole en mai 1997 aux Rencontres poétiques de Suisse romande, à Neuchâtel, sur le thème : « À quelle fin et à quoi se dérobe la poésie ? À quoi ne saurait-elle se dérober ? », je propose, dans le sillage d'une lecture et d'une méditation de plusieurs années de la poésie de Paul Celan, une relecture d'*En attendant Godot* qui m'a été

11 Friedrich Dürrenmatt, *Pour Václav Havel*, G. Musy trad., Éd. Zoé / Éd. de l'Aube, 2010.

suggérée par la découverte, à la fin du *Dépeupleur*, de ce qui me paraît être une citation, glissée dans le texte de Beckett, du titre du célèbre témoignage de Primo Levi sur les camps : *Si c'est un homme* (*Se questo è un uomo*), qui paraît en italien en 1947. Or la pièce *En attendant Godot* est justement écrite entre octobre 1948 et janvier 1949 ! Et Beckett sait l'italien, il l'a appris (tout comme le français) au Trinity College de Dublin, il est un grand lecteur de Dante (sa seconde Bible)… On sait en outre qu'il a fait partie activement d'un réseau de résistance, et que plusieurs de ses amis sont morts en déportation. Malgré le caractère relativement confidentiel de la parution de 1947 (le livre reparaîtra chez Einaudi en 1958), il est fort possible que Beckett ait lu très vite Primo Levi (qui attendra 1961 pour être traduit en français). Toujours est-il que, soudain, je n'arrive plus à comprendre comment on a fait pour ne pas *entendre* le texte de Beckett, comment on peut encore parler (« leçon » ressassée par les manuels et qui m'avait aveuglée comme tout le monde, mais que Beckett lui-même réfutait) de "théâtre de l'absurde", alors que les allusions à la Shoah sont partout dans *Godot.*

Dans la conférence donnée en 1997 à Neuchâtel et publiée l'année suivante dans la revue *Écriture*, j'observe qu'il y aurait une relecture à tenter de certains textes, comme *En attendant Godot* ou *Le Dépeupleur*, « dans la perspective, plus explicite peut-être qu'on ne l'a dit – quoiqu'allusive –, de la Shoah ». Que dans *Le Dépeupleur*, l'expression *si c'est un homme* « revient deux fois dans les deux dernières pages, pour être reprise une troisième et dernière fois dans l'ultime phrase du texte – mais au passé simple » :

> Et le voilà en effet ce dernier *si c'est un homme* qui lentement se redresse (*D*, 53 – je souligne)
>
> Le voilà donc *si c'est un homme* qui rouvre les yeux (*D*, 54 – je souligne)
>
> Voilà en gros le dernier état du cylindre et de ce petit peuple de chercheurs dont un premier *si ce fut un homme* dans un passé impensable baissa enfin une première fois la tête si cette notion est maintenue. (*D*, 55 – je souligne)[12]

Et que dans *En attendant Godot*, l'un des deux protagonistes

> réplique étrangement à son compagnon qui lui demandait : « Et où étions-nous hier soir, d'après toi ? » : « Je ne sais pas. Ailleurs. *Dans un autre compartiment.* » (*G*, 92 – je souligne). Quelques répliques plus haut, on assistait à l'échange

12 Sylviane Dupuis, « Ce qui reste à chanter (Paul Celan) », *Écriture*, n° 51, Lausanne, 1998.

> suivant : « ESTRAGON. – Pour bien faire, il faudrait me tuer, comme l'autre. VLADIMIR. – Quel autre ? (*Un temps.*) Quel autre ? » (Il s'agit bien sûr d'une allusion au martyre du Christ.) Estragon ajoute alors : « – Comme des billions d'autres » (*G*, 87), juste avant de faire allusion à « toutes les voix mortes » qui bruissent autour d'eux avec un bruit de feuilles… ou… « de cendres » (*G*, 88)[13] !

Concluant que si

> ce que nous dérobe, l'indiquant, par signes, entre les lignes, le texte de Beckett, me paraît aujourd'hui d'une lumineuse évidence, […] c'est la méditation sur la difficile poésie de Paul Celan qui m'y a conduite – poésie qui par excellence suggère à la place de dire, suscitant l'émotion *avant* la compréhension intellectuelle[14].

Mais comment avait-on pu ne pas entendre ? Plus loin, dans l'Acte II, on lit encore : « VLADIMIR. – D'où viennent tous ces cadavres ? ESTRAGON. – Ces ossements. […] VLADIMIR. – Un charnier. Un charnier. ESTRAGON. – Il n'y a qu'à ne pas regarder. » (*G*, 90). « Sans moi », rappelait dès les premières répliques Vladimir à Estragon, « tu ne serais plus qu'un petit tas d'ossements à l'heure qu'il est » (10)… L'épisode final du froc d'Estragon (nommé *Lévy*, dans une première version), qui lui tombe sur les chevilles parce qu'il a ôté (pour tenter de se pendre) « *la corde qui maintient son pantalon* » (133), à la suite de quoi Vladimir lui ordonnera : « Relève ton pantalon. », ce qui évidemment fait rire les spectateurs, pourrait lui-même prendre un tout nouveau sens dans cette perspective de lecture. Récemment, j'entendais un rescapé d'Auschwitz raconter à la radio qu'il avait été sauvé par le don d'un bout de corde qui lui a servi de ceinture : son pantalon étant trop grand (chaussures et pantalons attribués aux déportés n'étaient souvent pas de la bonne taille, ou volés, échangés), il devait constamment le retenir d'une main, et lors de l'appel, où l'on devait avoir les mains le long du corps, ceux dont le pantalon tombait… étaient exécutés. Le “gag” final de la pièce prend soudain une dimension tout autre. Et on n'a plus du tout envie de rire.

Depuis vingt ans, je ne lis donc plus *Godot* de la même manière. Ma pièce s'adosse forcément en partie à la lecture qu'on en faisait alors, à sa lecture comme “théâtre de l'absurde”, à l'habitude prise de la considérer comme telle (qui évitait de s'interroger plus loin). Elle est

---

13 *Ibid.*

14 *Ibid.*

aussi contemporaine de *L'Ère du vide* de Gilles Lipovetsky (paru quelques années plus tôt), expression que je glisse d'ailleurs, en guise de clin d'œil, à l'intérieur de la tirade d'Estragon (*SC*, 51).

Mais une "couche de sens" manquait ; elle m'a brutalement sauté au visage, reléguant soudain les autres au second plan.

Notre lecture de tout grand texte est faite de l'histoire de ces "couches" apparaissant l'une après l'autre à la conscience (comme elles le font parfois au sein même de notre propre écriture) : l'histoire, au fond, d'une progressive "révélation" venue du verbe… humain.

LA LITTÉRATURE : UN PALIMPSESTE
Le théâtre : une chambre d'échos

Barthes rappelle – après d'autres – que tout texte est déjà et nécessairement le palimpseste d'autres œuvres, d'autres écritures qui le précèdent : un « tissu nouveau de citations révolues[15] ». Au théâtre, le palimpseste est souvent plus apparent encore. Les tragiques grecs sont nourris d'Homère et des mythes véhiculés par les poètes, sans cesse réimaginés, reconfigurés par eux selon un autre *muthos* (une nouvelle intrigue), recontextualisés par rapport à l'actualité mais à partir des mêmes histoires et des mêmes figures déjà connues du public de la cité. L'histoire du théâtre occidental a fonctionné de la même manière pendant des siècles, proposant au Moyen Âge des variations (souvent impertinentes) sur les épisodes de la Bible, puis revenant aux Grecs (Phèdre et Hippolyte transitent d'Euripide à Racine et à Sarah Kane), ou véhiculant ses propres mythes littéraires : Don Juan voyage de Tirso de Molina à Molière ou à Suzanne Lilar ; Godot, de Beckett à ses différentes parodies ou réécritures ; ou la Nora d'*Une Maison de poupée* d'Ibsen à Elfriede Jelinek, dans *Ce qui arriva après que Nora eut quitté son mari.*

Proposer une "continuation" de *Godot* qui est aussi un palimpseste à partir d'un palimpseste (et qui a lu la pièce de Beckett pourra mesurer, dans ma propre pièce, reprises et écarts par rapport au texte original) ne

15 Roland Barthes, « Texte (théorie du) », in *Encyclopaedia Universalis*, tome XV, 1973, publié dans *Œuvres Complètes*, IV, 1972-1976, Paris, Seuil, 2002, p. 451.

fait donc que prolonger un processus illimité de reprise et de réinvention, de dialogue des imaginaires, que la tyrannie moderne du "nouveau" a interrompu. Et qui relie (ou reliait) les uns aux autres, hors du temps, textes et auteur.e.s, vivants et morts, en une sorte d'échange amoureux à distance, ou de joute ininterrompue qui fait s'entrechoquer dialectiquement les textes tout en continuant à leur insuffler de la vie, au présent.

Le théâtre est une boîte à histoires partagées, qui dorment et se réveillent, se font et se défont, s'envoyant des clins d'œil de connivence d'un siècle, d'une langue, ou d'une culture à l'autre. Il est, ou devrait être, plus que tout, un merveilleux instrument de liberté.

Sylviane DUPUIS

SIGLES ET ÉDITIONS CITÉS

G *En attendant Godot* [1952]. Paris, Minuit, 1981.
SC *La Seconde Chute* [1993], par Sylviane Dupuis. Carouge-Genève, Zoé, 1996.
D *Le Dépeupleur* [1970]. Paris, Minuit, 1993.

POURQUOI JOUE-T-ON AVEC *GODOT* ?

Parodi (di) à gogo

Dans un article du *New Yorker* intitulé « la construction d'une esthétique du tweet », un journaliste revient sur le succès d'un trait d'esprit posté par Eric Jarosinski, enseignant chercheur américain : « Au Starbucks, je commande sous le nom de Godot et puis je m'en vais[1]. » Retweetée des milliers de fois, cette plaisanterie témoigne de la popularité dont jouit la pièce de Beckett, et du potentiel comique du schème de l'attente déceptive, réactivable à l'infini. De fait, depuis sa création (par Roger Blin en 1953 au Théâtre de Babylone dans la version française, en anglais, en 1955 au Arts Theatre de Londres), la pièce a connu, essentiellement dans le monde anglo-saxon, une multiplicité d'imitations et de détournements sous des formes diverses, du simple effet de citation décontextualisée à la réécriture extensive, en passant par la caricature graphique. Au point que le site internet satirique *McSweeney's* a publié pour les cinquante ans de la première parisienne de la pièce une fausse liste (présentée comme vraie) de parodies d'*En attendant Godot*[2]. Force est ainsi de constater que la pièce a immédiatement acquis le statut de jalon incontournable dans l'histoire culturelle. En effet, l'un des traits caractéristiques du détournement parodique est que, dans la plupart des cas, il fonctionne mieux, voire fonctionne tout court, si le destinataire reconnaît la source parodiée. Selon la définition de Gérard Genette, une

---

1 « At Starbucks I order under the name Godot. Then leave. », Jason Fagone, « The Construction of a Twitter Aesthetic », *The New Yorker*, <https://www.newyorker.com/culture/culture-desk/the-construction-of-a-twitter-aesthetic>, [consulté le 5/10/2019].

2 Ben Greenman, « On the occasion, give or take, of the fiftieth anniversary of the first staging, in Paris, of Samuel Beckett's *Waiting for Godot*, a few representative selections from *The Annotated Treasury of Waiting for Godot Parodies*", *McSweeney's*, (<https://www.mcsweeneys.net/articles/on-the-occasion-give-or-take-of-the-fiftieth-anniversary-of-the-first-staging-in-paris-of-samuel-becketts-waiting-for-godot-a-few-representative-selections-from-the-annotated-treasury-of-waiting-for-godot-parodies>. [Consulté le 27/08/2019]). Parmi les titres inventés : « *Waiting For McCarthy* (Berkeley, California, 1968), *Oh ! He's Here !* (Cœur D'Alene, Idaho, 1985), *Waiting for Saddam* (Baghdad, 2003) ».

parodie est ainsi « une transformation textuelle à fonction ludique[3] », la majorité des critiques s'accordant pour associer un effet comique à ce jeu[4]. Or, souvent, la réussite de celui-ci réside précisément dans la perception par le destinataire d'un écart, d'une incongruité entre le parodié et sa parodie. La cible doit donc jouir d'une certaine notoriété pour que la parodie atteigne son objectif, raison pour laquelle parmi les œuvres fréquemment singées figurent « les textes que leurs caractères symbolique et fondateur ont transformé en mythes – *Œdipe Roi*, l'*Odyssée*, l'*Iliade*, l'*Enéide*, plus tard *Faust*, *Hamlet*, *Don Juan*, *Robinson Crusoé*[5]... ». Il est aisé de concevoir comment de telles œuvres, marquées du sceau du sérieux, ont pu inspirer une désacralisation comique ou une réorientation incongrue de leur contenu. *Godot*, en revanche, est déjà une œuvre qui tire son comique d'un jeu systématique de détournements des codes du théâtre et du langage. Les parodies de *Godot* seraient-elles dès lors le résultat d'un amarrage parasite à la dynamique beckettienne elle-même ? Dans quelle mesure, au contraire, les manifestations d'une culture savante et populaire nées dans le sillage du chef-d'œuvre ont-elles donné lieu à de véritables rebonds sur le texte premier pour créer de nouvelles significations et de nouveaux effets sur le destinataire ? Pourquoi et comment joue-t-on avec *Godot* ? Quel plaisir du détournement apporte spécifiquement la pièce incontournable de Beckett ?

DE QUI SE MOQUE-T-ON ?

Les réemplois humoristiques de *Godot* ont servi à exprimer des railleries à destination de cibles diverses. Si certaines de ces moqueries visent l'esthétique beckettienne elle-même, la plupart ne font qu'utiliser l'hypotexte comme intermédiaire pour atteindre une cible se trouvant hors du texte. De manière peu surprenante, de nombreuses reprises de la pièce prennent à partie des figures politiques, domaine traditionnellement mis à mal par le

---

3 Gérard Genette, *Palimpsestes*, Paris, Seuil, 1982, p. 58.

4 Sur ce fondement, Daniel Sangsue complète ainsi la définition de Genette : « La parodie serait ainsi *la transformation ludique, comique ou satirique d'un texte singulier* [...]. » (*La Relation parodique*, Paris, José Corti, 2007, p. 104).

5 *Idem*, p. 111.

registre satirique. La réflexivité qui caractérise la transformation parodique aboutit également souvent à une peinture grinçante du monde du théâtre.

LA CIBLE BECKETTIENNE

L'ambivalence de la parodie naît de son étymologie même. En grec, *Ôdè* signifie "le chant" ; *para* tout à la fois "contre" et "à côté". Parodier une œuvre ce serait ainsi "chanter faux" ou "accompagner par le chant". Cette double nature de la parodie, hommage et outrage, imitation et dérision, est perceptible dans les pochades des pièces de Beckett qui recherchent un effet comique autant grâce aux traits caractéristiques de l'écriture du dramaturge qu'aux dépens de ce dernier. Témoin de cette ambivalence, le spectacle de la troupe des NeoFuturists, qui remporta le prix de la meilleure comédie au Fringe Festival de New York en 2001, *Les œuvres complètes de Samuel Beckett telles qu'elles ont été trouvées dans une enveloppe (partiellement brûlée) dans une poubelle à Paris avec écrit dessus : « Cela ne doit jamais être joué, jamais, ou je vous attaque en justice, je vous attaque en justice depuis la tombe ».* Tandis que le titre du spectacle et la représentation d'incursions furibondes du spectre de Beckett sur le plateau visent la *persona* de l'auteur, notoirement jaloux du devenir scénique de ses textes, le cœur des sketches raille l'esthétique même de l'œuvre. Parodiant la tendance du dramaturge à enfermer ses protagonistes dans un univers sans issue, une séquence met par exemple en scène une vieille femme vissée à son fauteuil à bascule, bornée à répéter l'unique mot : « encore » [more][6]. Malgré la dimension satirique d'un tel pastiche, la pièce table sur une attractivité de l'œuvre propre à inciter le public à venir découvrir les faux inédits. Si la popularité des pièces de Beckett est pour beaucoup dans le détournement parodique de celles-ci, il n'est ainsi pas surprenant que *Godot*, incontestablement la plus iconique de toutes, constitue une cible privilégiée pour les imitateurs. Christopher Durang, dans *The Actor's Nightmare* créée en 1981, met en scène un homme pris à tort pour un acteur et sommé d'interpréter un rôle qu'il ne connaît pas. Tentant de comprendre dans quelle pièce il a atterri, le personnage fait la supposition qu'il s'agit *d'En attendant Godot* :

---

6 Pour un descriptif du spectacle on pourra lire l'article de Justin Hayford, *The Chicago Reader*, 2 décembre 1999, (<https://www.chicagoreader.com/chicago/the-complete-lost-works-of-samuel-beckett-as-found-in-an-envelope-partially-burned-in-a-dustbin-in-paris-labeled-never-to-be-performed-nev/Content?oid=900885> [consulté le 7/09/2019]).

Ellen : Rien à faire. Pause. Pause [...]
George : Je suppose que tu n'es pas Ophélie.
Ellen : Nous n'avons qu'à attendre. Pause. Ou bien il viendra, pause pause pause, ou il ne viendra pas.
George : C'est une attitude sensée. Sommes-nous par hasard en train d'attendre Godot ?
Ellen : Non, Willie. Il était déjà venu et il était d'un ennui mortel[7].

La parodie s'appuie sur un pastiche du style de Beckett. Elle amplifie en particulier la tendance du dramaturge à introduire de longs temps morts par le biais de ses didascalies. Durang, en établissant une confusion entre le nom du personnage, « Godot », défini par l'« ennui mortel » qu'il inspire et le titre de la pièce, suggère que *Godot* est une pièce rébarbative. C'est aussi le supposé caractère ennuyeux de l'œuvre qui est ciblé dans le sketch de marionnettes « *Waiting for Elmo*[8] » conçu pour l'émission américaine pour enfants *Sesame Street* (le sketch repose sur une double parodie puisqu'il représente de faux extraits de *Godot* au sein d'une imitation du programme télévisé « *Masterpiece Theater*[9] » devenu « *Monsterpiece Theater* » par une paronymie humoristique). Les marionnettes incarnant Vladimir et Estragon adoptent des allures de tragédiens en se plaignant, avec des voix traînantes, de devoir « attendre... attendre... attendre (*waiting... waiting... waiting...*) ». La fausse pièce est si fastidieuse que même l'arbre du décor, excédé, finit par quitter le plateau pour rejoindre la comédie musicale *Oklahoma !* qu'au moins il « comprend ». Cette caractérisation convergente de *Godot* dans les parodies de Durang et *Sesame Street* méconnaît le caractère comique et enlevé d'une œuvre qui multiplie réparties humoristiques et séquences farcesques. Paradoxalement, c'est sans doute parce que la pièce jouit d'une immense notoriété qu'elle génère une série d'idées reçues à son sujet

7 « E : Nothing to be done. Pause. Pause [...] / G : I guess you're not Ophelia. / E : We'll just wait. Pause. Either he'll come, pause, pause, pause, or he won't. / G : That's a reasonable attitude. Are we, on a guess, waiting for Godot ? / G : No, Willie. He came already and he was an awful bore. » (Christopher Durang, *The Actor's Nightmare*, 1981 in *Christopher Durang explains it all for you*, six plays by Christopher Durang, New York, Avon Books, 1983, p. 114).

8 Nancy Sans, *Sesame Street*, S23x2998, « Waiting for Elmo » © CBS, 29 avril 1992. « Monsterpiece Theater » est un sketch récurrent de Sesame Street. La parodie est consultable à l'URL : <https://www.youtube.com/watch?v=ksL_7WrhWOc>.

9 Ce programme, très populaire aux États-Unis et diffusé sur le réseau PBS, retransmet des séries britanniques.

(une monotonie qui naîtrait de son absence d'intrigue traditionnelle, un hermétisme lié à son caractère avant-gardiste…), une fréquentation de l'œuvre modérée ou lointaine n'empêchant pas tout un chacun de se forger une opinion à son sujet.

C'est surtout hors du texte beckettien cependant que se situent, la plupart du temps, les cibles des parodies de *Godot*. Dans une parodie, en effet, comme le souligne Simon Dentith, « le registre polémique peut fonctionner de deux manières différentes : dirigé tantôt vers le texte imité, tantôt vers le monde[10] ». Or, dès les années Cinquante, la pièce envahit l'imaginaire collectif[11], devenant ainsi un auxiliaire utile pour l'élaboration de charges satiriques diverses.

ATTENTE DÉÇUE ET SATIRE POLITIQUE

C'est, en premier lieu, la sphère politique que *Godot* permet indirectement de mettre à mal, le motif de l'attente déçue, de la promesse non tenue, enclos dans le titre même de la pièce, se prêtant particulièrement bien à une critique de celle-ci. En 1987, la planche humoristique *Doonesbury* du dessinateur américain Gary Trudeau représente par exemple les attentes des démocrates à l'égard du présidentiable Mario Cuomo, réputé intègre, qu'ils souhaitaient voir se présenter aux élections[12]. Le dessin, titré « Waiting for Mario », croque deux personnages au milieu d'un paysage composé d'une lune et d'un arbre mort, dans une posture de désarroi, se demandant si *il* viendra et affirmant « il est notre dernière chance » avant d'envisager une pendaison dans l'hypothèse d'une défection. Plus récemment, l'émission de divertissement très populaire « *The Late Show* », animée par Stephen Colbert, a utilisé *Godot* pour se moquer des atermoiements de l'administration de Donald Trump, qui après avoir

10 « The polemic can work both ways : towards the imitated text or towards the "world" » (Simon Dentith, *Parody*, Londres et New York, Routledge, 2000, p. 17).

11 Lawrence Graver le fait remarquer, « Dans les dessins humoristiques, les journaux […] les émissions télévisées, les mots et les images de Godot sont maintenant aussi communs et reconnaissables que des images de Picasso, Kafka, T.S. Eliot, Giacometti or Joyce ». ["In cartoons, newspapers […] and television shows, the words and images of Godot are now as common and recognizable as images from Picasso, Kafka, T.S. Eliot, Giacometti or Joyce"] (*Beckett : Waiting for Godot*, Cambridge University Press, p. 86).

12 Le dessin, daté du 30/11/87, est consultable dans l'article : « Garry Trudeau's Favorite Doonesbury Strips », 26/10/2010, (<https://www.rollingstone.com/culture/culture-lists/garry-trudeaus-favorite-doonesbury-strips-15462/waiting-for-mario-11-30-87-106605> [consulté le 19/08/2020]).

décrié le système de santé institué par Barack Obama, l'« *Obamacare* », et promis de le remplacer, s'est trouvé incapable de mettre ce projet à exécution[13]. « Waiting for Godot's Obamacare replacement[14] » établit un jeu d'échos subtils entre la pièce et l'actualité politique. Le début du sketch repose sur la réitération de la formule « il a dit que [he said that…] » par les doubles parodiques de Vladimir et Estragon. Une telle litanie renvoie de manière comique aux multiples effets d'annonce proférés par Donald Trump. Simultanément, elle ridiculise la crédulité supposée des partisans de ce dernier, prêts à croire tout ce qu'« il a dit » à l'image des personnages beckettiens mus par une foi aveugle en Godot. Dans une recontextualisation comique de la pièce, les célèbres problèmes de vessie de Didi deviennent une « condition préexistante [preexisting condition] », formule lourde de sens pour les Américains du XXIe siècle pour qui une telle affliction constitue un obstacle à l'obtention d'une assurance santé abordable ; quant aux projets d'échappée avortés du duo clownesque d'origine, ils prennent pour horizon, dans le sketch, un exil au Canada, possibilité envisagée avec plus ou moins de dérision par les opposants à Trump après son élection en 2016. En Europe, le motif de l'attente déçue au cœur de *Godot* a été, sans surprise, réemployé de manière parodique dans la couverture médiatique du Brexit. Une caricature du *Telegraph*, par exemple, en date du 13 septembre 2017[15], c'est-à-dire en pleine période d'hésitation de la Grande-Bretagne quant aux modalités de sa sortie de l'union européenne, représentait ainsi Thérèsa May, alors premier ministre, et David Davis, secrétaire chargé de l'application du Brexit, chaussés de godillots et coiffés de chapeaux melons, en train de discuter près d'un arbre dégarni. Les deux personnages évoquent la possibilité d'un départ avant de conclure à son impossibilité :

> – On ne peut pas ?
> – Pourquoi ?
> – On attend le Brexit.

---

13 Catherine Sauviat, « L'Obamacare en sursis sous la présidence de Donald Trump ? », *IdeAs* [En ligne], 12 | Automne/Hiver 2018, mis en ligne le 06 novembre 2018, http://journals.openedition.org/ideas/4153 ; DOI : <https://doi.org/10.4000/ideas.4153> [consulté le 10 mars 2020].

14 Stephen Colbert, *The Late Show*, S2, 1/03/2017, « Waiting for Godot's Obamacare replacement ». La video est consultable (<https://www.youtube.com/watch?v=kQI06jiNsR8>).

15 Patrick Blower, *The Telegraph*, 13/09/2017. Le dessin est consultable sur Reddit (<https://www.reddit.com/r/ukpolitics/comments/6zp0ag/the_telegraph_cartoon_waiting_for_brexit>).

La fréquence des occurrences des parodies politiques de *Godot*, dans des dessins de journaux ou des sketchs, témoigne du degré d'innervation de la pièce dans la culture populaire. Ce sont cependant aussi des œuvres à vocation littéraire qui se sont emparées de l'hypotexte beckettien. Ces parodies, dans un jeu réflexif typiquement postmoderne, tendent à prendre pour cible l'art théâtral lui-même.

RÉFLEXIVITÉ PARODIQUE ET SATIRE DE L'ART THÉÂTRAL

La parodie, c'est l'une de ses caractéristiques notables, obéit souvent à un mouvement réflexif[16]. Les réécritures parodiques de la pièce de Beckett engagent de fait une métathéâtralité propre à jeter sur l'art dramatique un éclairage satirique. Comme le souligne Margaret Rose, en effet, « en tant que commentaire métafictionnel sur le processus littéraire, créatif et réceptif, [la parodie] pourrait bien tendre un miroir à l'œuvre littéraire, réfléchissant à la fois l'œuvre et le miroir[17] » *Waiting for Waiting for Godot*, pièce parodique de Dave Hanson qui séduisit le public du *New York International Fringe Festival* en 2013, illustre ce phénomène. L'intrigue se concentre sur deux personnages, Ester et Val (dont les noms mêmes rappellent ceux d'Estragon et Vladimir), comédiens cantonnés à une fonction de doublure dans une mise en scène d'*En attendant Godot*. Les deux acteurs espèrent chaque soir qu'un événement inattendu les conduira à jouer enfin leur rôle : « quelque chose pourrait se passer[18] ». En attendant, ils tuent le temps en parlant de tout et de rien, principalement du métier d'acteur dont ils livrent indirectement une peinture grinçante. Les méthodes d'apprentissage canoniques sont tournées en dérision, notamment à travers les conseils pompeux de Val qui parodient les préconisations du *method acting*[19] : « Pour devenir oiseau, il faut penser comme un oiseau ! Puis bouger et parler comme

16 Linda Hutcheon va même jusqu'à affirmer que « la parodie est l'une des formes majeures de l'auto-réflexivité moderne » ("Parody is one of the major forms of modern self-reflexivity"). (*A Theory of Parody : The Teachings of Twentieth Century Art Forms*, New York & London, Methuen, 1985, p. 2).

17 « Parody as a meta-fictional comment on the process of literary production and reception, may hold a mirror up to the literary work to reflect on both the work and the mirror » (Margaret Rose, *Parody/Metafiction*, London, Croom Helm, 1979, p. 86).

18 « Something could happen » (*WWG*, 11).

19 "Method acting" est une technique de jeu encore très répandue dans l'apprentissage du théâtre dans les écoles américaines. Dans le sillage des théories de Constantin Stanislavski, elle prône une identification totale de l'acteur avec le personnage incarné.

un oiseau[20] !" (*WWG*, 28) L'auteur évoque également avec humour la précarité du métier, rendue sensible par exemple dans le constat désabusé de Val : « ma mère me paye encore mes billets d'avion pour rentrer à Noël[21] » (*WWG*, 54), ou se moque de la présomption de comédiens se revendiquant de la prestigieuse école Julliard sans y avoir jamais mis les pieds. C'est sur un principe similaire à celui de la pièce de Hanson que reposait déjà *Rosencrantz and Guildenstern are dead*. La pièce, créée en 1966, et qui valut la célébrité à son auteur, Tom Stoppard, met en scène deux personnages secondaires d'*Hamlet* remodelés sous les traits du duo beckettien. Le dramaturge imagine un univers fictionnel en marge de la tragédie shakespearienne, dans laquelle le tandem d'origine joue un rôle très mineur (amis d'enfance d'Hamlet, le roi Claudius les invite à se rapprocher du héros pour l'espionner. Leur mise à mort, à la suite d'une ruse d'Hamlet, est présentée comme un détail lors du dénouement, annoncée au détour d'une simple réplique qui correspond justement au titre de la pièce de Stoppard). De figures de second plan, ils deviennent personnages principaux de l'œuvre contemporaine, dans laquelle ils oscillent entre un désœuvrement lié à leur inaction et une inquiétude quant à leur sort, puisqu'ils pressentent sans parvenir à la comprendre leur condamnation dans la tragédie shakespearienne. Comme le résume Robert Gordon, le public de *Rosencrantz and Guildenstern are dead* assiste à un spectacle qui s'apparente à « la vie dans les coulisses de deux jeunes acteurs en train d'attendre leur tour pour dire leur réplique d'*Hamlet*[22] ». La parodie opère ainsi une désacralisation de la pièce shakespearienne, littéralement mise sens dessus-dessous, mais c'est aussi le théâtre du XXe siècle qui fait l'objet d'un traitement sarcastique. Le dramaturge imagine par exemple l'épisode, demeuré hors-scène dans *Hamlet*, au cours duquel Rosencrantz et Guildenstern rencontrent une troupe de tragédiens, à partir d'une allusion de la scène 2 de l'acte II où les personnages racontent avoir « dépassé [des comédiens] en chemin[23] ».

20 « To be the bird, one must think as the bird ! Then move and speak as the bird move and speak ! » (*Idem*, p. 28).

21 « My mom still pays for my plane tickets home for Christmas [...] » (*Idem*, p. 54).

22 « [...] what looked like the backstage life of two young actors waiting out the progress of Hamlet until they hear their first cue [...] » (Robert Gordon, *Rosencrantz & Guildenstern are Dead, Jumpers and The Real Thing (Text and Performance)*, London, Macmillan, 1991, p. 61).

23 « We coted them on the way » (William Shakespeare, *Hamlet* [1600], Flammarion, édition bilingue, 1995, François Maguin trad., p. 175 [174 pour le texte de la version originale]).

La représentation de cet épisode donne lieu à une vision du théâtre éminemment grotesque, porteuse de réminiscences de la rencontre de Didi et Gogo avec Pozzo et Lucky. L'esclavage de ce dernier est notamment réactualisé dans l'exploitation à connotation sexuelle d'Alfred, le plus jeune de la troupe. L'Acteur propose en effet au tandem shakespearien « une représentation privée non expurgée du *Viol des Sabines* ou plutôt de la Sabine, ou plutôt d'Alfred[24] ». L'indécence du spectacle conduit Guildenstern à se lamenter : « [...] un pornographe comique et une bande de prostituées [...][25]. » De la même manière que Pozzo portait dans *Godot* un regard nostalgique sur le temps passé – « Autrefois, il dansait la farandole [...]. » (*G*, 56) ↔ « He used to dance the farandole [...]. » (*G*, 39) – se désole par exemple le personnage en désignant Lucky), l'Acteur souscrit de manière navrée à la caractérisation insultante dont il vient de faire l'objet :

> L'Acteur – (*admettant la description avec un grand geste de son chapeau, faisant la révérence, tristement*). Vous auriez dû nous prendre en des temps meilleurs. Nous étions des puristes alors. (*Se redressant*) En route[26] !

Paradoxalement, ici, la parodie ne se livre pas à une satire du texte parodié (*En attendant Godot*). C'est au contraire le parodié qui permet d'amorcer une réflexion critique sur le théâtre contemporain auquel appartient la pièce parodique, art représenté comme dégradé par rapport à des « temps meilleurs » où les comédiens n'étaient pas prêts à tout pour séduire le public.

Or cette manière du texte de se mettre lui-même à distance pour exhiber sa dimension dérisoire rappelle précisément la posture beckettienne.

24 « [...] a private and uncut performance of the Rape of the Sabine Women – or rather woman, or rather Alfred [...] » (*RG*, 70-71).

25 « A comic pornographer and a rabble of prostitutes [...] » (*Idem*, p. 72-73).

26 « Player : (*acknowledging the description with a sweep of his hat, bowing : sadly*) You should have caught us in better times. We were purists then. (*Straightens up*) On-ward. » (*Ibid.*).

BECKETT, ARTISAN DES PARODIES DE *GODOT*

À la question : « Pourquoi parodier *Godot* ? » la réponse la plus évidente est sans doute : « Parce que c'est facile ». Le parodiste, envisagé comme un brillant parasite, obéit à une logique de l'économie de moyens. Or la pièce, grâce à son esthétique du trait saillant, sa tendance à l'autodérision et sa propension à faire surgir, comme d'un double fond, le sérieux du divertissement pur, livre elle-même tout à la fois les raisons et les outils pour l'imiter.

LE GROSSISSEMENT DU TRAIT

Si la parodie fonctionne à partir d'une recontextualisation systématique d'un énoncé premier, la déréférentialisation caractéristique de *Godot*, dont le cadre spatio-temporel est très peu déterminé, joue comme un appel d'air pour l'imagination. En outre, l'esthétique beckettienne repose sur la création de quelques traits caractéristiques qui se détachent d'un ensemble dépouillé, conformément au manifeste esthétique de l'auteur : « L'art tend non pas vers une expansion mais vers une contraction. » (*Pr.*, 75). Cette combinaison du détail frappant et d'une épure permettant sa mise en relief explique la dimension visuelle de nombreuses parodies de *Godot*. La représentation des chapeaux melons, en particulier, fonctionne souvent comme marqueur d'une imitation humoristique de la pièce. Dans sa célèbre lettre à Michel Polac, datée de janvier 1952, Beckett affirme au sujet de ses personnages : « De leur aspect, j'ai dû indiquer le peu que j'ai pu apercevoir. Les chapeaux melon par exemple [...]. » (*G*, 4e de couv.). Benoît Barut, dans son étude sur les didascalies de *Godot* le confirme : « Avec l'"abondante chevelure blanche" de Lucky et la calvitie de Pozzo, la seule indication dont dispose le lecteur concerne en effet les couvre-chefs[27] ». Cet élément du costume, saillant dans la pièce, a suffisamment marqué la culture populaire (du moins anglo-saxonne) pour que les parodistes tablent sur la capacité d'un destinataire non érudit à l'associer à la pièce de Beckett ; d'où sa présence dans les dessins

27 Benoît Barut, « Bien vu, bien dit », in Marie-Claude Hubert (dir.), *Lectures de Samuel Beckett, "En attendant Godot", "Oh les beaux jours"*, Presses universitaires de Rennes, 2009, p. 39.

et sketchs humoristiques dérivés de *Godot*, destinés au grand public[28]. La nature du comique beckettien constitue également une tentation pour le parodiste. La dimension clownesque de l'œuvre fut perçue dès la création du spectacle en France en 1953, comme en atteste la formule devenue célèbre d'Anouilh, qui décrivit *Godot* comme « le sketch des pensées de Pascal traité par les Fratellini[29] ». Le parodiste, en creusant cette veine farcesque originelle, s'assure à moindre coût le rire de son destinataire. Ainsi la didascalie liminaire de *Waiting for Waiting for Godot* établit un jeu de contraste comique dans la caractérisation physique des deux personnages principaux : tandis qu'Ester porte « une veste trop étroite pour sa large carrure », Val « est plus mince[30] » (*WWG*, 9). En rendant essentielles ces caractéristiques, seulement suggérées dans *Godot* lors du descriptif d'Estragon « Gogo léger [...] Didi lourd [...]. » (*G*, 22) ↔ « Gogo light [...] Didi heavy [...]. » (*G*, 19), l'auteur force le trait imitatif jusqu'à la caricature et retire un bénéfice direct pour son œuvre, s'amarrant ainsi au talent comique de Beckett.

L'ART DE LA DÉRISION

Le mélange de réflexivité et de dérision si souvent à l'œuvre dans le geste parodique et qui, de fait, constitue une composante brillante des pièces de Stoppard et Hanson, prend racine dans le chef-d'œuvre de Beckett lui-même. *Godot* repose sur une multiplication d'effets méta-discursifs qui sapent l'illusion théâtrale. Le dramaturge se plaît ainsi à faire voler en éclats le quatrième mur lorsque les personnages s'adressent au public, comparé de manière provocatrice à « une tourbière » (*G*, 17) ↔ « that bog » (*G*, 34). Cette tendance à l'exhibition de la mécanique du spectacle va de pair avec un recul ironique sur l'œuvre. Lorsque Beckett fait dire à Vladimir à la fin de l'acte II : « Décidément cet arbre

28 Le chapeau melon apparaît dans la plupart des parodies précédemment mentionnées : porté par les marionnettes de « *Waiting for Elmo* », les acteurs du sketch « *Waiting for Godot's Obamacare replacement* », les personnages des dessins humoristiques de *Doonesbury* et du *Telegraph*. Non seulement la pièce *Waiting for Waiting for Godot* mentionne dans sa didascalie liminaire que les personnages portent un chapeau melon [« *bowler hat* » (p. 9)] mais c'est cet accessoire qui est représenté en couverture dans l'édition de la pièce. La lune et l'arbre, éléments centraux du décor beckettien par ailleurs dépouillé, sont également présents dans les dessins et le sketch télévisé.

29 Jean Anouilh, « *Godot* ou le sketch des *Pensées* de Pascal traité par les Fratellini », *Arts*, 27 février 1953.

30 "*a vest that is too small for his largeness*", "*more slender*".

ne nous aura servi à rien » (105) ↔ « Decidedly this tree will not have been of the slightest use to us » (69), il renvoie évidemment à l'inutilité dramatique de l'objet. Quant à l'exclamation du personnage, après un « *silence* » significatif, « comme le temps passe quand on s'amuse » (107) ↔ « How time flies when one has fun », (71), elle vise à provoquer les spectateurs, à qui leur ennui supposé est renvoyé par double destination. La dimension ironique de la pièce réside également dans la grandiloquence des personnages, en décalage avec leur condition misérable. Le caractère sentencieux de Vladimir, apparaissant, par exemple, dans la réaction de ce dernier lorsqu'il voit Estragon se déchausser, « Voilà l'homme tout entier, s'en prenant à sa chaussure alors que c'est son pied le coupable[...] » (12) ↔ « There's man all over you, blaming on his boots the faults of his feet [...] » (13), jette un voile de soupçon sur l'ensemble du discours théâtral, donnant au spectateur l'impression qu'aucun énoncé de la pièce ne peut être tout à fait pris au sérieux, ou que, pour reprendre une formule de Roger Blin « à peu près chaque mot comporte [...] sa propre parodie[31] ». Les reprises littéraires de *Godot* spéculent sur l'effet comique d'une autodérision qui a partie liée avec un mouvement réflexif. Or ce dernier est précisément accentué par la parodie. Ainsi, dans la pièce de Hanson, la dimension dérisoire des personnages et de leur dialogue est d'autant plus mise en exergue que ceux-ci apparaissent au spectateur comme une version dégradée des personnages et du langage beckettiens. Le début de la pièce fournit un exemple significatif de ce creusement ironique opéré à la réécriture :

> VAL : Rien à...
> ESTER : Chut. Pas maintenant. D'où vient le café aujourd'hui ?
> VAL : D'un café.
> ESTER : Lequel ?
> VAL : Celui qui est ouvert 24h sur 24.
> ESTER : Ugh. Une station-service.
> VAL : Si tu le dis[32]. (*WWG*, 9)

31 Roger Blin interrogé par Harold Portnoy en 1963. Extrait rediffusé sur France Culture dans l'émission « La compagnie des œuvres » : « Les vies silencieuses de Samuel Beckett », le 21/10/2019 (<https://www.franceculture.fr/emissions/la-compagnie-des-oeuvres/beckett-comment-cest-14-les-vies-silencieuses-de-samuel-beckett> [consulté le 5/11/2019]).

32 « V : Nothing / to be- / E : Shhh. Not now. So, where does the coffee come from today ? / V : A coffee shop. / E : Which one ? / V : The AM/PM. E : Ugh. A gas station. / V : If you say so ».

La parodie débute par les premiers mots de *Godot*, que s'apprête à répéter la doublure de Vladimir. L'insignifiance affichée du dialogue beckettien est cependant remplacée aussitôt par une conversation plus triviale et dérisoire encore. S'ensuit un échange au cours duquel Ester prétend obtenir son café gratuitement grâce à sa supposée notoriété :

> ESTER [...] Tu leur donnes une photo à accrocher au mur et en retour ils t'offrent le café.
> VAL : Pourquoi est-ce qu'ils feraient ça ?
> ESTER : Parce que si le mot circule que c'est là que vont les vrais artistes, ça donne du prestige à l'établissement en question.
> VAL : La station-service.
> ESTER : Si tu le dis[33]. (*WWG*, 10)

Hanson reproduit très adroitement la grandiloquence pathétique des personnages beckettiens tout en instaurant un jeu cauchemardesque de répétition, entre imitation de l'hypotexte et enlisement d'un discours ressassant. Jenna Scherer a ainsi comparé le spectacle à un « purgatoire métathéâtral[34] » (« metatheatrical purgatory »), remarquant : « Qui pourrait être plus mal lotis que Vladimir et Estragon, les deux pauvres bougres pris dans les rouages de l'ennui existentiel dans *En attendant Godot* de Beckett ? Les deux types qui jouent leur doublure, bien entendu[35] ».

PROFONDEURS PARODIQUES

Or cette image de l'acteur dérisoire est fréquemment utilisée pour représenter la condition humaine, et ce, depuis la célèbre tirade de *Macbeth* dans laquelle l'homme est comparé à un pauvre acteur (« a poor player »). Si les parodies de Beckett se livrent à une satire du théâtre, la représentation de cet art comme incarnation de la dérision engage une réflexion métaphysique. Ce n'est donc sans doute pas un hasard si les parodies littéraires de Beckett contiennent si souvent des références à

33 « E : [...] You offer them a picture to hang on the wall and in return they offer you free coffee. / V : Why would they do that ? / E : Because if people know that this is where true artists go to get coffee, it adds some prestige to said establishment. / V : Gas station. / E : If you say so ».

34 Jenna Scherer, *Time out*, 23 août 2013 (<https://www.timeout.com/newyork/theater/waiting-for-waiting-for-godot> [consulté le 10/09/2019]).

35 « Who has it worse than Vladimir and Estragon, the two poor saps caught in the gears of existential ennui in Samuel Beckett's *Waiting for Godot* ? The two guys *understudying* the part of Vladimir and Estragon, of course. »

Shakespeare. Hanson, transposant avec humour l'épisode des chaussures d'Estragon devenues inadéquates au début de l'acte II, imagine une plainte similaire d'Ester au sujet de sa veste. Il s'en sert pour ménager une transition de *Godot* vers *Macbeth* :

> ESTER : Elle m'allait encore hier… ou est-ce que c'était le jour d'avant ?
> *La vie n'est qu'un fantôme errant, un pauvre comédien qui se pavane et s'agite durant son heure sur la scène et qu'ensuite on n'entend plus ; c'est une histoire dite par un idiot, pleine de fracas et de furie, et qui ne signifie rien…*
> ESTER : Quoi ?
> VAL : Qui ne signifie rien.
> ESTER : Quoi ?
> VAL : Qui ne signifie rien[36]. (*WWG*, 13)

Sans surprise, l'attelage parodique privilégié entre Beckett et Shakespeare concerne la pièce d'*Hamlet*, tragédie qui s'articule autour du schéma du théâtre dans le théâtre. Dans *The Actor's nightmare* de Durang, la première réplique du personnage : « Veuillez m'excuser. Je ne sais pas comment je me suis retrouvé là » (« Oh, I'm sorry. I don't know how I got in here ») s'entend à double sens, l'acteur perdu sur scène pouvant aussi figurer l'homme incertain de sa fonction dans l'existence. Chez Stoppard, la comparaison entre le personnage de théâtre ou l'acteur et l'homme en proie à sa finitude est explicite. Lors de sa rencontre avec la troupe des tragédiens, Guildenstern déplore ainsi l'incertitude de son sort (dans l'hypotexte shakespearien le personnage est de fait manipulé par le roi puis Hamlet et n'a que peu de prises sur le cours des événements). L'Acteur lui répond alors qu'une telle incertitude est le lot de l'humanité tout entière :

> GUIL : Nous savons seulement ce qu'on nous a dit, c'est-à-dire pas grand-chose. Et pour autant que nous sachions, ce n'est même pas vrai.
> L'ACTEUR : Pour autant qu'on sache tous, rien n'est vrai. Tout doit être pris pour argent comptant ; la vérité n'est jamais que ce que l'on prend pour vrai. Elle constitue la monnaie de la vie[37]. (*RG*, 147)

---

36 « E : It fit yesterday… or was it the day before ? / *Life's but a walking shadow, a poor player, that struts and frets his hour upon the stage, and then is heard no more ; it is a tale told by an idiot, full of sound and fury, signifying nothing.* / E : What ? / V : Signifying nothing. / E : What ? / V : Signifying nothing ! » La traduction du passage de Shakespeare en italique est empruntée à F.-V. Hugo (*Hamlet, Othello, Macbeth*, Poche, « Le théâtre de Poche », p. 358).

37 « Guil : We only know what we're told, and that's little enough. And for all we know it isn't even true. / Player : For all anyone knows, nothing is. Everything has to be taken on trust ; truth is only that which is taken to be true. It's the currency of living […]. » (*RG*, 146).

La question se pose dès lors de savoir ce qu'apporte spécifiquement le détour par une parodie de Beckett à des auteurs du XXe siècle aspirant à livrer une réflexion sur la condition humaine, héritée de Shakespeare. À une époque où l'ironie est à ce point omniprésente dans l'art, peut-être ces auteurs souhaitent-ils avant tout se prémunir contre toute accusation de ridicule ou de pédantisme ? Hanson, tout en mettant en scène des comédiens pathétiques propres à renvoyer au spectateur une image de leur humanité, s'emploie ainsi, en appuyant la dimension farcesque de sa parodie, à désamorcer toute interprétation trop sérieuse. Aussi, dans l'épisode de la veste d'Ester, la gravité que risque d'entraîner la déclamation de la tirade de Macbeth se voit-elle aussitôt désamorcée par une charge humoristique contre les deux personnages, qui redoublent d'inculture. En effet, tandis que Val attribue la tirade à *Hamlet*, Ester rétorque que le texte n'est pas issu de Shakespeare mais des « Grands monologues classiques pour hommes » (« Great Classical Monologues For Men ») (*WWG*, 13). Si, dans la parodie d'Hanson, la réflexion philosophique demeure peu approfondie, la pièce de Stoppard, elle, repose sur une vision et une pensée de la finitude humaine originales, nées des cendres mêlées de Shakespeare et de Beckett. Le trait de génie de Stoppard a en effet été de fusionner les formes de tragique d'*Hamlet* et de *Godot* pour arriver à un nouveau constat désespéré : non seulement les personnages attendent dans l'incertitude mais ils sont déjà condamnés. Comme le remarque Robert Gordon :

> C'est parce qu'ils insistent à se comporter comme des personnages dans une pièce de Beckett, que Rosencrantz et Guildenstern finissent par connaître la mort triviale de personnages mineurs dans une tragédie de Shakespeare[38].

« Ne rien signifier est plus difficile qu'il n'en a l'air » (« signifying nothing is harder than it looks[39] ») : dans ce tweet humoristique répondant à la formule de *Macbeth*, Éric Jarosinski émet un constat moins opposable, en définitive, à Shakespeare qu'à Beckett. À ce dernier, en effet, qui prétendait selon une phrase devenue célèbre adressée à Michel

38 « One could say that because they insist on behaving like characters in a Beckett play, Rosencrantz and Guildenstern end up suffering the casual death of minor characters in a Shakespearean tragedy » (Robert Gordon, *Rosencrantz & Guildenstern*, *op. cit.*, p. 20).

39 Le tweet est cité dans l'article de Fagone, « The Construction of a Twitter Aesthetic », art. cité.

Polac qu'il ne voyait pas l'intérêt de trouver à *Godot* « un sens plus large et plus élevé à emporter après le spectacle avec le programme et les esquimaux » (*G*, 4e de couv.), on pourrait objecter que le jeu de miroirs vertigineux entraîné par la réflexivité de la pièce et le constant mouvement de la pensée inhérent à son ironie sont non seulement des invitations à l'analyse mais des jalons facilitant la parodie de la pièce, et avec elle une démultiplication du sens à l'infini.

Audrey LEMESLE

SIGLES ET ÉDITIONS CITÉS

CDW *The Complete Dramatic Works*. London, Faber & Faber, 2006.

G *En attendant Godot* [1952]. Paris, Minuit, 1990.

G *Waiting for Godot* in *CDW*.

Pr. *Proust*. Édith FOURNIER trad. Paris, Minuit, 1990.

RG *Rosencrantz et Guildenstern are Dead* [1967], par Tom STOPPARD. Édition bilingue, Gerald GARUTTI trad., Toulouse, Presses universitaires du Midi, 2017.

WWG *Waiting for Waiting for Godot*, par Dave HANSON. London, Oberon Books, 2016.

EN ATTENDANT[1]

Je m'appelle Orlando Zaki. Orlando vient de la ville d'Orlando en Floride. C'est ce qui est inscrit sur le tee-shirt qui m'a été donné par la Croix Rouge. Zaki est le nom de la ville où j'ai été trouvé et d'où j'ai été amené jusqu'à ce camp de réfugiés.

Mes amis du camp se reconnaissent aux inscriptions de leurs tee-shirts. Acapulco porte un tee-shirt avec *Acapulco* écrit dessus. Le tee-shirt de Sexy porte l'inscription *Dites Moi Que Je Suis Sexy.* Celui de Paris dit *Voir Paris et Mourir.* Quand elle m'approche, je ferme les yeux parce que je ne veux pas mourir. Même quand on obtient un nouveau tee-shirt, on garde l'ancien nom. Paris vient d'avoir un nouveau tee-shirt qui dit *Posez Moi des Questions sur Jésus* mais on continue de l'appeler Paris et on ne lui pose pas de questions sur qui que ce soit. Il y avait une fille dans le camp qui avait un tee-shirt qui disait *Vous Avez du Lait ?* Elle s'en est débarrassé parce qu'il y avait des garçons dans le camp qui ne pouvaient s'empêcher de lui presser fermement les seins pour voir s'ils avaient du lait.

On ne peut pas savoir à l'avance ce qu'il y aura d'inscrit sur le tee-shirt. On se bagarre pour en avoir et on s'estime chanceux si on parvient à en obtenir un. Il y a Minable, par exemple : son tee-shirt porte l'inscription *Mon Père a Visité le Yellowstone et M'a Ramené Ce Tee-Shirt Minable.* Il ne sait pas se battre et donc il a été incapable de se procurer un autre tee-shirt, et il porte le même depuis qu'il est arrivé au camp. Bien que l'inscription dessus ait commencé à se décolorer, le nom lui est resté. Certains ont de la chance : Londres avait un tee-shirt avec l'inscription *Londres* et il vit maintenant à Londres. Il a été adopté par une famille là-bas. Peut-être que je trouverai une famille d'Orlando en Floride qui m'adoptera.

---

1 Titre original : « Waiting ». Cette nouvelle d'E. C. Osondu a été publiée pour la première fois le 1er octobre 2008 dans la revue *Guernica* et a été distinguée en 2009 par le prix Caine pour la littérature africaine. Nous remercions vivement l'auteur de la nouvelle et les éditeurs de la revue pour nous avoir autorisés à traduire et publier ce texte, pour la première fois en langue française.

C'est Sœur Nora qui m'a dit de commencer à écrire ce livre, et elle a ajouté, *la meilleure façon d'oublier c'est de se souvenir et la meilleure façon de se souvenir c'est d'oublier.* C'est comme ça que parle Sœur Nora, de manière détournée. Je crois que, comme c'est une Révérende Sœur, elle aime parler en paraboles, comme Jésus. C'est elle qui m'a donné des livres à lire. Elle dit que j'ai un don pour raconter des histoires. C'est pourquoi elle croit qu'un jour je deviendrai un écrivain. Le premier livre qu'elle m'a donné à lire était *En attendant Godot*. Elle dit que dedans les personnages attendent que Dieu arrive pour les aider. Ici, au camp, on passe son temps à attendre, encore et encore. C'est la seule chose qu'on fait. On attend l'arrivée des camions de vivres puis on fait la queue et on attend quelques minutes avant qu'elle se disperse, et puis on attend que la bagarre commence et alors c'est un véritable pugilat, on joue des pieds et des mains, on s'injurie, on s'entre-déchire avant de saisir la nourriture et de filer. Et puis on commence à scruter la route dans l'attente de l'arrivée des camions citernes, on guette l'apparition d'un nuage de poussière et alors nous allons chercher nos récipients, et on commence à attendre, et puis les camions sont là, les premiers récipients sont remplis, et la bagarre et l'empoignade commencent parce que quelqu'un a chuchoté à quelqu'un qu'il n'y avait pas beaucoup d'eau dans le camion-citerne. Tout cela, bien sûr, si on a la chance que le camion-citerne arrive ; la plupart du temps on se contente de sortir nos récipients et on commence à attendre et à prier qu'il pleuve.

Aujourd'hui on attend que le photographe vienne nous prendre en photo. Ce sont ces photos que le personnel de la Croix Rouge envoie à leurs agents à l'étranger pour les montrer à différentes personnes dans des pays étrangers et, après les avoir vues, les familles étrangères choisiront ceux qu'elles veulent faire venir pour vivre chez elles. Cela fait trois semaines qu'on attend le photographe, mais comme il doit traverser la zone de guerre, il n'est même pas certain qu'il vienne aujourd'hui. Une fois la photo prise, il faut attendre qu'il l'imprime et la ramène. Puis on la donne à la Croix Rouge et on attend une réponse de l'étranger.

Je veux aller rejoindre mon ami sous le seul arbre du camp. Acapulco jette une poignée de poussière rouge en l'air pour voir s'il y a du vent. Pas le moindre souffle, et la poussière retombe directement sur le sol.

– Orlando, tu crois que le photographe viendra aujourd'hui ?

– Peut-être que oui.

– Tu crois qu'une famille américaine m'adoptera ?

– Peut-être, si tu as de la chance.

– Est-ce qu'ils sauront guérir mon incontinence nocturne ?

– Il y a des pilules pour toutes les maladies en Amérique.

– Je ne suis pas malade, mais si je m'oublie dans mon sommeil c'est uniquement parce que je rêve toujours que je vais pisser dehors et quand je me réveille ma culotte est mouillée parce que c'était un rêve mais la pisse est réelle.

– Le même rêve toutes les nuits ?

– Oui.

– Tu crois que si je vais en Amérique mes parents auront de mes nouvelles, qu'ils m'écriront et que je leur répondrai et que je demanderai à ma nouvelle famille s'ils peuvent venir me rejoindre ?

– Quand la guerre sera terminée tes parents te retrouveront.

– Quand est-ce que la guerre se terminera ?

– Je ne sais pas, mais elle se terminera bientôt.

– Si la guerre se termine bientôt pourquoi est-ce que les gens de la Croix Rouge nous envoient en Amérique ?

– Parce qu'ils ne veulent pas qu'on rejoigne la Brigade des Jeunes et qu'on se mette à utiliser des armes à feu, à tuer, à violer et piller, à incendier et voler, à détruire et à se battre jusqu'au bout pour finir par mourir et ne pas aller à l'école.

C'est pourquoi Acapulco reste toujours assis seul sous l'arbre : parce qu'il pose toujours une foule de questions. Sœur Nora dit que c'est bien de poser des questions et que si on pose des questions on ne sera jamais perdu. Acapulco recommence à jeter du sable en l'air pour voir s'il y a du vent. Du pus lui sort des oreilles et c'est pourquoi il dégage une odeur d'œuf un peu pourri. C'était une autre raison pour laquelle on l'évitait. Une mouche vole autour de son oreille, pendant quelques instants il n'y prête pas attention mais, au moment même où la mouche est sur le point de se poser, il l'écarte d'un geste rageur.

– J'aimerais avoir un chien, dit-il.

– Qu'est-ce que tu ferais avec un chien ?

– Je me ferai prendre en photo avec lui pour la photo qu'on envoie en Amérique parce que les blancs aiment les chiens.

– Mais ils aiment aussi les gens.
– Oui, mais ils aiment les gens qui aiment les chiens.
– Londres ne s'est pas fait prendre en photo avec un chien.
– Oui, mais Londres est maintenant à Londres.
– Peut-être que tu seras bientôt à Acapulco, dis-je en riant.
– C'est où Acapulco ?
– Là où il y a un vaste océan, bleu et beau.
– Je n'aime pas l'océan. Je ne sais pas nager. Je veux aller en Amérique.
– Tout le monde en Amérique sait nager, toutes les maisons ont des piscines.
– Je veux aller nager dans une piscine, pas dans l'océan. On m'a dit que l'eau des piscines est pure, propre et bleue et qu'elle est bonne pour la peau.

Nous restons silencieux. Nous entendons le bruit des tôles d'aluminium avec lesquelles les cabanes sont construites. Elles font un bruit agressif, comme de minuscules balles qui explosent. Les abris faits de bâches et de feuilles de plastique flottent dans le vent comme des milliers de cerfs-volants qui s'envolent. Acapulco jette une poignée de poussière en l'air. Le vent l'emporte. Une partie nous revient dans la figure et Acapulco sourit.
– Dieu ne dort pas, dit-il.
Je reste silencieux.
– Avant, il y avait des chiens dans le camp.
Il est arrivé dans le camp avant moi. C'est un des plus anciens réfugiés du camp.
Il y avait beaucoup de chiens noirs. C'étaient nos amis et nos protecteurs. Même si la nourriture était rare, les chiens n'avaient jamais faim. Les femmes les appelaient dès qu'un enfant s'accroupissait pour chier, et les chiens accouraient. Ils attendaient que l'enfant ait terminé puis ils lui nettoyaient les fesses en les léchant avant de manger la merde. Les gens leur lançaient des restes de nourriture. Les chiens servaient aussi à autre chose. À cette époque, l'ennemi attaquait encore le camp assez souvent. On s'enterrait dans des trous et les chiens rassemblaient des feuilles et des choses diverses et les éparpillaient sur les trous où on était caché. L'ennemi passait près des trous et ne savait pas qu'on y était caché.

Mais il y eut une période où les gens de la Croix Rouge ne parvinrent pas à ravitailler le camp pendant deux semaines parce que l'ennemi empêchait leur avion d'atterrir. On était si affamé qu'on a tué quelques chiens pour préparer la soupe au poivron. Quelques jours plus tard, les gens de la Croix Rouge purent passer et la nourriture est arrivée. Les chiens étaient un peu méfiants mais ils semblaient comprendre que ce n'était pas de notre faute.

Et puis, une deuxième fois, on a manqué de nourriture pendant très longtemps. Cette fois, on n'a pu attraper que quelques chiens. Certains s'enfuyaient dès qu'on les approchait, mais on était parvenu à en attraper plusieurs pour les cuire et les manger. Après cela, on n'a plus vu les chiens ; ceux qui s'étaient enfuis gardaient leur distance. Un jour, un petit enfant s'était accroupi pour chier. Quand sa mère s'en aperçut, une demi-douzaine de chiens qui avaient disparu surgirent de nulle part et attaquèrent le petit enfant. Pendant que la mère hurlait, ils déchiquetèrent l'enfant et s'enfuirent avec des morceaux du corps de l'enfant qui pendaient de leurs gueules. Des hommes commencèrent à tendre des pièges aux chiens et à en tuer plusieurs. Ils disaient que les chiens étaient devenus aussi féroces que les lions. On ne voit plus de chiens. Les gens disent que c'est la guerre.

Je pris la décision d'aller voir Sœur Nora pour lui poser des questions. Comme s'il avait lu dans mes pensées, Acapulco me demanda de n'en parler à personne. Il dit que les gens du camp n'aiment pas parler des chiens.

– Je ne crois pas que le photographe viendra aujourd'hui, dis-je.

– Parfois je crois que j'ai une balle logée dans le cerveau, dit Acapulco.

– Si tu avais une balle dans le cerveau tu serais mort.

– Elle est entrée par mon oreille malade. J'entends des explosions dans ma tête, des balles qui éclatent, des voix qui hurlent *banza, banza, bâtard, sors nous allons boire ton sang aujourd'hui*, et puis je sens l'odeur de carbure, d'arme à feu, de chaume brûlé. Je n'aime pas sentir l'odeur de la fumée des feux quand les femmes utilisent du bois pour faire la cuisine : ça fait exploser les balles dans mon cerveau.

– Tu iras mieux quand tu seras en Amérique. Ils ne font pas la cuisine avec du bois ; ils utilisent l'électricité.

– Tu sais tout Zaki. Comment tu sais toutes ces choses alors que tu n'y es jamais allé ?

– J'ai lu beaucoup de livres, des livres qui contiennent beaucoup d'informations, et parfois des histoires aussi, dis-je.

– Je n'aime pas les livres qui n'ont pas d'images. J'aime les livres avec de grandes et belles images pleines de couleurs.

– On ne trouve pas des images dans tous les livres. Seuls les livres pour enfants ont des images.

– J'en ai marre de faire des photos et de les envoyer à l'étranger à des familles qui ne veulent pas de moi. Presque tous les gens qui sont arrivés au camp en même temps que moi ont trouvé des familles et vivent maintenant à l'étranger. Un de mes amis m'a envoyé une lettre d'un endroit appelé Dakota. Pourquoi aucune famille ne m'a-t-elle adopté ? Tu crois que mon visage ne leur plait pas ?

– C'est une question de chance. Tu n'as pas encore trouvé ta chance.

– Parfois j'ai envie de rejoindre la Brigade des Jeunes mais j'ai peur. On dit qu'on leur donne de la wee-wee[2] à fumer, qu'ils boivent du sang et qu'ils jurent sous serment de n'avoir de pitié pour personne, y compris leurs parents.

– Sœur Nora serait très en colère contre toi si elle t'entendait parler comme ça. Tu sais qu'elle fait de son mieux, et les gens de la Croix Rouge aussi, pour essayer de te trouver une famille.

– Dans cet endroit qui s'appelle Dakota, il doit y avoir plein de rochers.

– Pourquoi dis-tu ça ?

– Juste aux sons du mot. On imagine d'énormes blocs de rochers qui s'effondrent tout d'un coup les uns sur les autres.

– J'aimerais aller à cet endroit où il y a des anges.

– Tu veux dire Los Angeles.

– Ils ont tué la plupart de mes proches qui ne savaient pas prononcer correctement le nom du chef rebelle. Ils disaient qu'on ne savait pas dire *Tsofo* et on continuait de dire *Tofo* et ils continuaient de nous tuer. Mon ami, ici dans le camp, m'a appris à dire *Tsofo.* Il m'a dit de le prononcer comme si j'avais du sable dans la bouche, comme si j'avais des cailloux sur la langue. Maintenant je sais le dire des deux manières.

– Très bien. Comme ça quand tu seras en Amérique tu apprendras à parler comme eux. Tu essaieras d'avaler ta langue pour chaque mot, tu diras *larer, berrer, merre, ferre, herrer.*

– Il est temps d'y aller. C'est bientôt l'heure du déjeuner.

– Je ne me sens pas la force de me battre. À chaque fois que c'est l'heure du repas, je panique. Si seulement ma mère était là, je ne serais pas un *Déplacé.* Elle préparerait mes repas et je n'aurais pas à me battre tout le temps.

---

2 Wee-wee : une autre manière de désigner la marihuana ou la ganja (note du traducteur).

Nous avons tous les deux levé nos regards vers les volutes de fumée qui s'élevaient des cabanes où des femmes préparaient la *dawa*. On pouvait identifier ceux qui étaient accompagnés de leur mère car de la fumée s'échappait toujours de leurs cabanes l'après-midi. Je me suis demandé si Acapulco et moi allions trouver des gens qui nous adopteraient parce que, comme nous étions des déplacés, nous n'avions pas de familles. La plupart de ceux qui sont partis à l'étranger avaient des familles avec eux. Je n'ai rien dit à Acapulco à ce sujet car je ne voulais pas qu'il commence à penser à ses parents qui ne savaient pas dire *Tsofo*. Une fois, j'ai entendu quelqu'un du camp dire que si Dieu avait voulu qu'on dise *Tsofo* il nous aurait pourvu d'une langue capable de dire *Tsofo*.

– Suis-moi. Je vais t'aider à te battre pour manger, dis-je à Acapulco.

– Toi, tu n 'as pas besoin de te battre, Orlando. Tous les autres enfants te respectent. Ils disent que tu n'as peur de rien ni de personne et que Sœur Nora t'apprécie et que tu as un livre où tu notes toutes les choses pas très très jolies que les gens font et que tu le donnes à lire à Sœur Nora et que quand vous le lisez tous les deux vous secouez la tête et riez comme *amariya* et *ango*, comme mari et femme.

Nous nous sommes levés et dirigés vers les cabanes en tôle ondulée où on nous distribuait notre déjeuner. Je sentais l'odeur de *dawa*, toujours la même *dawa* et les mêmes mouches couleur vert-bouteille, et les mêmes assiettes en aluminium tordues et à moitié ratatinées, et pourtant on se battait pour ça.

Kimono fut le premier à me voir et commença à m'interpeller, bientôt rejoint par Aruba, Jérusalem et Minable et J'aime ça et Majorque et les autres. La chef cuisinière se tenait debout devant les assiettes de *dawa* et de soupe verte. Son visage trahissait quelque chose de particulier, tel le visage d'un homme sur le point de voir deux belles femmes se déshonorer en se bagarrant pour lui jusqu'à se retrouver entièrement nues après avoir arraché leurs vêtements. Elle pointa un doigt menaçant vers nous et nous avertit : pas de bagarre aujourd'hui, les garçons. C'était le signal dont nous avions besoin pour nous servir : nous avons foncé. La *dawa* et la soupe se répandaient sur le sol. Certains essayaient de s'en fourrer plus dans la bouche tout en se débattant pour attraper une assiette au cas où ils n'auraient pas assez à manger à l'issue de la bagarre. Je saisis une portion de *dawa* et l'envoyai à Acapulco tout en avançant pour m'emparer d'une assiette de soupe mais, au moment où j'allais la saisir, Minable l'envoya valser d'un coup de pied et la soupe se répandit sur le sol. Il s'esclaffa avec son rire fou de hyène et d'un ton persifleur me dit : « Le lépreux ne sait peut-être pas traire une vache mais par contre il sait comment renverser le lait qui est dans le seau ». La chef cuisinière ne cessait de hurler : « Hé ! Pas de bagarre, l'un après l'autre, faites la queue, il y a suffisamment de *dawa* pour tout le monde ». Je parvins à m'emparer d'une assiette de soupe à moitié renversée et commençai à me frayer un chemin vers la sortie tout en faisant signe à Acapulco pour qu'il sorte. Nous nous sommes accroupis derrière la cabane et avons commencé à plonger nos doigts dans la nourriture, chassant les grosses mouches de notre main libre. Nous avions deux copieuses portions de *dawa* et très peu de soupe. J'ai mangé quelques poignées et essuyé mes mains sur mon short, laissant le reste à Acapulco. Il avait du mal à se débarrasser des mouches qui volaient autour de son oreille malade et de son assiette, et il me remercia du regard.

Je me suis souvenu d'un livre que Sœur Nora m'avait donné à lire au sujet d'un garçon pauvre qui vivait en Angleterre autrefois et qui avait demandé du rab au chef cuisinier. À voir l'image du garçon dans le livre il n'avait pas l'air si pauvre que cela à mes yeux. Tous les garçons du livre portaient des vestes et des casquettes et en plus on les servait. Nous, nous devions nous battre et si on demandait du rab à la chef cuisinière, elle nous montrerait du doigt le *dawa* et la soupe répandus par terre et elle nous dirait que l'on aime gaspiller la nourriture. Une fois j'ai parlé à Sœur Nora au sujet de la nourriture et des bagarres mais elle m'a répondu qu'elle ne voulait pas s'en mêler. C'était la première fois que l'avais entendu refuser de trouver une solution à un problème. Elle m'expliqua qu'elle ne travaillait pas pour la Croix Rouge mais que, comme moi, elle était leur invitée.

Je me demandais comment je pourrais échapper à Acapulco. J'avais besoin d'être seul mais je ne voulais pas lui faire de la peine. Je lui ai demandé de rapporter les assiettes à la cuisine. Nous n'avions pas besoin de les laver car elles étaient déjà propres à force de les lécher.

Pendant qu'Acapulco s'éloignait, je me suis éclipsé discrètement.

E. C. OSONDU
Texte traduit de l'anglais (nigérian)
par Richard SAMIN

QUATRIÈME PARTIE

GODOT ET CULTURE D'ÉCRAN

PIXELS AND PUPPETRY

De quelques avatars pop de *Godot* (I) – *Godot* vidéoludique

Dans *Le Canard à l'orange* de William Douglas Home adapté par Marc-Gilbert Sauvajon[1], le mari matois adresse à sa femme cette réplique au sujet de son amant : « Bref, il est seul ! Seul à Londres un vendredi soir dans neuf pièces en enfilade ! Bon Dieu, on dirait du Samuel Beckett[2] ! » Et le public – du moins celui de la représentation filmée pour la télévision[3] – de rire. Mais de quoi rit-il ? Rit-il de l'inadéquation entre l'image de cet agent de change vivant dans un appartement luxueux d'un quartier chic de Londres (Holland Park) et ce qu'il connaît de l'œuvre de Beckett, une œuvre peuplée de vagues clochards et d'éclopés vivant dans des poubelles ? ou bien rit-il simplement du coup de patte d'un auteur de boulevard à un auteur nobelisé[4] et réputé difficile au sein d'une pièce qui ne l'est assurément pas et ne vise qu'à distraire son public ? Gardons-nous de trancher et notons simplement que, *a minima*, le nom de Beckett – à défaut de son œuvre – est suffisamment connu du public du *Canard à l'orange* et suffisamment exotique dans ce contexte pour déclencher son rire.

---

1 Pour compléter cet article, un cahier d'illustrations a été placé en ligne (https://hal.archives-ouvertes.fr/hal-03279890). Je me contenterai dorénavant de renvoyer en note à l'image appropriée.

2 William Douglas Home et Marc-Gilbert Sauvajon (adaptateur), *Le Canard à l'orange*, *L'Avant-scène*, n° 480, 1er octobre 1971, p. 14.

3 La réplique a d'ailleurs un peu plus de corps dans la version filmée : « En tout cas, il est seul ! Là, il est seul à Londres, un vendredi soir, dans neuf pièces en enfilade ! Quelle horreur !… on dirait du Samuel Beckett ! » (André Flédérick, *Le Canard à l'orange* de William Douglas Home, adapté par Marc-Gilbert Sauvajon et mis en scène par Pierre Mondy), Antenne 2, 10 mai 1979.

4 La pièce de Douglas Home – *The Secretary Bird* – est portée pour la première fois à la scène en mai 1967 et repris au Savoy Theater de Londres à l'automne 1968, bien avant que l'académie suédoise ne décide de récompenser Beckett. Mais la plaisanterie sur l'auteur irlandais n'existe pas dans la version originale de la pièce. C'est un ajout de Marc-Gilbert Sauvajon, dont l'adaptation est bien postérieure à l'attribution du Nobel à Beckett (création en mai 1971 au Théâtre du Gymnase).

Beckett fait en effet partie de la petite poignée d'auteurs dramatiques du XXe siècle que le "grand public[5]" connaît, ou peut connaître, au moins de nom. Restriction : il est connu – d'abord sinon exclusivement – comme auteur de théâtre ; ses premiers récits et ses proses agénériques des années Soixante à Quatre-vingts passent volontiers à l'as. Le public – le "grand public", toujours – ne connaît donc que le Beckett dramaturge et, dans cette production, il ne retient probablement que les "grandes" pièces de sa première carrière théâtrale. Pour les citer à rebours de l'ordre chronologique : *Oh les beaux jours*, *Fin de partie* et *En attendant Godot*. En réalité, et c'est tout l'objet de ce livre, cette dernière pièce se détache clairement du lot. C'est l'œuvre majeure de Beckett si l'on en juge par les différents classements du type "Les cent livres du siècle", "La bibliothèque idéale", etc.[6] C'est l'une des quelques œuvres théâtrales du XXe siècle à obtenir régulièrement une place dans ces classements dominés par la littérature narrative. C'est surtout probablement la seule pièce de Beckett à avoir franchi une frontière diffuse, instable mais réelle, qui la sort d'elle-même et de son cercle théorique. Elle n'est évidemment pas entrée toute vive et toute complexe dans la culture de masse mais on constate tout de même une massification de sa renommée : c'est une œuvre en partage ou, au moins, un titre qui résonne.

En témoignerait l'usage d'*En attendant Godot* dans la presse. Généralement, la pièce de Beckett apparaît dans le titre de l'article

---

5 On sait que la catégorie "grand public" ne va pas de soi et qu'elle charrie nombre de connotations négatives. C'est pourtant le mot que, par commodité, je retiens mais dont j'étends largement le périmètre. À mes yeux, le grand public comprend la totalité du public à l'exception des spécialistes du champ, soit le public professionnel (gens de lettres, gens de théâtre, universitaires…).

6 *En attendant Godot* est par exemple placé en douzième position de la liste « Les cent livres du siècle » (1999, Fnac / *Le Monde*). La pièce figure aussi dans « The New York Public Library's Books of the Century » (1995-1996). On la retrouve dans *The Western Canon* d'Harold Bloom (1994), au même titre que d'autres œuvres de l'auteur irlandais (*Murphy*, *Watt*, *Molloy*, *Malone meurt*, *L'Innommable*, *Fin de partie*, *La Dernière Bande*, *Comment c'est*). Elle est en revanche la seule œuvre de Beckett à intégrer les *Great Books of the Western World* (*Encyclopædia Britannica*) lors de la seconde édition de 1990. Elle paraît encore çà et là dans d'autres listes, notamment anglosaxonnes. Le bilinguisme de l'œuvre de Beckett aide de fait à son intégration dans ces classements souvent nés hors de France. Pour preuve, lors d'un sondage organisé en 1998 par le National Theatre de Londres, *Waiting for Godot* a été élue la pièce en langue anglaise la plus significative du XXe siècle, sans considération pour le fait qu'elle a d'abord été rédigée en français et créée en France…

mais pas au-delà[7]. On relèvera une exception : l'article d'un analyste financier notant son peu de goût pour la pièce mais prenant la peine d'expliquer pourquoi il va chercher cette référence[8]. Ce contre-exemple permet de comprendre ce qui se joue dans les autres articles : le titre de Beckett ne sert que d'accroche intitulative. Pur effet d'étendard : cela flotte au vent mais c'est en deux dimensions sans profondeur… En l'occurrence, un reliquat de culture scolaire rencontre une formule heureuse parce que largement assonancée (en [ã], en [o]), fondée sur le rythme familier de l'hexasyllabe, c'est-à-dire une moitié d'alexandrin, soit un format en même temps connu et compact : double avantage.

De surcroît, c'est une formule potentiellement déclinable à l'infini car morphologiquement accueillante : le verbe au gérondif en tête, c'est-à-dire un verbe sans sujet exprimé, sans flexion et sans attache personnelle, ce qui rend la formule fixe et donc éternellement reconnaissable tout en laissant la possibilité d'ajout et de variation du complément d'objet. Pour en rester à des exemples récents, on pense à la revue en ligne *En attendant Nadeau* (2016), au roman *En attendant Bojangles* d'Olivier Bourdeaut (2016) ou encore à l'essai *En attendant les robots* d'Antonio Casilli (2019), toutes occurrences frappées au coin de la culture légitime. Mais il en est aussi en dehors. Cumulant une formulation forte et une situation type (l'attente), le titre de Beckett sert de matrice intitulative propre à accueillir tout et peut-être n'importe quoi. On n'est même finalement plus du tout sûr qu'il y ait une quelconque référence à Beckett, qu'il s'agisse de noms de groupes ou d'événements musicaux (En attendant Ana, En attendant Nördik), de films (*En attendant les hirondelles*), de livres (*En attendant minuit*), etc. Tout cela prouve la puissance du titre de la pièce de Beckett, non celle de l'œuvre elle-même c'est-à-dire sa faculté d'essaimer.

---

7 Trois exemples : Michel Janva, « Après le grand débat et toujours en attendant Godot, Claude Malhuret fait son show au Sénat », *Le Salon beige* [en ligne], URL : https://www.lesalonbeige.fr/apres-le-grand-debat-et-toujours-en-attendant-godot-claude-malhuret-fait-son-show-au-senat/> [consulté le 09/06/2020] ; Anonyme, « Tesla Model 3 ou Le Remake de « En Attendant Godot » », *Forbes* [en ligne], URL : <https://www.forbes.fr/business/tesla-model-3-ou-le-remake-de-en-attendant-godot/?cn-reloaded=1> [consulté le 09/06/2020] ; Dominique Gobert, « La case de l'Oncle Dom : Atout France… en attendant Godot ! », *Tourmag* [en ligne], URL : <https://www.tourmag.com/La-case-de-l-Oncle-Dom-Tourisme-au-gouvernement-en-attendant-Godot_a87319.html> [consulté le 09/06/2020].

8 Martin Neff, « En attendant Godot », *Allnews* [en ligne], 3 avril 2019, URL : <https://www.allnews.ch/content/points-de-vue/en-attendant-godot> [consulté le 09/06/2020].

Nonobstant cette dilution probable du substrat de l'œuvre et le fait que le titre cache la pièce comme l'arbre la forêt, *Godot* se fraie bel et bien un chemin au sein de la culture pop. Nous nous proposons ici d'explorer quelques cas de résurgence d'*En attendant Godot* dans deux domaines (et en deux articles) : l'univers vidéo-ludique puis le monde télévisuel. Nous verrons alors ce qu'il reste de beckettien dans ces résurgences, s'il en reste quelque chose.

GODOT VIDÉOLUDIQUE

De manière relativement inattendue – puisque Beckett est une sorte de parangon de la culture légitime voire érudite[9] pour ne pas dire opaque dans la mesure où il donne volontiers dans l'équivoque sémantique – l'auteur de *Godot* ainsi que sa pièce ont fait leur chemin dans l'univers vidéoludique, même si c'est par des voies tortueuses et indirectes.

Il existe par exemple un jeu indépendant – c'est-à-dire imaginé et produit hors des gros studios de développement, ce qui se traduit souvent par des choix narratifs, graphiques et/ou de *gameplay*[10] privilégiant l'inventivité à la prouesse technique – intitulé *Beckett*[11]. Ce jeu constitue une variation sur l'univers du film noir en termes thématiques – détective privé au bout du rouleau, enquête dans les bas-fonds (bars miteux, ruelles…), ambiguïté voire faillite morale, etc. – et esthétiques : utilisation massive du noir et blanc, narration passablement complexe (entorses à la continuité, histoires emboîtées…), pas de voix *off* mais

9 Du fait notamment de la familiarité qu'il entretient avec la philosophie, jusqu'à développer dans *Film* l'axiome fameux de Berkeley. Voir par exemple Anthony Ullman, « Beckett and philosophy », p. 84-96 in Stanley E. Gontarski (dir), *A Companion to Samuel Beckett*, Chichester (UK), Wiley-Blackwell, 2010 ; ou, dans le même recueil, Jean-Michel Rabaté, « Philosophizing with Beckett : Adorno and Badiou » (*idem*, p. 97-117).

10 *Gameplay* signifie littéralement "la manière dont le jeu se joue". Cela renvoie aussi bien aux règles intrinsèques du jeu (structure, but, progression…) qu'à sa prise en main (type d'interactivité, jouabilité…).

11 The Secret Experiment (Simon Meek), *Beckett*, Kiss Publishing Ltd., 2018. Voir illustration n° 1. (Une bande annonce du jeu est disponible en ligne sur le site de la plateforme Steam ; URL : <https://store.steampowered.com/app/588230/Beckett/> [consulté le 09/06/2020]).

un équivalent littéraire de ce procédé économique et puissant, à savoir une narration écrite à travers une police qui évoque celle des machines à écrire. Il y a peu d'interactivité et, *a fortiori*, peu d'activité. Entre les phases purement narratives et de rares mini-jeux en forme d'énigmes, le joueur se contente en effet d'aller d'une séquence de dialogue à une autre, engageant des conversations dans lesquelles sa marge de manœuvre est quasi nulle : les choix entre plusieurs réponses sont assez rares et n'ont que peu d'impact sur le déroulement de la fable. C'est finalement moins un jeu vidéo au sens plein du terme qu'un roman graphique partiellement participatif[12]. Faut-il rapporter cette carence ludique au vœu d'émuler l'hypodramaticité des pièces de Beckett ? Ce serait hasardeux car, par ailleurs, le jeu déploie réellement une *histoire*, *a fortiori* une histoire suffisamment complète, charpentée et progressive quand bien même elle est racontée visuellement de manière assez originale. En d'autres termes, le jeu n'est pas particulièrement marqué par le *lessness*. Il est même bavard à l'occasion : si les dialogues sont souvent brefs (et globalement "naturalistes"), le jeu laisse une large part au monologue intérieur du protagoniste.

Certes, à parcourir le jeu, on trouve bien quelques éléments faisant écho à l'œuvre de Beckett : telle phrase du personnage éponyme – « Life is a relentless series of tasks, each killing time until the next[13]. » – suffit à faire surgir devant l'œil de l'esprit la silhouette de Winnie ; l'épouse disparue qui hante l'esprit du détective se nomme opportunément Amy, tel le fantôme fictionnel de May dans *Pas* ; la thématique de l'être cher disparu évoque d'ailleurs volontiers Krapp ou le vieillard double de *L'Impromptu d'Ohio* ; etc. Tous ces parallèles sont plus ou moins profonds et, surtout, plus ou moins assurés. En somme, il s'agit sans doute plus d'une coïncidence d'univers et de visions (un pessimisme radical, un imaginaire de la déliquescence) que d'une résurgence assumée et systématique. *In globo*, le jeu doit en effet moins à l'auteur irlandais – fait

12 Voici l'avertissement qui ouvre le jeu : « *Beckett* by The Secret Experiment is a litterary work of fiction containing bad language, sexual themes, corruption, love, loss, decay and violence. It's a box. Open it. Question everything. » (*Ibid.*) (« *Beckett* par The Secret Experiment est une œuvre littéraire de fiction comprenant langue grossière, thèmes sexuels, corruption, amour, perte, déchéance et violence. C'est une boîte. Ouvrez-la. Remettez tout en question. » [Je traduis. Ce sera le cas pour toutes les citations empruntées à ce jeu.])

13 *Ibid.* (« La vie est une incessante suite de tâches, chacune tuant le temps jusqu'à la suivante. »)

défaut tout particulièrement l'humour de Beckett… – qu'à d'autres écrivains : Dashiell Hammett ou Raymond Chandler pour la trame globale de roman noir ; Burroughs pour l'exploration psychique sinon analytique, pour les effets d'hallucination voire pour certains moments où le jeu recourt à une forme de *cut-up*[14] ; Kafka pour le monde passablement labyrinthique dans lequel erre le personnage principal, vaguement guidé par des règles arbitraires venues d'un lieu de pouvoir qui reste mystérieux et inaccessible ; Kafka aussi pour les métamorphoses des "personnages non jouables" (PNJ[15]) : les avatars ressemblent à des pions d'un jeu de plateau réduisant les personnages à un ou deux traits définitoires, le plus souvent en les réifiant ou en les animalisant (l'un des PNJ est explicitement un cafard[16]). Bien que le jeu tire son inspiration principale du cinéma[17], le substrat littéraire est indéniable[18] mais guère beckettien.

La meilleure preuve en est la séquence du jeu où le détective se rend dans un théâtre pour son enquête et assiste à un spectacle intitulé *Morgellon & Ekbom live here* (*Morgellon et Ekbom vivent ici*). *A priori*, ce serait le moment idéal pour payer tribut à Beckett. Dans les faits, on repère des points de jonction mais autant de divergences, ce qui rend le parallèle fragile. L'espace scénique est assez nu : une petite estrade côté cour supportant une chaise, un fil qui pend depuis les cintres, une fenêtre qui n'ouvre sur rien, peut-être une patère fixée au mur[19]. Cependant le joueur – qui est aux commandes de la régie et qui a

---

14 En passant, la ville fictive où se déroule la fable se nomme « Borough », mot qui partage avec Burroughs le même étymon : le germanique *burg*.

15 Les PNJ – NPC, en anglais : *non-playing characters* – sont les personnages qui ne sont pas contrôlés/contrôlables par le joueur mais dont les actions sont déterminées par l'intelligence artificielle du jeu, fût-ce en réaction aux actions du joueur.

16 Voir illustration n° 2.

17 Au-delà du film noir, le jeu évoque aussi volontiers le cinéma expérimental via l'emploi appuyé de procédés de déformations de l'image (superpositions, floutage, grattage, etc.). Les cinématiques insérées çà et là dans la narration ou les arrière-plans animés font penser à Man Ray, à Len Lye, à Jan Švankmajer, à Joost van Veen… Par ailleurs, la récurrence des images d'insectes dans le jeu nous rappelle au souvenir de Lucien Bull et de ses continuateurs.

18 Dans le décor du bar « Nijinsky », on trouve même quelques-uns des vers de Cocteau dédiés au fameux danseur, accompagnés des lithographies de Paul Iribe. (Jean Cocteau, Paul Iribe, *Vaslav Nijinsky*, Paris, Société Général d'impression, 1910 ; plaquette disponible en ligne, URL : <https://cocteau.biu-montpellier.fr/index.php?id=73> [consulté le 09/06/2020]. Les pages 3 et 4 sont celles qui apparaissent dans le jeu.).

19 Voir illustration n° 3.

donc la main sur le rideau, les lumières et les effets spéciaux (sonores, visuels) – a la possibilité de projeter un énorme papillon sur le mur du lointain voire un court film, diffusé en boucle, présentant la reptation d'une larve[20]. Les personnages sont dégradés mais selon un mode qui n'est guère beckettien : Morgellon est une sorte de mannequin de bois et de tissus tandis qu'Ekbom a les traits d'un insecte[21]. L'un et l'autre sont passablement inactifs : Morgellon ne bouge pas de sa place (centre de scène), tire sur sa peau en tissu puis sur le fil qui pend au plafond au point de s'arracher le bras. Ekbom pour sa part se gratte, sautille sur place et ne fait qu'un trajet réel, à quatre pattes, vers la chaise sur l'estrade, où il prendra la position du penseur et se redressera finalement. En dehors de ces mouvements visibles, rien. L'affiche de la pièce annonçait d'ailleurs cette hypodramaticité : « A play about two people. Nothing much happens[22]. » L'une des premières phrases de la pièce convoque, *volens nolens*, le Nouveau Théâtre – « I I I I says one. U U U U says one. It's a conversation of no consequence[23]. » – et est reprise *verbatim* à la fin du spectacle. Le duo, l'effet de boucle, la mise à mal du dialogue, l'hypodramaticité globale de ce dramaticule (le spectacle dure environ deux minutes et demie[24]) et le dépouillement scénique sont autant d'éléments qui ne paraissent pas déplacés dans un jeu intitulé *Beckett*. Mais la superposition avec la dramaturgie de l'auteur de *Godot* est loin d'être parfaite. Le spectacle auquel on assiste est en effet une forme de théâtre d'ombre, en prise avec le conte ou la fable (le mannequin et l'insecte), avec une narration audible, en voix off. Contrairement à *Cette fois* ou *Berceuse*, ce n'est pas la voix du personnage que l'on entend ; contrairement à *Dis Joe* ou *Berceuse*, cette voix ne s'adresse pas au personnage en scène : elle parle par-dessus l'action, décrivant volontiers le spectacle et prenant en charge les rares répliques des personnages ; elle s'exprime pour le bénéfice direct du public. Ce discours surplombant donne d'ailleurs la clé de la pièce : alors que Morgellon perd son bras

20 Voir illustrations n° 4 et et n° 5 (pour cette dernière, vidéo disponible à l'adresse suivante : https://youtu.be/IbKTyQRQYks.

21 Les insectes sont omniprésents dans le jeu. C'est sans commune mesure avec leur place dans l'œuvre de Beckett.

22 The Secret Experiment, *Beckett*, *op. cit.* (« Une pièce à propos de deux personnages. Il ne s'y passe pas grand-chose. ») Voir illustration n° 6.

23 *Ibid.* (« Je je je je dit l'un. Tu tu tu tu dit l'autre. C'est une conversation sans conséquence. »).

24 Ce qui est déjà conséquent quand on replace cette durée dans le contexte d'un jeu vidéo.

et qu'Ekbom constate l'activité destructrice des insectes sous sa peau, ils n'éprouvent pas de désarroi mais une forme de contentement. C'est pour eux la preuve qu'ils avaient raison, que la seule loi du monde est la corruption. En somme, même si ce n'est probablement pas pour rien que les créateurs du jeu ont décidé de nommer *Beckett* le personnage principal du jeu et le jeu lui-même, l'hommage reste assez abstrait, coïncident et, pour tout dire, improuvé : en dehors du titre, nulle clé de lecture n'assure l'analyste qu'il n'échafaude pas des théories en vain.

Il en va pratiquement de même pour la série *Ace Attorney* (*Gyakuten Saiban*)[25]. Il s'agit de jeux vidéo – s'ensuivirent des adaptations en manga, en film et en *anime* – centrés sur plusieurs avocats de la défense, dont le principal : Phoenix Wright. Le *gameplay* est fondé sur des séquences d'enquête policière (récupération d'indices et interrogatoires des témoins) puis des séquences de procès (contre-interrogatoires des prévenus et des témoins). La mécanique globale est finalement celle de la série télévisée *Law and Order* (enquête puis procès), à ceci près que les enquêtes sont largement fondées sur des techniques médico-légales avancées (inspirées pour le coup de la série télévisée *CSI*) et qu'elles ouvrent assez régulièrement sur le surnaturel.

L'un des personnages de cette série vidéoludique se nomme Godot (Godō, dans la version japonaise). C'est l'un des procureurs auxquels font face les avocats de la défense que peut incarner le joueur. En d'autres termes, Godot/Godō est le nom de l'un des antagonistes récurrents de la série. Ce n'est d'ailleurs pas son vrai nom mais un pseudonyme. En japonais, le personnage s'appelle Sōryū Kaminogi, nom traduit dans la version internationale par Diego Armando afin d'expliquer le surnom construit par acronymie finale (c'est-à-dire par aphérèse et non par apocope). Le public international y gagne une référence supplémentaire – « Diego Armando » évoque Maradona… – mais il perd ce que les Japonais nomment *dajare*, à savoir ces calembours présidant quasi systématiquement à la nomination des personnages fictionnels de la pop culture. La tonalité mise à part, ces jeux de mots ne sont finalement pas si éloignés de ceux que propose à l'occasion Beckett, que

25 La série – créée par Shu Takumi et éditée par Capcom – a débuté en 2001 et compte aujourd'hui six jeux principaux et quelques opus secondaires. Une bande-annonce de la réédition de la compilation des trois premiers épisodes est disponible sur le site de la plateforme Steam ; URL : <https://store.steampowered.com/app/787480/Phoenix_Wright_Ace_Attorney_Trilogy> [consulté le 09/06/2020].

l'on pense aux Krap, Piouk, Skunk et Meck d'*Eleutheria*, au Krapp de *La Dernière Bande* (ce « *vieil homme avachi* » et vêtu d'habits « *d'un noir pisseux* » [*DB*, 7]) ou encore aux fameuses variations onomastiques de *Fin de partie* autour du marteau et du clou (Hamm, Clov, Nagg, Nell). Dans le cas de Godot/Godō, le *dajare* n'est ni le plus évident ni le plus convaincant : d'un point de vue sonore, *Souryuu Kaminogi* pourrait en effet évoquer l'expression *kusonigai yumoru* signifiant "une boisson amère[26]", ce qui ferait référence à l'obsession de Godot/Godō pour le café[27]. On aura beau multiplier, comme Vladimir, les « tortillements d'esthète » (*G*, 56), on ne trouvera guère de passerelles entre l'un et l'autre Godot quand bien même le créateur de la série a clairement exprimé sa dette à l'égard de Beckett[28]. C'est un hommage mais qui tourne largement à vide[29]. Seule une réflexion relie concrètement Godot/Godō à la thé-

26 Je m'appuie ici sur un site qui, pour n'être pas scientifique, constitue malgré tout une substantielle compilation d'informations opérée par une communauté de fans de la série : URL : <https://aceattorney.fandom.com/wiki/Godot> [consulté le 09/06/2020].

27 Selon ses propres dires, le procureur peut boire jusqu'à dix-sept tasses de café par procès. Faut-il rapprocher cet excès oral de celui de Krapp, fameux buveur et dévoreur de bananes ? Probablement pas. L'obsession de Godot/Godō pour le café n'est en effet qu'un gimmick, une caractérisation de surface misant sur une symbolique transparente (personnage âpre, sombre et volontiers mystérieux). Surtout, cette addiction n'a aucune conséquence négative sur le personnage, bien au contraire. Le café apparaît de fait comme un art de vivre pour Godot/Godō qui multiplie les crus et les mélanges (plus de cent…) et se laisse aller à l'emphase lorsqu'il évoque cette boisson : « Blacker than a moonless night, hotter and more bitter than hell itself… that is coffee. » (« The Stolen Turnabout » [« La Volte-face volée »], *Phoenix Wright : Ace Attorney : Trials and Tribulations*, Capcom, 2004 ; « Plus noir qu'une nuit sans lune, plus brûlant et plus amer que l'enfer lui-même… ça, c'est du café. » [Je traduis.]) Les obsessions orales de Krapp sont autrement plus graves et – dans le cas de la banane – plus riches. (Voir notamment Julie Campbell, « The Semantic Krapp in *Krapp's Last Tape* », *SBT/A*, vol. 6 : « *Samuel Beckett : Crossroads ans Borderlines / L'Œuvre carrefour, l'œuvre limite* », 1997, p. 63-72).

28 « 巧舟氏: 名前の由来は『ゴドーを待ちながら』という戯曲の影響と、吾童川から取っています。(中略) 彼が吾童(ゴドー) を名乗るようになった経緯もゲーム中で説明するはずだったんですけど、諸事情で収められませんでした。/ 引用元: 雑誌「ドリマガ 2004年4月23日発売号」 » (« Shu Takumi : Le nom vient de la pièce *En attendant Godot* et de la rivière Godôgawa. […] J'étais censé expliquer dans le jeu comment il en était venu à être connu sous le nom de Godot. Mais je n'ai pu l'intégrer pour diverses raisons. / Cité dans le numéro du 23 avril 2004 du magazine *Dorimaga* » [Je traduis] ; URL : <http://www.ne.jp/asahi/game/gyakusai/data/naming_gs3.html> [consulté le 09/06/2020]. J'en profite pour remercier ici chaleureusement Claude Michel-Lesne et Aline Henninger qui m'ont fait connaître ces sources d'information.).

29 De manière sans doute un peu trop généreuse, on pourrait dire qu'« il y a quelque chose » – je cite à nouveau Vladimir (*G*, 56) – de vaguement beckettien dans l'aspect global de Godot/Godō, notamment sa crinière blanche, son physique longiligne. (Voir

matique obvie du chef-d'œuvre de Beckett. Dans un des épisodes d'*Ace Attorney*, le premier où le procureur caféinomane apparaît, Luke Atmey a cette phrase : « *some people spend their entire lives idly waiting for his appearance*[30] ». On retrouve une équation déjà rencontrée, celle qui réduit la référence à la pièce à ce que le titre programmatique résume. En même temps, il serait difficile d'aller plus loin dans la mesure où le Godot de Beckett est justement, on le sait, le personnage qui échappe à toute appréhension certaine[31] : il n'est pas jusqu'à son nom qui ne soit frappé d'un voile d'incertitude[32]. Il est une forme sinon vide du moins une figure suffisamment floue pour autoriser plusieurs interprétations mais, contrepartie logique, limiter les incarnations.

On évoquera une autre occurrence du nom « Godot » au sein de l'univers vidéoludique : le « Godot engine[33] ». Il s'agit d'un environnement de développement intégré (EDI) conçu pour permettre la programmation de jeux vidéo. Parmi les dizaines d'EDI existants – Wikipédia en liste 179 – le « Godot engine » a la particularité d'être un logiciel libre, mis au point à partir de 2001 et finalement livré au public en 2014, distribué sous licence libre MIT[34]. C'est à la fois l'un des plus complets

illustration n° 7.) En réalité, le procureur se modèle plus sûrement sur le personnage de Roy Batty dans *Blade Runner* de Ridley Scott (1982), arborant un viseur qui fait penser à celui de Geordi La Forge dans *Star Trek : The Next Generation* (1987-1994), voire sur celui de Cyclope dans *X-Men*. (Voir illustrations n° 8, 9 et 10 ; voir aussi le site déjà référencé, URL : <https://aceattorney.fandom.com/wiki/Godot> [consulté le 09/06/2020].) Pour le costume et l'attitude globale, Godot/Godō s'inspire de Gordon Gekko – le personnage du *Wall Street* d'Oliver Stone (1987) – voire de ses avatars parodiques tel Bill Lumbergh dans *Office Space* de Mike Judge (1999). (Voir illustrations n° 11 et 12.)

30 « The Stolen Turnabout », *op. cit.* (« [...] certaines personnes passent toute leur vie à attendre son apparition sans rien faire » [Je traduis.]).

31 On connaît la fameuse phrase de Beckett : « If I knew [who or what Godot means], I would have said so in the play. » (Propos de Samuel Beckett, rapportés par Alan Schneider, « Waiting for Beckett. A personal chronicle », *Chelsea Review*, n° 2, Autumn 1958, p. 7 ; « Si je savais [qui ou ce qu'est Godot], je l'aurais dit dans la pièce. » [Je traduis.]) Parce qu'elle est élusive, la figure de Godot a donné lieu, on le sait, à de nombreuses interprétations contextuelles, propres à l'espace-temps des représentations.

32 « ESTRAGON. – Il s'appelle Godot ? / VLADIMIR. – Je crois. » (*G*, 27).

33 Voir illustration n° 13.

34 « L'avantage de Godot Engine est qu'à la différence de beaucoup de concurrents, il est totalement gratuit et *open-source*. D'autres moteurs de jeux propriétaires vous imposent d'acheter une licence ou de reverser une partie des revenus générés par vos jeux. Godot, pour sa part, est distribué sous licence libre MIT. Cette licence vous permet de télécharger, utiliser et créer gratuitement avec Godot. Vous pouvez accéder au code source, le modifier et utiliser le logiciel à n'importe quelle finalité. Vous êtes propriétaire de

et l'un des plus aisés à prendre en main[35]. Par conséquent, c'est un succès, notamment auprès des compagnies de moyenne importance et des institutions éducatives[36].

Si l'on en croit les créateurs de cet EDI, les Argentins Juan Linietsky et Ariel Manzur, le nom retenu est bel et bien une référence, sinon un hommage, à la pièce de Beckett :

> Godot was not always called Godot, it went through many (horrible) names [...] In fact, Godot was just a code-name for what would be something else, a more general purpose engine with a proper UI instead of a set of assorted tools. We knew it would take a long time, so we used a name based on a play by Samuel Becket to represent that feeling. Eventually the name would change to something with a connection to our home country, Argentina.
>
> In a bizarre twist of fate, at some point and well into the development of the engine, we played a video game with a character that formed that connection (bonus points to anyone who figures it out), so the engine is also named in honor to that. This is good, because the original Godot was never supposed to arrive (well, that's one interpretation...)[37].

vos créations et vous ne devez rien à personne. Vous pouvez distribuer ou vendre vos jeux librement. » (Anthony Cardinale, *Développer des jeux avec Godot Game Engine*, Lille, Éditions D-BookeR, 2019, p. 2.)

35 « Godot se démarque aussi par sa puissance. Il utilise les dernières techniques de rendu pour proposer des graphismes très poussés [...]. Il permet de créer des jeux 2D et 3D à destination des principales plateformes (PC, mobiles et consoles). / Depuis 2014, Godot a beaucoup évolué pour devenir un environnement de développement intuitif et performant. L'interface très complète vous permet de paramétrer vos assets (modèles 3D, sons, textures...), de créer vos niveaux, de programmer vos scripts et de tester le tout à la volée. Dans sa version 3, Godot a frappé un grand coup en se rapprochant de ce qui se fait de mieux en matière de moteur de jeu et de simplicité d'utilisation même pour les débutants. » (*Ibid.*)

36 Voir Juan Linietsky, « Godot is doing well at GDC 2018 », URL : <https://godotengine.org/article/godot-doing-well-gdc-2018> [consulté le 09/06/2020].

37 Juan Linietsky, « *Godot history in images* ! » ; URL : <https://godotengine.org/article/godot-history-images> (consulté le 09/06/2020). (« Godot n'a pas toujours été appelé Godot, il a connu beaucoup de noms (horribles) [...] En fait, Godot n'était qu'un nom de code pour ce qui aurait dû être autre chose, un moteur à usage plus général avec une interface utilisateur appropriée au lieu d'une boîte à outils. Nous savions que cela prendrait beaucoup de temps, alors nous avons utilisé un nom tiré d'une pièce de Samuel Beckett pour représenter ce sentiment. Finalement, le nom aurait changé au profit de quelque chose qui aurait un lien avec notre pays d'origine, l'Argentine. / Par un étrange coup du sort, à un moment donné et bien après le développement du moteur, nous avons joué à un jeu vidéo comprenant un personnage qui a formé cette connexion (des points bonus pour quiconque le découvre), donc le moteur est aussi nommé en l'honneur de cela. C'est pour le mieux, parce que le vrai Godot n'est jamais censé arriver (enfin, c'est une interprétation...). » [Je traduis.])

Le nom « Godot » renverrait donc à un double vœu. En premier lieu, le vœu – partagé par les utilisateurs et les développeurs – d'obtenir un programme plus polyvalent, plus complet, comportant toutes les fonctionnalités possibles et imaginables ; c'est l'espoir d'un produit parfait qui, par définition, n'arrivera jamais. En second lieu, le vœu des créateurs de trouver *in fine* un nom plus approprié à leur programme mais qui doivent se contenter de « Godot » *en attendant autre chose*... Cela a l'air contradictoire mais c'est finalement à-propos. D'un côté, le nom de Godot marque un idéal inaccessible, ce qui prend dans la pièce la forme d'un espoir de manger à sa faim et de dormir au chaud. De l'autre, il rend compte *hic et nunc* de ce dont on se contente au détriment de ce qu'on l'espère. Dans le cas de l'EDI comme dans la pièce, Godot est là, *du moins en titre*. L'espoir de lendemains meilleurs chez Vladimir et Estragon tient quasiment tout entier dans ce nom qu'ils possèdent, quand bien même ce nom est mis en doute et qu'il a tout d'un faux sésame... Malgré la prudence finale de Juan Linietski qui, paradoxalement, confine à l'erreur – l'absence perpétuelle de Godot n'est pas une interprétation, c'est un fait dramatique... – le nom de cet EDI est donc motivé. Certes, on ne s'écarte guère du titre de la pièce et de l'équation « Godot = attente » mais les créateurs du moteur de jeu font un pas de plus dans la complexité : Godot n'est pas qu'une forme internationale d'Arlésienne... Surtout, il est plaisant de penser qu'un nombre tous les jours plus important de jeux vidéo est conçu grâce à un *game engine* tirant son nom d'une des pièces les plus importantes du répertoire mondial.

Reste à évoquer un dernier avatar vidéoludique d'*En attendant Godot*. C'est un jeu vidéo sur lequel il convient de s'arrêter plus longuement car il constitue une véritable, quoique largement canularesque, adaptation de la pièce. Voire : il remet en cause la définition même de ce médium, comme la pièce de Beckett remettait en question les fondements de la dramaturgie traditionnelle. Créé fin 2010 par Mike Rosenthal (dessinateur, scénariste, parolier, etc., opérant sous le pseudonyme VectorBelly[38]), le jeu s'appelait initialement *Waiting for Godot* mais le nom du jeu ainsi que le nom de domaine sur lequel il était hébergé ont été altérés du fait de l'intervention des ayant-droits de Beckett. Mike Rosenthal raconte plaisamment l'affaire :

38 Le jeu est jouable en ligne : VectorBelly, *Game*, Unity, URL : <http://vectorbelly.com/waitingforgrodoudou.html> (consulté le 09/06/2020).

> To quote one of the several cease and desist letters I received from the French lawyers representing the Beckett estate, "Unfortunately we do not share your sense of humor." They asked me to change the name "Waiting for Godot", because they held the rights to it. Under American law, my game is considered parody and is protected under fair use, but I complied since I'm just a college kid who can't really afford a lawyer. So I changed the name to "Samuel Beckettt's Lawyers Present : Waiting for Grodoudou." I even explicitly stated on my website that my game is now referring to the Australian Samuel Beckettt, not to be confused with the Irish Samuel Beckett. They didn't appreciate that. So now it's just called "Game"[39].

Et c'est bien ce dernier mot – « Game » – qui apparaît sur l'écran d'accueil du jeu[40]. On note donc d'emblée un contraste entre un nom de domaine enfantin (« Grodoudou ») et une intitulation sobre du jeu (« Game »), laquelle rime opportunément avec d'autres titres de Beckett fondés sur la mise en abyme, comme *Play* (*Comédie*) et *Film*. Même s'il tient d'abord à un concours de circonstances indésiré, c'est bien là un surcroît de sens. Le personnage qui apparaît de dos, en costume froissé et chapeau melon, sur l'écran d'accueil du jeu est d'ailleurs familier aux spécialistes de Beckett : c'est une version pixelisée d'une photo de la mise en scène d'*En attendant Godot* par Walter Asmus au Gate Theater en 1991, mise en scène qui a fait date et qui a tourné dans le monde entier[41]. C'est également la photo qui sert de couverture depuis vingt-cinq ans à l'édition Paperback de la pièce chez Grove Press[42]. Visuellement, pour les Américains comme Mike Rosenthal, cette image est peu ou

39 Propos de Mike Rosenthal, dans Salvatore Pane, « The Rumpus interview with Mike Rosenthal », *The Rumpus* [en ligne], 23 mars 2011, URL : <https://therumpus.net/2011/03/the-rumpus-interview-with-mike-rosenthal> [consulté le 09/06/2020]. (« Pour citer l'une des nombreuses lettres de mise en demeure que j'ai reçues des avocats français des ayant-droits de Beckett : "Malheureusement, nous ne partageons pas votre sens de l'humour." Ils m'ont demandé de changer le nom *En attendant Godot*, parce qu'ils en détenaient les droits. En vertu de la loi américaine, mon jeu est considéré comme de la parodie et est protégé par le "*fair use*", mais je m'y suis conformé puisque je ne suis qu'un étudiant qui n'a pas vraiment les moyens de payer un avocat. J'ai donc changé le nom pour "Les avocats de Samuel Beckettt présentent : En attendant Grodoudou". J'ai même explicitement déclaré sur mon site web que mon jeu se réfère maintenant au Samuel Beckettt australien, à ne pas confondre avec le Samuel Beckett irlandais. Ils n'ont pas apprécié. Alors maintenant, cela s'appelle juste "Jeu". » [Je traduis. Ce sera le cas pour toutes les citations de cet entretien.])

40 Voir illustration nº 14.

41 Voir illustration nº 15.

42 Voir illustration nº 16.

prou l'équivalent pour nous, Français, de Madeleine Renaud à l'ombrelle sur la couverture d'*Oh les beaux jours* chez Minuit. Une telle illustration rappelle sans conteste aux connaisseurs et suggère volontiers aux néophytes que ce jeu anonymisé est bel et bien d'origine beckettienne ; c'est signifier *Godot* sans avoir besoin de le dire. Outre cette référence scénique et éditoriale, l'écran d'accueil de *Game* rappelle les jeux de jadis avec ses choix familiers : un joueur ou deux ; niveau facile ou difficile. Mais ce qui est habituel pour un jeu devient plus étonnant lorsqu'il s'agit de l'adaptation d'une pièce de théâtre : c'est poser la pièce comme un script modulable. Du reste, la blague repose ici sur le fait que le jeu ne change pas du tout selon le degré de difficulté choisi et quasiment pas selon le nombre de joueurs.

Après l'écran d'accueil et ses choix s'ensuit un autre où l'on opte cette fois pour le personnage que l'on souhaite incarner : Didi ou Gogo[43]. Ce sont en effet les noms que retient le créateur du jeu, c'est-à-dire les noms tels qu'ils apparaissent dans les dialogues et non tels que les emploie le didascale, sans doute parce que ces surnoms enfantins, comiques et sonnants sont plus appropriés au contexte vidéoludique que Vladimir et Estragon, assurément plus étranges. Plus importante que les nominations est la similarité des avatars. Seule une variation chromatique distingue un personnage de l'autre : chandail vert pour Didi, chandail fuchsia pour Gogo[44].

Notons que l'écran de choix entre Didi et Gogo apparaît également lorsque le joueur choisit la version à deux personnages. Il a alors comme seul effet de faire varier le « joueur 1 » (à gauche, que l'on manipule avec les touches S et D, main gauche) et le « joueur 2 » (que l'on manipule avec les flèches directionnelles, main droite). Si l'on choisit Didi, il sera le personnage de gauche manipulé par le « joueur 1 » et Gogo sera le personnage de droite manipulé par le « joueur 2[45] » ; inversement si l'on choisit Gogo.

Deux remarques s'imposent. Premièrement, plusieurs de ces choix – facile/difficile ; Didi ou Gogo – n'ont aucun impact sur la suite du jeu. Ils renvoient à une sorte de protocole vidéoludique mais sans aucune conséquence tangible. Tout au plus créent-ils une situation citationnelle,

43 Voir illustration n° 17.
44 Voir illustration n° 18.
45 Voir illustration n° 19.

qu'elle se teinte pour le joueur de nostalgie ou, au contraire, de connivence ironique. Disons-le clairement : du point de vue du joueur, ce sont des *gestes pour rien*. Ils illustrent assez exactement l'expression anglosaxonne : *to go through the motions*. Dans l'optique d'une adaptation de Beckett, c'est plutôt bienvenu : faire ce qu'on est censé faire – par convention, habitude, nécessité peut-être – mais sans réel intérêt ou implication. C'est s'engueuler et se rabibocher pour tuer le temps ; c'est revenir tous les jours au pied d'un arbre pour attendre un personnage qui ne vient jamais. C'est faire des gestes, non des actes.

Deuxièmement, ces différents choix liminaires renouent avec le substrat mathématique de la dramaturgie beckettienne, à savoir le goût des combinaisons. Avec les trois choix offerts successivement au joueur – un joueur ou deux ? facile ou difficile ? Didi ou Gogo ? – *Game* offre huit situations de départ différentes :

1) un joueur + facile + Didi ;
2) un joueur + facile + Gogo ;
3) un joueur + difficile + Didi ;
4) un joueur + difficile + Gogo ;
5) deux joueurs + facile + Didi ;
6) deux joueurs + facile + Gogo ;
7) deux joueurs + difficile + Didi ;
8) deux joueurs + difficile + Gogo.

On objectera qu'un joueur standard ne se mettrait certainement pas en peine d'épuiser les possibilités offertes par le dispositif ludique là où Beckett prévoit au contraire précisément l'exécution des combinaisons[46]. Ce serait oublier que le jeu conçu par Mike Rosenthal, parce qu'il est profondément hypertextuel et ironique, ne s'adresse sans doute pas à des joueurs comme les autres… Après tout, l'auteur évoque le cas d'un joueur ayant atteint le niveau 99[47], ce qui prend somme toute un peu moins d'une heure mais réclame tout de même une bonne dose d'endurance, on va le voir. Par curiosité, le joueur peut donc être tenté d'explorer les possibilités du jeu ; *a minima*, il tentera peut-être de jouer

46 C'est le cas magistralement dans *Quad* mais cette chorégraphie télévisuelle ne fait que radicaliser une prémisse qui se trouve déjà trente ans plus tôt dans l'échange des chapeaux entre Vladimir et Estragon.

47 Voir *infra* note n° 61.

avec l'un, l'autre, puis les deux personnages, ou bien de tenter une partie en niveau facile puis difficile afin de découvrir s'il y a des différences notables d'une combinaison à l'autre. Il se rendra vite compte que ce n'est pas le cas et s'en amusera probablement.

Entre l'écran du choix de personnages et la partie proprement dite, le joueur rencontre un écran de niveau avec le nombre de vies disponibles[48]. Cet écran réapparaît à chaque intermède, c'est-à-dire à l'articulation entre deux niveaux, et ne changera jamais puisque, comme c'est souvent le cas chez Beckett, on ne peut abréger sa vie ni ses souffrances. Il me semble d'ailleurs que le créateur du jeu est ici passé à côté d'une occasion de « signifier quelque chose » (*FP*, 49) : le joueur aurait pu n'avoir qu'une seule vie en début de partie au lieu de trois. Certes, disposer de trois vies au commencement est un trait courant des jeux de première et deuxième générations, à l'imitation probable des trois boules du « billard électrique ». En revanche, une seule vie – qu'on ne peut perdre, *a fortiori* – aurait résonné davantage avec le propos existentiel de la pièce de Beckett, quand bien même l'on aurait perdu la référence vidéoludique…

Répétons-le : le choix de tel ou tel personnage ou même le choix de jouer à deux personnages n'influe en rien sur la progression. En d'autres termes, il y a une identité d'expérience d'un individu à l'autre, ce qui est évidemment rendu visuellement. Les personnages du jeu portent le chapeau melon, comme ceux de la pièce. C'est un facteur de reconnaissance – c'est pratiquement la seule chose que l'on sait de leur aspect[49] – mais aussi un facteur d'uniformité : « *Tous* ces personnages portent le chapeau melon. » (*G*, 46, je souligne). On constate une uniformisation comparable dans *Game*, encore facilitée par la faible définition de l'image, la violente pixellisation qui implique une absence de visage. Didi et Gogo portent le même pantalon orange, le même chapeau noir[50] ; seule la couleur de leur tunique diffère.

---

48 Voir illustration n° 20.

49 « De leur aspect j'ai dû indiquer le peu que j'ai pu apercevoir. Les chapeaux melon par exemple. » (Samuel Beckett, Lettre à Michel Polac, cité dans *G*, 4e de couv.).

50 Citons en passant cette phrase du créateur du jeu visant à expliquer son choix d'un graphisme aussi élémentaire au point de rendre les personnages indistingables sinon par la couleur : « Another reason I went with the Atari aesthetic was because it was easy. Drawing people is hard. But with pixel art, I draw a few black squares and the player will see a hat. But it isn't a hat. It's a few black squares. » (Propos de Mike Rosenthal,

Cette similarité qui vaut dans le jeu vaut aussi pour la parabole allégorique qu'est la pièce de Beckett. Certes, Vladimir n'est pas Estragon et *vice versa*. De même, leur binôme n'est pas identique à celui formé par Pozzo et Lucky. Mais tous ces personnages sont des « semblables[51] », tous sont des hommes[52], tous incarnent l'humanité[53] ; tous partagent donc la même expérience existentielle, celle que *L'Innommable* résume en quatre verbes : « vagir, chialer, ricaner et râler » (*I*, 81). On naît, on souffre, on rit (jaune ou cruellement), on meurt. Dans les bornes des actions dramatiques beckettiennes, on assiste généralement à une partie seulement de cette existence quadripartite : essentiellement, la souffrance et la dérision. Il n'y a pas de naissance dans le théâtre de Beckett et, si la mort rôde souvent (vieillesse, maladie, tentation du suicide), elle ne frappe guère. Dans *Godot*, tout particulièrement, le personnel dramatique ne compte aucune perte ; gardons ce fait en tête.

Dans tous les cas, en mode facile ou difficile, à un ou à deux joueurs, on vit la même expérience et elle est déceptive, pour parler par euphémisme. En effet, quand on entre vraiment dans le jeu intitulé *Game*, on ne peut qu'être surpris par le peu de validité du terme. S'il y a jeu, il est moins interactif qu'ironique. On repère de fait aisément les deux gags principaux. Le premier consiste en une pénurie d'action. Le joueur n'a qu'une seule action à sa disposition, à savoir se déplacer vers la droite ou vers la gauche : il peut conduire son personnage latéralement d'un bord de l'écran à l'autre mais pas davantage, impossibilité de sortir de « scène » qui rappelle d'ailleurs vaguement *Acte sans paroles I*. La plaisanterie est d'ailleurs discrètement redoublée dans la mesure où l'écran d'accueil notait, dans la plus pure tradition vidéoludique[54], quatre commandes disponibles : WASD (soit ZQSD en clavier Azerty) : en

dans Salvatore Pane, « The Rumpus interview with Mike Rosenthal », art. cité ; « Si j'ai opté pour l'esthétique Atari, c'est aussi parce que c'était facile. Dessiner des personnages, c'est difficile. Mais avec le pixel art, je dessine quelques carrés noirs et le joueur verra un chapeau. Mais ce n'est pas un chapeau. Ce sont quelques carrés noirs. ») Ces dernières phrases ont définitivement quelque chose de magrittien…

51 « [POZZO. –] Je ne peux me passer longtemps de la société de mes semblables, (*il regarde les deux semblables*), même quand ils ne me ressemblent qu'imparfaitement. » (*G*, 32).

52 « POZZO. – Qui êtes-vous ? / VLADIMIR. – Nous sommes des hommes. » (*G*, 115).

53 « [VLADIMIR. –] Mais à cet endroit, en ce moment, l'humanité c'est nous, que ça nous plaise ou non. » (*G*, 112).

54 En réalité, WASD n'est devenu la norme que dans la seconde moitié des années 1990, avec le développement des jeux 3D comme *Quake* et la nécessité d'utiliser la souris pour appréhender visuellement l'espace (« mouselook »). Auparavant, les flèches directionnelles suffisaient.

haut, à gauche, en bas, à droite. Dans les faits, les touches W et A (soit Z et Q) ne servent à rien puisque les personnages ne peuvent ni monter ni descendre. Le *gameplay* est non seulement minimal mais *visiblement* minimalisé : pas de déplacements verticaux, que des déplacements horizontaux. Les mouvements sont limités en nature, contraints dans un espace borné latéralement et sans aucune profondeur[55]. C'est une façon plutôt astucieuse de renvoyer au « Rien à faire. » (*G*, 9) inaugural de la pièce de Beckett. Le jeu baigne en tout cas dans une ambiance d'inconséquence et d'inanité, peut-être encore plus que dans l'hypotexte. Il peut y avoir du théâtre avec un minimum d'action et drame[56] ; mais peut-il y avoir un jeu sans enjeu, avec un spectre d'action aussi limité et sans progression aucune ? Abstraitement, la réponse est « oui » ; mais il convient alors de remplacer cette part interactive par autre chose comme un substrat narratif fort ou un *game design* original (ce que fait par exemple le jeu *Beckett*). Ce n'est évidemment pas le cas du jeu de Mike Rosenthal.

Le deuxième gag consiste en un détournement plaisant d'une structure familière du jeu vidéo : la succession niveau / *boss* de fin de niveau, cet ennemi plus puissant qui vient conclure chaque séquence du jeu. Sauf qu'en l'occurrence on attend ce *boss* en vain, comme on attend en vain Godot[57]. Le créateur du jeu superpose habilement ce qui fait le noyau de la pièce (l'attente infinie du personnage-titre, sa venue étant pourtant annoncée à la fin de chaque acte pour le suivant) à une formule vidéo-ludique éprouvée et qu'il détourne : annonce du *boss* suivie de l'absence du *boss*… Et le jeu répète le gag *ad nauseam*, niveau après niveau : il n'y a pas et il n'y aura jamais de *boss* de fin alors même qu'un écran indique à chaque fin de niveau « BOSS BATTLE ». Ce faisant, Mike Rosenthal radicalise la structure répétitive de *Godot* mais annule l'amoindrissement qui caractérise globalement la pièce[58], car rien ne change d'un niveau à l'autre. Dès lors, il met en évidence jusqu'à la caricature la structure perlée (Alain Badiou) et les effets de rime qui caractérisent *Godot*, même

---

55 *Game* reproduit la 2D extrême des jeux de jadis.

56 On notera tout de même qu'*En attendant Godot* paraît presque frénétique comparé à d'autres pièces plus tardives de Beckett comme *L'Impromptu d'Ohio* ou *Berceuse*.

57 Voir illustration n° 21 (vidéo également disponible à l'adresse suivante : https://youtu.be/DP1NZhW7rRM.

58 *Godot* est fondé sur une réduplication/réduction d'un acte à l'autre même si c'est moins poussé et moins frappant que dans *Oh les beaux jours* ou *Quad*.

s'il les vide de tout relief et donc de tout intérêt : tandis que la pièce travaille savamment la redite/altération, le jeu se contente d'une pure redite de niveau en niveau *ou quasiment.*

De fait, en dépit de l'extrême cyclicité du jeu, « Quelque chose suit son cours. » (*FP*, 28, 49). Dès le niveau 2, un nuage apparaît en haut à gauche de l'écran. Il progressera latéralement tout au long du jeu jusqu'à disparaître par le bord droit plusieurs dizaines de niveaux plus tard[59]. Il est question d'un nuage dans la pièce mais c'est furtif et il reste probablement hors de vue[60]. Dans le jeu, au contraire, le nuage est omniprésent. En lieu et place des feuilles de l'arbre (indice scénographique d'une variation temporelle même si elle manque singulièrement de précision), il est le seul élément de *Game* qui prouve une linéarité/continuité, et de manière encore plus nette que celle que suggère la pièce à travers l'évolution de Pozzo et Lucky. Au lieu de deux jours consécutifs (si l'on en croit la didascalie « le lendemain »), *Game* offre une infinité de moments – le jeu est littéralement sans fin – à la suite. On pense alors plutôt à *Fin de partie* : « Les grains s'ajoutent aux grains, un à un, et un jour, soudain, c'est un tas, un petit tas, l'impossible tas. » (*FP*, 15-16).

Il y a cependant un rebondissement – une « surprise[61] », selon le terme de Mike Rosenthal – au niveau 99 : Didi et Gogo gisent à même le sol[62]. Les crânes et tibias croisés au-dessus d'eux ne laissent aucun doute : ils sont morts. Là encore, c'est d'abord un gag faisant référence aux écrans de récompense que l'on trouve parfois lorsque l'on finit un jeu vidéo ou que l'on atteint un niveau élevé. Mike Rosenthal offre à son joueur une forme de *succès*[63] – puisque quelque chose de nouveau et d'inattendu se passe et vient récompenser la patience du joueur – mais c'est un succès passablement ironique puisqu'il s'agit de la mort des avatars… Dans l'univers de Beckett, cela dit, ce pourrait bien être là une forme de victoire : cela réaliserait le désir de mettre un terme à ses jours – tel qu'il s'exprime de manière récurrente dans *Godot* – et résoudrait

59 Voir illustration n° 22.

60 « ESTRAGON. – […] Regarde-moi ce petit nuage. / VLADIMIR (*levant les yeux*). – Où ? / ESTRAGON. – Là, au zénith. / VLADIMIR. – Eh bien ? (*Un temps.*) Qu'est-ce qu'il a de si extraordinaire ? » (*G*, 118).

61 « One guy told me he made it to the surprise at the level 99. » (Propos de Mike Rosenthal, dans Salvatore Pane, « The Rumpus interview with Mike Rosenthal », *op. cit.* ; « Un gars m'a dit qu'il était allé jusqu'à la surprise du niveau 99. »)

62 Voir illustration n° 23.

63 C'est le terme en usage dans l'univers vidéoludique, traduction de l'anglais *achievement.*

l'aporie ainsi formulée dans « La fin » : « [...] sans le courage d'en finir ni la force de continuer. » (« La Fin », *TPR*, 112). Mais cette mort n'est pas la fin. En guise de dernière pirouette, le jeu ne s'arrête pas au niveau 99 mais repart du niveau 1 avec Didi et Gogo toujours morts à l'écran. Même si c'est passablement affaiblir le terme théorique que constitue la mort, on peut faire son miel de cet effet de boucle : même la mort n'a pas de conséquence dans *Game* puisque le jeu continue. Il n'y pas de *game over*, ce qui est le sentiment qui se dégage de nombre de pièces de Beckett, *Godot* en tête. *Rien à faire : il faut continuer*[64]...

L'adaptation est donc fidèle à certains traits obvies de la philosophie beckettienne. Dans le détail et du point de vue de l'esthétique, c'est un peu plus mélangé, ne serait-ce parce que Mike Rosenthal court deux lièvres à la fois : rendre hommage à Beckett d'un côté et payer tribut aux formes originelles du jeu vidéo de l'autre. Dans cette perspective, la réduction à deux personnages et même un seul, si le joueur le désire, pose problème. C'est assurément se plier aux codes vidéoludiques que de proposer une partie « solo » ; mais une version de *Godot* avec Didi mais sans Gogo (ou l'inverse) paraît abusive tant les deux compères paraissent dramatiquement inséparables. Ce réflexe – patrimonial ? – ne tient pourtant pas longtemps. Réduire *Godot* à un personnage n'est finalement pas si différent que de le réduire à deux : c'est seulement radicaliser la prémisse de la pièce en coupant les possibilités de divertissement. Didi et Gogo ne sont pas seuls dans la pièce mais ils sont seuls à l'écran : ni Pozzo ni Lucky ni le jeune garçon n'interviennent. Le jeu se débarrasse de ce que l'on peut considérer comme des intermèdes, des coupures au sein de l'activité essentielle de Didi et Gogo. En proposant une partie « solo », il élimine encore la possibilité de tuer le temps par le duo, par le « dialogue ». Il réduit le drame à son noyau dur : Didi et/ou Gogo bloqués dans un *hic et nunc* délétère, impliquant une absence d'ailleurs – « J'ai coulé toute ma chaude-pisse d'existence ici, je te dis ! Ici ! Dans la Merdecluse ! » (*G*, 86) – et de lendemain ou, du moins, de lendemain différant suffisamment de l'aujourd'hui. Telle est l'« *horreur de [la] situation* », pour paraphraser une didascalie de la pièce (19). Même les quelques feuilles à l'arbre peuvent constituer l'indice d'une immense ironie de la nature, cyclique et renaissante, face

64 Je rapproche évidemment les deux formules choc utilisées à l'ouverture de *Godot* (*G*, 9) et dans l'explicit de *L'Innommable* (*I*, 212-213).

à l'existence humaine qui est sans doute cyclique – la même attente quotidienne – mais dans le cadre global d'une dégradation linéaire, c'est-à-dire selon un principe de corruption croissante. En gros, c'est la même chose mais en pire : « plus on va, moins c'est bon » (27), constate Estragon ; mais on s'y fait malgré tout car « l'habitude est une grande sourdine » (128).

L'*ici* que donne à voir le jeu mérite qu'on s'y arrête : un sol vert (de l'herbe ?), un arbre marron (celui du premier acte, sans feuilles), un ciel gris-bleu[65], un nuage blanc. Certes, il n'y a pas de rocher et on ne voit pas vraiment la route mais c'est bien la campagne de la pièce, seulement stylisée à l'extrême : sol et ciel se situent de part et d'autre d'une ligne parfaitement droite ; le nuage (un *cumulus humilis* ?) est assez conventionnellement dessiné. Cette absence de nuance appuie l'effet global de dénuement. À cet égard, le choix de graphismes imitant ceux des consoles de 2e génération, notamment l'Atari 2600[66], est significatif. Mike Rosenthal appuie d'ailleurs la référence en optant pour des *color blocks* sans nuance et une surpixellisation produisant un fort effet de crénelage. De fait, il y a un monde entre le graphisme de l'écran d'accueil et celui du jeu lui-même[67]. Simplement dit, Rosenthal prend un parti de brutalité – de brutalisme ? – graphique ; il fait consciemment retour vers la naïveté des graphismes 8-bits de la fin des années 1970 et début des années 1980[68].

Il en va un peu de même pour la musique. *Game* comprend trois phrases musicales en tout : une au début du jeu (pendant l'écran d'accueil), une pour les niveaux et une pour les *boss battles*. Pour les niveaux standard, la mélodie est simplissime. Ce sont ces quatre mesures répétées une fois :

65 Le ciel ne variera jamais au cours du jeu : pas de tombée de la nuit ni de clarté argentée due à la lune.

66 Cette console 8-bits, commercialisée en 1977, possédait une résolution assez faible (160x192) et une palette de couleurs restreinte (128). Les possibilités graphiques étaient donc limitées.

67 Voir illustration n° 24.

68 Voir illustration n° 25.

Pour les *bosses* de fin de niveau, la mélodie se réduit à deux notes sur deux mesures :

La différence de registre entre les deux mélodies – une musique plutôt gaie et enlevée pour les niveaux et une musique plus inquiétante (deux octaves plus bas, enchaînement plutôt dissonant) pour les séquences de *boss* de fin – est assez proche dans ce qu'on trouve dans les jeux de jadis. On pense par exemple, même s'ils sont autrement plus développés et complexes que ceux de *Game*, aux thèmes « Overworld » et « Underworld » de *Super Mario Bros*[69].

La musique la plus complexe – et le mot est assurément exagéré car à peine y a-t-il une syncope à la première mesure et un demi-temps vide avant de reprendre en boucle[70] – est celle accompagnant l'écran d'accueil :

Game présente en somme un environnement musical extrêmement basique, rapidement insupportable du fait de son caractère répétitif et de sa tonalité aigrelette. Ces trois mélodies utilisent en effet des sons synthétisés, dans la plus pure tradition du *chiptune*, cette musique composée pour et générée par les puces audios des ordinateurs et des consoles[71]. Notons cependant que, même avec les moyens réduits du

69 Ces thèmes, archicélèbres dans l'univers vidéoludique, ont été composés par Koji Kondo. On peut aisément les écouter en ligne, URL : <https://www.youtube.com/watch?v=L4PxvY2gjP0> (« Overworld ») ; <https://www.youtube.com/watch?v=ox2Fjp9oeAI> (« Underwold ») [consultés le 09/06/2020].

70 Peut-être y a-t-il aussi une ou deux doubles croches dans la seconde mesure mais c'est affaire d'interprétation : le *chiptune* donne en effet parfois lieu à des oscillations sonores donnant l'impression que la note est géminée.

71 Pour plus d'informations, voir Kevin Driscoll and Joshua Diaz, « Endless loop : A brief history of chiptunes », *Transformative Works and Culture*, vol. 2, 2009 ; URL : <https://doi.org/10.3983/twc.2009.096> [consulté le 09/06/2020].

chiptune, la musique des jeux vidéo des années 1980 atteignait rarement ce degré de pauvreté et, par extension, d'agacement pour le joueur. Disons-le autrement : *Game* est pourvu d'une musique ironiquement mais implacablement réduite à l'essentiel en ce qui concerne l'harmonie (pas d'accord, que des notes brutes), le rythme (une majorité de croches continues sans contretemps) et la mélodie (un maximum de sept notes).

On peut faire fond sur cette musique et ces graphismes simplifiés à l'extrême pour lancer une passerelle vers le théâtre des années Cinquante. En effet, le Nouveau Théâtre a peu ou prou tenté à la scène ce que les avant-gardes historiques avaient expérimenté pour les arts plastiques – et, dans une moindre mesure, pour la musique – à savoir se détourner des fioritures pour revenir à l'essentiel. C'est ce qu'avance Ionesco dans « Expérience du théâtre » :

> Depuis Klee, Kandinsky, Mondrian, Braque, Picasso, la peinture n'a fait qu'essayer de se libérer de ce qui n'était pas peinture : littérature, anecdote, histoire, photographie ; les peintres tentent de redécouvrir les schèmes fondamentaux de la peinture, les formes pures, la couleur en soi. [...] Si l'on a pu croire d'abord qu'il s'agissait d'une certaine désagrégation du langage pictural, il ne s'agissait, dans le fond, que d'une ascèse, d'une purification, du rejet d'un langage parasitaire. De même, c'est après avoir désarticulé des personnages et des caractères théâtraux, après avoir rejeté un faux langage de théâtre, qu'il faut tenter, comme on la fait pour la peinture, de le réarticuler – purifié, essentialisé[72].

L'hypothèse d'une essentialisation du langage théâtral paraît plus pertinente encore pour Beckett que pour quiconque car il a creusé obsessionnellement son sillon : redire, réduire, renverser, mathématiser, etc. En somme, si Mike Rosenthal opte pour des graphismes aussi rudimentaires, ce n'est pas seulement pour rendre un hommage nostalgique aux jeux d'antan ; c'est aussi parce que Beckett fait le choix de *grossir le trait* dans sa pièce. *En attendant Godot* est une pièce profonde et complexe mais sans doute pas une pièce subtile. Non seulement il est de la nature du théâtre d'accuser régulièrement le trait afin de *porter*[73] ;

72 Eugène Ionesco, « Expérience du théâtre » [1958], *Notes et contre-notes*, Paris, Gallimard, « Folio ; Essais », 1991 [1966], p. 68.

73 Alain l'a dit et Larthomas le reprend : « Le théâtre est [...] un de ces arts abstraits et sévères [...] qui périssent par la recherche des nuances et des finesses. » (Alain, *Le Système des Beaux-Arts*, livre V, chap. 3 ; cité par Pierre Larthomas, *Le Langage dramatique. Sa nature, ses procédés*, Paris, PUF, « Quadrige », 2001 [1972], p. 36.)

mais les néo-dramaturges ont plus souvent qu'à leur tour opté pour le grossissement, la caricature, le redoublement.

Ces graphismes rudimentaires ont encore un autre avantage aux yeux du créateur du jeu : ils réclament la participation active du joueur, l'obligent à se faire interprète de l'image et parient sur sa capacité à faire le chemin pour compenser le manque à voir. Selon Mike Rosenthal :

> NES games had low-quality graphics and nonsense gameplay, so it's really up to the player to figure out what you're doing. [...] with games like *Bubble Bobble*, you have no clue what the hell is going on. [...] We had to figure out that green means grass, blue means water, that guy on the screen is holding a sword and that squishy enemy over there has a body made of jelly[74].

Et Mike Rosenthal de rapprocher ces jeux de la pièce :

> Beckett's play has a similar effect on the audience. The characters on the stage don't explicitly state what's going on, so it's up to us to decide. I think you get a much better reaction out of the audience when you make them a part of it, and my game kind of exaggerates that idea. When someone plays *Waiting for Godot*, the game is so simple and minimal and stupid that it's practically non-existent. It's all the player[75].

C'est donc au récepteur de fournir l'effort. Non seulement la pièce et le jeu qui l'adapte réclament une participation accrue mais elles sont aussi indifférentes aux interprétations que l'on peut formuler :

> And the game doesn't care if you don't get it. That's your burden to live with. And I love that attitude. It reminded me so much of Beckett. In my opinion, that's the same mindset Beckett had when writing *Waiting for Godot*. Who cares if the audience doesn't get it ? That's their fault for being dumb[76].

---

74 Propos de Mike Rosenthal, dans Salvatore Pane, « The Rumpus interview with Mike Rosenthal », *op. cit.* (« Les jeux NES avaient des graphismes de mauvaise qualité et un *gameplay* absurde, donc c'est vraiment au joueur de comprendre ce qu'il doit faire. [...] avec des jeux comme *Bubble Bobble*, vous n'avez aucune idée de ce qui se passe. [...] On a dû décrypter que vert signifie herbe, bleu signifie eau, que ce gars à l'écran tient une épée et que cet ennemi spongieux là-bas a un corps en gelée. »)

75 *Ibid.* (« La pièce de Beckett a un effet similaire sur le public. Les personnages sur scène ne disent pas explicitement ce qui se passe, donc c'est à nous de décider. Je pense qu'on obtient une bien meilleure réaction de la part du public quand on le fait participer et mon jeu exagère un peu cette idée. Quand quelqu'un joue à *En attendant Godot*, le jeu est si simple, si minimal et si stupide qu'il est pratiquement inexistant. Tout repose sur le joueur. »)

76 *Ibid.* (« Et le jeu s'en fiche si vous ne comprenez pas. C'est votre fardeau à porter. Et j'adore cette attitude. Ça m'a tellement rappelé Beckett. À mon avis, c'est la même mentalité

C'est sans doute un peu extrême de considérer Beckett méprisant totalement le pôle de la réception. Reste que c'est un auteur qui demeure notoirement élusif – on connaît son refus de s'expliquer jusqu'à fameusement prétendre qu'il n'est pratiquement qu'un arrangeur sonore et spectaculaire[77] – ne cherchant ni à mâcher le travail ni à ménager le public. Roger Blin évoque « ce don que possède Beckett de la provocation » et raconte : « Il est arrivé que des spectateurs quittent la salle car ils ne supportaient pas certains passages que Martin [*interprétant Lucky*], tremblant et bavant, parvenait à rendre parfaitement insoutenables[78]. » De fait, la pièce est comme Estragon : « impitoyable » (*G*, 17). En cela, l'adaptation de Mike Rosenthal touche encore la cible : « The game is pretty difficult in a way, but rather than testing your reflexes, it tests your patience[79]. » Un *gameplay* réduit à presque rien, l'absence de progression et de récompense, la cyclicité sans faille, la musique particulièrement irritante, tout cela est bel et bien conçu pour tester le joueur.

Surtout, et c'est sans doute l'essentiel lors d'une transmodalisation, *Game* remet en cause ses propres caractéristiques admises. Dit très simplement, c'est un programme vidéoludique qui déjoue les attendus du jeu. C'est certes une tendance assez répandue dans le paysage vidéoludique actuel – *visual novels*, *walking simulators*… – mais l'adaptation de Mike Rosenthal constitue malgré tout une sorte de sommet du genre. Y est niée non pas l'interaction – on peut en effet manipuler le(s) personnage(s) même si la gamme gestuelle est très réduite – mais l'action *comme geste conséquent* : faire ou ne rien faire reviennent au même ; le jeu se déroule exactement de la même manière que l'on actionne l'avatar ou pas. Comme dans la pièce, il y a une part d'action mais elle est très réduite et

---

que Beckett avait quand il écrivait *En attendant Godot*. Peu importe si les spectateurs ne comprennent pas ! C'est leur faute s'ils sont bêtes. »)

77 « My work is a matter of fundamental sounds (no joke intended), made as fully as possible, and I accept responsibility for nothing else. If people want to have headaches among the overtones, let them. And provide their own aspirin. » (Samuel Beckett, Lettre à Alan Schneider [29 décembre 1957], *Dsj*, 108 ; « Mon œuvre est une affaire de sons fondamentaux (blague à part), émis aussi pleinement que possible, et je n'accepte la responsabilité de rien d'autre. Si les gens tiennent à se donner des migraines avec les harmoniques, libre à eux. Et qu'ils se procurent leur propre aspirine. » [Je traduis.])

78 Roger Blin, *Souvenirs et propos (recueillis par Lynda Bellity Peskine)*, Paris, Gallimard, 1986, p. 87 et 91.

79 Propos de Mike Rosenthal, dans Salvatore Pane, « The Rumpus interview with Mike Rosenthal », *op. cit.* (« En un sens, le jeu est assez difficile ; mais plutôt que de mettre à l'épreuve vos réflexes, il met à l'épreuve votre patience. »)

presqu'entièrement dépouillée de ce qui fait d'habitude l'intérêt d'un jeu (vidéo ou autre) : le plaisir. Passé l'amusement initial dû à la dimension parodique du jeu et aux gags évoqués plus haut, le joueur se retrouve face à une expérience qui s'étire péniblement. Et Mike Rosenthal de s'en réjouir : « Taking all the fun out of a game is funny. Basing a game on a play where nothing happens is funny. And people played it[80] ! » *In fine*, *Game* tient bien de l'*anti-jeu* exactement comme certaines pièces du Nouveau Théâtre se sont voulues des anti-pièces. C'est également un méta-jeu et, là encore, le parallèle avec le Nouveau Théâtre s'impose. Depuis *Eleutheria* jusqu'à *Catastrophe* en passant par les dénudations de *Godot* ou la mise en abyme de *La Dernière Bande*, Beckett n'a jamais dédaigné les effets de métathéâtralisation. Mais la part de *méta* et d'*anti* est sans doute plus importante dans le jeu que dans n'importe quelle pièce des années cinquante. *Game* est un commentaire plus qu'un jeu là où *En attendant Godot* reste une pièce de théâtre et, *a fortiori*, l'une des meilleures du répertoire contemporain. Qu'elle mette à l'épreuve le drame et le théâtre, assurément ; mais pas au point d'être illisible ou inregardable. *Game* est pratiquement un non-jeu, là où *En attendant Godot* est (évidemment) une vraie pièce. On y verra une nouvelle preuve qu'une transmodalisation parfaite est impossible ; une œuvre n'est pas une série d'idées mises en narration ou en drame ; elle est pleinement *forme-sens*...

En prenant un peu de hauteur par rapport aux occurrences vidéoludiques évoquées dans ces pages, on s'aperçoit que, la plupart du temps, la silhouette de Beckett apparaît soit dans des jeux où l'on déjoue (*Beckett*, *Game*), soit à propos d'un logiciel de conception de jeux vidéo. En tirant un peu les concepts, on en conclut que la présence vidéoludique de Beckett est à la fois *métaludique* et *hypoludique*. À défaut d'être complet, c'est là un portrait esthétique cohérent.

Benoît BARUT

80 *Ibid.* (« C'est drôle d'enlever tout le plaisir d'un jeu. Fonder un jeu sur une pièce où rien ne se passe, c'est drôle. Et les gens y ont joué ! »)

SIGLES ET ÉDITIONS CITÉS

DB	*La Dernière Bande* suivi de *Cendres*. Paris, Minuit, 2005.
Dsj	*Disjecta*. London, John Calder, 1983.
FP	*Fin de partie*. Paris, Minuit, 2001.
G	*En attendant Godot* [1952]. Paris, Minuit, 2001.
I	*L'Innommable*. Paris, Minuit, « Double », 2004.
TPR	*Nouvelles et Textes pour rien*. Paris, Minuit, 1955.

PIXELS AND PUPPETRY

De quelques avatars pop de *Godot* (II) – *Godot* télévisuel

De manière assez surprenante, le nom *Samuel Beckett* a été utilisé, et à deux reprises, par des séries télévisées des années 1980-1990. D'une part, il désigne un jeune soldat travaillant au service mortuaire de l'armée américaine pendant la guerre du Vietnam dans la série *China Beach*[1]. D'autre part, il renvoie au personnage principal de *Quantum Leap* (*Code Quantum*)[2], ce spécialiste en physique quantique et de la théorie des cordes qui passe d'une époque à l'autre (chrononaute) et d'un corps à l'autre (*sômanaute*…). Cependant, dans l'un et l'autre cas, rien ne rattache concrètement ces homonymes à l'auteur de *Godot*. L'un des épisodes de *China Beach* a beau être intitulé « Waiting for Beckett », ce n'est là qu'un clin d'œil sans réelle substance[3]. Quant à *Code Quantum*, une laconique réplique dans l'un des épisodes fait le lien entre le personnage et le dramaturge mais sans creuser davantage[4]. Ces nominations sont donc anecdotiques.

1 John Sacret Young et William Broyles Jr., *China Beach*, Sacret, Inc./Warner Bros. Television, 1988-1991. Voir illustration n° 26.

2 Donald P. Bellisario, *Quantum Leap*, Belisarius Productions/Universal Television, 1989-1993. Voir illustration n° 26.

3 Un résumé de cet épisode de *China Beach* (S01E04, Kevin Hooks [dir.], Terry McDonell [aut.], diff. 18/05/1988) est disponible en ligne, URL : <https://www.paleycenter.org/collection/item/?q=south&p=85&item=B :12823> [consulté le 09/06/2020].

4 L'épisode en question s'intitule « Honeymoon Express » (S02E01, Aaron Lipstadt [dir.], Donald P. Bellisario [aut.], diff. 20/09/1989). La fable prend place en avril 1960. Sam Beckett, le chrononaute, est transféré dans le corps d'un tout jeune marié en route vers sa lune de miel. Pour éviter d'avoir à coucher avec la jeune épouse, il lui révèle qu'il est un voyageur temporel du nom de Samuel Beckett. Et, pensant qu'il s'agit une plaisanterie et cherchant à jouer le jeu, la jeune femme lui demande s'il s'agit du dramaturge. La narration se poursuit sans plus évoquer la question. (Un résumé de l'épisode est disponible en ligne, URL : <https://quantumleap.fandom.com/wiki/Honeymoon_Express_%28episode%29> [consulté le 09/06/2020].) On trouve en ligne des théories visant à établir des passerelles entre l'œuvre de Beckett et la série

Beaucoup plus tangible est l'utilisation d'*En attendant Godot* dans l'épisode 16 de la saison 8 de la série *Urgences*, créée par Michael Crichton. Voici le contexte : suite à des comportements jugés inappropriés par la chef du service (Kerry Weaver), John Carter, Susan Lewis, Abby Lockhart, Luka Kovač et Michael Gallant sont requis d'assister à un séminaire de sensibilisation aux questions de harcèlement sexuel. Les voilà donc dans une salle de classe, attendant un conférencier qui tarde à venir et occupant le temps comme ils le peuvent, essentiellement en parlant. La situation commande logiquement le souvenir d'*En attendant Godot* :

> SUSAN : What's that play ?
> ABBY : What play ?
> SUSAN : The one where the two clowns are sitting around waiting for that guy who never shows up ?
> LUKA : *Waiting for Godot* ?
> SUSAN : Yeah… I saw that at the Goodman years ago… I didn't get it.
> LUKA : Ah. It's about the futility of life, human enterprise. And that we're all waiting ; for what ? Fulfillment, love, validation, approval ? It's a waste of time. Life is an empty hollow exercise filled with pain, loss and grief and the only thing we can expect to achieve in our lives is our own inevitable death.
> SUSAN : Wow. That is the most depressing thing I've ever heard[5].

D'emblée, on remarque un trait courant dès lors que l'on parle de Beckett, ou de toute forme culturelle moderniste un peu exigeante, tout particulièrement dans un cadre de *mass media* : la difficulté à

Code Quantum, notamment autour de la question du temps, mais elles n'ont rien de convaincant.

5 « Secrets and Lies » (S08-E16), Richard Thorpe (dir.) et John Wells (aut.), *E.R.* (*Urgences*), Constant c Productions / Amblin Entertainment / Warner Bros. Television, diff. 07/03/2002. Voir l'illustration n° 27 (vidéo également disponible à l'adresse suivante : https://youtu.be/LIdSbqhOAY0. ([…] SUSAN : C'est quoi déjà cette pièce ? / ABBY : Quelle pièce ? / SUSAN : Celle avec les deux clowns qui passent leur temps assis à attendre ce type qui ne vient jamais ? / LUKA : *En attendant Godot* ? / SUSAN : C'est ça… J'ai vu ça au Goodman il y a des années… J'ai rien pigé. / LUKA : Ah. Ça parle de la futilité de la vie, de l'aventure humaine. Et qu'on attend tous, quoi ? L'épanouissement, l'amour, l'acceptation, l'approbation ? C'est une perte de temps. La vie est un exercice vide et creux, rempli de douleur, de perte et de chagrin et la seule chose que l'on puisse espérer accomplir dans la vie, c'est notre propre mort, qui est inévitable. / SUSAN : Hé bé. C'est la chose la plus déprimante que j'aie jamais entendue. » [Je traduis. Ce sera le cas pour toutes les citations de l'épisode.])

comprendre. Susan confesse être passée à côté de la pièce et Luka offre, de manière assez professorale, une explication évidemment réductrice mais qui n'est nullement aberrante. Selon lui, la pièce serait une allégorie de la vie humaine, passée perpétuellement dans un état d'expectative, quelle que soit la chose que l'on espère. La figure de Godot serait du coup une manière d'énallage absolue, un cadre destiné à être rempli par des interprétations particulières mais qui ne valent qu'un temps : l'équivoque de la pièce met finalement par terre toute grille de lecture qui veut attribuer un seul nom à Godot. *In fine*, Luka fait en effet de la pièce une sorte de vanité littéraire qui place Beckett dans la descendance lointaine de l'*Ecclésiaste*, des baroques et des pessimistes du XIXe siècle. Ce n'est pas si mal, surtout en l'espace de vingt secondes. L'important n'est pourtant pas l'interprétation de Luka en elle-même mais que ce soit justement lui qui pose l'analyse ; l'intérêt tient davantage au locuteur qu'à la locution. De fait, le propos de l'épisode est socioculturel plus qu'esthétique ou philosophique. Carter, Susan, Luka, Abby et Gallant ont beau tous appartenir au corps médical, ils peignent une échelle sociale plus nuancée qu'il n'y paraît. Les considérations sociales, économiques, ethniques et même symboliques se croisent pour créer un groupe qui n'est homogène qu'en surface : trois médecins titulaires, un interne et une infirmière ; trois hommes, deux femmes ; quatre blancs, un noir ; quatre Américains, un étranger – en l'occurrence, un Croate, expatrié volontaire suite à la guerre des Balkans.

On peut détailler davantage. Carter – John Truman Carter III, de son nom complet – est issu d'une famille très riche et a reçu une éducation à l'avenant, à défaut d'affection parentale. Il incarne l'aristocratie américaine. Susan vient d'une famille appartenant à la *working middle class*, probablement dans les mêmes eaux que Kovač, nonobstant la variation géographique. Il est fils d'un conducteur de train, peintre amateur (surtout abstrait) à ses heures, et il note que sa famille bataillait financièrement quand il était enfant mais qu'ils étaient heureux. Susan rebondit – « Same here » (« Moi pareil ») – et dit qu'elle n'a jamais soupçonné que sa famille manquait d'argent et qu'elle a toujours eu ce dont elle avait besoin étant enfant : vêtements, nourriture, cadeaux à Noël. Il y a probablement une petite différence socioéconomique et dans le capital culturel entre ces deux personnages et Abby. Susan et

Kovač sont médecins tandis qu'Abby est infirmière : elle a même dû arrêter ses études de médecine en 3e année parce qu'elle ne pouvait plus payer les frais de scolarité. Gallant appartient probablement à un échelon encore inférieur. Il appartient à une fratrie de six dans une famille de militaires. Le père a été sous-officier pendant vingt-six ans et tous les enfants sont désormais employés dans les différents corps d'armée sauf le petit dernier de quatorze ans et la sœur jumelle de Gallant, parce qu'elle est atteinte d'une paralysie cérébrale. Gallant lui-même est réserviste et c'est l'armée qui paie ses études de médecine. Si l'on conjugue ces trois paramètres (famille de militaires, famille nombreuse et famille noire aux États-Unis), on obtient l'image-type d'un milieu modeste.

On a donc un spectre socioéconomique et socioculturel un peu plus étendu que ce à quoi l'on pourrait s'attendre de prime abord. Nonobstant les différences de détails, l'épisode se veut même une variation sur la prémisse de *The Breakfast Club*[6], film où cinq lycéens appartenant à des « mondes » différents se côtoient lors d'une retenue et se découvrent. En termes de séries télévisuelles, on parle d'« épisode bouteille » (*bottle episode*) : unité de lieu confinant au huis clos, personnel dramatique réduit, rythme ralenti, etc. Le but est de creuser les personnages et leurs relations par des dialogues. « I never knew that about you » est la phrase qui sous-tend cet épisode opportunément intitulé « Secrets and lies » (« Secrets et mensonges »). En l'occurrence, l'un des enjeux est de bousculer un peu les *a priori* sociaux. Carter a fait de l'escrime à l'école – « Of course you did… », répond Susan – mais c'est aussi le cas de Kovač. Abby a fréquenté Penn State, l'une des universités de la Ivy League, ce qui étonne Susan : « SUSAN : Really, you went to Penn State ? / ABBY : Yes. What, did you assume that I went to Community College because I'm a nurse[7] ? » Le discours prend alors un tour sociopolitique. Abby s'en prend d'abord à l'arrogance des médecins[8]. Selon elle, plus ou moins consciemment, ceux-ci jugeraient « vaguement pitoyable » le fait d'opter pour une carrière d'infirmière

6 John Hugues, *The Breakfast Club*, A&M Films / Channel Productions, 1985.

7 « Secrets and Lies », *op. cit.* (« SUSAN : C'est vrai, tu es allée à Penn State ? / ABBY : Oui. Pourquoi, parce que je suis infirmière, tu supposais que j'étais allée dans une fac de seconde zone ? »)

8 « ABBY : It's all of you, all doctors : you all think you're smarter than nurses because you have an M.D. » (*Ibid.* ; « ABBY : C'est vous tous, tous les médecins : vous pensez tous

ou le choix de s'engager dans l'armée pour une paie misérable[9]. Tout cela serait l'indice d'une structure de classes voire de castes, comme elle le souligne encore[10]. Le nom de Marx est prononcé à cette occasion, même si c'est en passant et par un Carter goguenard.

C'est dans cette perspective de réévaluation des idées préconçues qu'il faut étudier les références culturelles qui jalonnent l'épisode. Certaines appartiennent à la culture populaire – comme le film *Fame*[11] ou certains jeux télévisés comme *Survivor* et *Fear Factor*[12] – mais trois sont directement empruntées à la culture légitime : Whitman, Beckett et Shakespeare. *In fine*, Abby connaît Whitman comme Susan ; Luka récite Shakespeare de mémoire comme Carter (et même mieux que lui) ; Luka connaît et explique *Godot* à Susan même si c'est elle qui fait le lien entre la situation d'attente et la pièce de Beckett. Gallant participe moins que les autres aux échanges culturels mais c'est lui qui note que Whitman était abolitionniste et que le poème « *I Sing the Body Electric* » (« Je chante le corps électrique ») porte, du moins partiellement, sur la question de l'esclavage. Il appuie cette réflexion en notant que « English Lit. » était sa mineure à l'université, ce qui était également le cas d'Abby à Penn State. L'un et l'autre restent pourtant muets lors de l'échange autour de Beckett : Abby est montrée largement passive, tout comme Gallant, encore moins présent à l'image. En

que vous êtes plus intelligents que les infirmières sous prétexte que vous êtes *docteurs en médecine.* »)

9 « [ABBY :] You all look down on Gallant's family because they are military, like there's something vaguely pathetic about volunteering to defend our liberties with their lives for a crappy pay. » (*Ibid.* ; « [ABBY :] Vous regardez de haut la famille de Gallant parce que ce sont des militaires, comme s'il y avait quelque chose de vaguement pitoyable dans le fait de risquer volontairement sa vie pour défendre nos libertés et contre une paie minable. »)

10 « [ABBY :] It's a class thing ; it's a part of the educational cast system that we have in this country. » (*Ibid.* ; « [ABBY :] C'est un truc de classe ; ça fait partie du système de castes éducatives à l'œuvre dans ce pays. »)

11 Alan Parker, *Fame*, Paramount, 1980.

12 Créé par Charlie Parsons et diffusé depuis 2000 sur CBS, *Survivor* est le modèle de l'émission française *Koh Lanta* et repose sur les mêmes principes généraux. Conçu par NBC pour rivaliser avec ce programme, *Fear Factor* est d'abord diffusé entre 2001 et 2006 puis selon des reprises éphémères. La mécanique du jeu est simple : les candidats doivent surmonter leurs peurs ou dégoûts à travers trois épreuves. Les épreuves sont tantôt physiques (sauter d'un véhicule en marche à un autre, sauter d'un hélicoptère en vol au-dessus d'un lac), tantôt « mentales » (manger des larves d'insectes, être mis en contact direct avec des serpents, des rats, etc.)

compilant toutes les références, on s'aperçoit que Carter le privilégié en est resté à Shakespeare, soit le versant le plus classique de la culture, et qu'il ne fait montre d'aucune ouverture sur le contemporain jusqu'à se montrer passablement snob dans son refus de principe de la télévision (même s'il s'agit en l'occurrence de téléréalité), épinglé par Abby pour son élitisme[13] ; que les moins favorisés du système ne connaissent que Whitman, probablement le plus universaliste mais le moins universel des trois ; et que Susan et Kovač sont les seuls à se montrer polyvalents, capables d'échanger sur deux des trois auteurs canoniques évoqués dans l'épisode tout en étant versés dans la culture populaire (téléréalité pour l'une, sport pour l'autre).

Outre ce que ces références disent des personnages et, inversement, ce que les personnages disent de ces références, il faut considérer le système à trois termes que pose la narration. De fait, les trois auteurs ne sont pas traités de manière équitable. Whitman est reconnu à partir de son poème écrit au tableau – même si le texte reste lointain, peu visible à l'écran[14], et qu'on en cite seulement une poignée de mots[15] – et posé par Susan comme une référence peu répandue[16]. *En attendant Godot* est

---

13 « CARTER : Reality television : it's one of the four horsemen of the Apocalypse… / ABBY : Have you ever watched it [*Survivor*] ? / CARTER : No. / ABBY : Then shut up. » (« Secrets and Lies », *op. cit.* ; « CARTER : La téléréalité : c'est l'un des quatre cavaliers de l'Apocalypse… / ABBY : Tu as déjà regardé [*Survivor*] ? / CARTER : Non. / ABBY : Alors la ferme. […] ») Et quelques secondes plus tard : « CARTER [*sarcastically*] : And I thought television was such a vast wasteland… / ABBY : Oh, I'm sorry : I meant to watch *La Bohème* on PBS last night but I had to go to the symphony. » (*Ibid.* ; « CARTER (*ironiquement*) : Et moi qui pensais que la télévision n'était qu'un vaste dépotoir… / ABBY : Oh, mille excuses : je voulais regarder *La Bohème* sur Arte hier soir mais je devais aller à la Philharmonie. »)

14 Voir illustration n° 28.

15 « SUSAN : I think that's Whitman. / ABBY : What ? / SUSAN : Well, somebody erased most of it but "To be surrounded by beautiful, curious, breathing, laughing"… That's "I Sing the Body Electric". » (« Secrets and Lies », *op. cit.* ; « SUSAN : Je pense que c'est du Whitman. / ABBY : Quoi ? / SUSAN : Oui, la majeure partie a été effacée mais "Être entouré de belles, curieuses, respirantes, riantes"… C'est "Je chante le corps électrique". ») Est ensuite citée la version du film *Fame*, laquelle ne reprend que le titre de Whitman avant d'inventer : « I sing the body electric / I celebrate the *me* yet to come ». (« Je chante le corps électrique / Je célèbre le moi encore à naître. »)

16 « ABBY : Oh yeah ! I know that one. / SUSAN : You know Whitman ? / ABBY : Don't sound so surprised. / SUSAN : No ! just most people don't… » (« Secrets and Lies », *op. cit.* ; « ABBY : Ah oui ! Je le connais celui-là. / SUSAN : Tu connais Whitman ? / ABBY : N'aie pas l'air si surprise. / SUSAN : Non ! c'est juste que ce n'est pas le cas de la plupart des gens… »)

résumé à la hussarde, expliqué puis, en un sens, écarté : « That is the most depressing thing I've ever heard », tranche Suzanne. Shakespeare est le mieux représenté – Carter puis Luka citent une bonne vingtaine de vers du fameux monologue d'Hamlet – et il ne provoque aucune forme de jugement ou de commentaire. En d'autres termes, il est un fait. Des trois, c'est le seul classique inattaquable et connu de tous. *Hamlet* s'impose de lui-même là où les autres auteurs ont besoin de médiateurs pour être identifiés (Susan pour Whitman) et/ou analysés (Luka pour Beckett). Certaines œuvres s'offrent – *a fortiori* au monde entier puisque *Hamlet* sera recité en anglais puis en croate[17] – d'autres sont à acquérir avec plus ou moins d'efforts.

De surcroît, Whitman est cité (même si très peu), nommé et évoqué à deux reprises au cours de l'épisode, parce qu'il est associé à un message d'acceptation et de tolérance – ce qui consonne peu ou prou avec le propos de l'épisode – et sert d'argument dans la démonstration socio-économico-culturelle d'Abby[18]. Shakespeare est récité mais pas nommé. Ce n'est d'ailleurs pas nécessaire : *Hamlet* suffit à l'identifier. Beckett est finalement le plus mal loti des trois : il n'est ni nommé ni cité exactement, seulement explicité. Le partage des rôles est assez clair : Whitman mélange action (l'abolitionnisme) et sensation (le corps électrique) tandis qu'*Hamlet* représente d'abord l'émotion (surtout vu la manière dont le joue Luka). Cela ne laisse à Beckett qu'un seul espace, celui de l'intellectualité qui rime avec désespoir…

In fine, Beckett et son *Godot* paraissent passablement instrumentalisés et potentiellement caricaturés dans cet épisode. La situation globale ressemble certes de prime abord à celle de la pièce – tuer le temps en attendant un personnage mystérieux, sans certitude qu'il vienne jamais – mais le conférencier finira par apparaître juste après la récitation d'*Hamlet*. La référence à Beckett vaut davantage comme un élément de caractérisation, parmi d'autres, visant à donner du poids et de la profondeur à l'un des personnages qui ne fera que prendre de l'importance dans les saisons suivantes. Luka cumule la tête (analysant

17 Voir illustration n° 29 (https://youtu.be/GKLInblLBwE).

18 Susan reconnaît le poème « I Sing the Body Electric » inscrit au tableau et s'ensuit un premier échange avec Abby (voir les notes 15 et 16). Whitman revient dans la conversation lorsque Gallant note qu'il était abolitionniste. C'est dans la foulée qu'Abby évoque son passage par Penn State et confronte Suzanne sur la condescendance systémique des médecins, dont la réflexion sur Whitman était déjà un exemple.

Godot) et le cœur (interprétant Hamlet). Il incarne une culture complète : Shakespeare, Beckett mais aussi une référence populaire et américano-américaine (barbecue, *ribs* et même « spoonbread and sweet potato pie[19] ») ; il est prêt à parler de basketball et des *Bulls* avec Carter, lit le journal pendant tout le début de la détention, ne prend pas part à la discussion sur la téléréalité et s'extrait de l'arrogance systémique des médecins quand Abby la souligne. Ce savoir plutôt vaste s'accompagne d'une lucidité – il a vécu la guerre des Balkans dans les rangs de l'armée croate et peut dire à Gallant, bouillant d'aller au feu, que la guerre n'est pas la chose noble et romantique qu'il imagine – et d'une réserve qui ne peuvent qu'appartenir à un extérieur. Parce qu'il est un étranger, Luka représente un système alternatif et annonce les développements à venir de la série, notamment la place prise par l'Afrique dans les saisons suivantes. Plusieurs personnages – dont Luka et Carter – partiront, via MSF, dans une zone de guerre et la série critiquera volontiers, même si toujours à mots couverts, l'américanocentrisme des USA et la cupidité du système médical occidental, sous la coupe des groupes pharmaceutiques et des compagnies d'assurances.

J'aborderai un dernier avatar télévisuel de *Godot*. Il s'agit d'un sketch de la série *Sesame Street* intitulé « Waiting for Elmo » (« En attendant Elmo ») et qui parodie de manière savoureuse la pièce de Beckett. Ce sketch prend place dans un segment récurrent de l'émission intitulé « Monsterpiece Theater », segment qui débuta en 1978 et se poursuivit de manière irrégulière tout au long des années 1980 et 1990[20]. C'est une parodie de « Masterpiece Theater », émission culturelle de la chaîne PBS – qui diffuse aussi *Sesame Street* – depuis 1971[21] : y sont programmées des dramatiques puis des séries, dont la plupart sont des productions de la BBC. Outre la paronomase du titre, la dimension

19 C'est-à-dire « pain de maïs et tarte de patate douce », spécialités culinaires du sud des États-Unis.

20 L'arrêt officiel de « Monsterpiece Theater » date de la saison n° 33 (2002) mais, dans les faits, le dernier épisode a été produit en 1999. En 2007, une parodie d'un *Tramway nommé désir* fut créée et intégrée dans un segment éphémère intitulé « American Monster Classic », segment imitant largement « Monsterpiece Theater » et également présenté par Cookie Monster. Nous plaçons cette parodie à part dans notre tableau récapitulatif des sketchs.

21 Cette série télévisuelle existe encore sur PBS même si elle a été renommée « Masterpiece » en 2008 et qu'elle se concentre aujourd'hui sur des séries, toujours majoritairement britanniques : *Downtown Abbey*, *Sherlock*, etc.

parodique du segment apparaît avec évidence dans la transformation du présentateur : Alistair Cooke – journaliste, critique et homme de télévision anglo-américain qui assura la présentation de « Masterpiece Theater » de 1971 à 1992 – est remplacé par Alistair Cookie, qui n'est autre que la version professorale de Cookie Monster, célèbre marionnette de *Sesame Street*[22].

Comme l'émission originelle dont il s'inspire, le segment « Monsterpiece Theater » se veut « home of classic drama[23] ». « Drama » est en l'occurrence à comprendre au sens large : des fictions fortes et mises en scène / en images, c'est-à-dire incarnées, par les marionnettes de *Sesame Street.* Le mot « classic » est également à prendre avec prudence. De fait, un certain éclectisme domine quant au choix des hypotextes[24]. Non seulement les inspirations sont tantôt des œuvres narratives (romans, contes), tantôt des œuvres théâtrales (dont des comédies musicales), tantôt des œuvres audiovisuelles (films, séries télévisées)[25], mais elles varient largement en légitimité, depuis Shakespeare et Hemingway jusqu'à *L'Arme fatale 3* et *Little House on the Prairie.* Je ne rentrerai pas ici dans le détail des œuvres convoquées voire parodiées. Je me contenterai seulement de noter que le théâtre n'est pas si mal représenté : une dizaine de pièces servent d'inspiration à autant de sketchs, dont quatre de Shakespeare (*La Mégère apprivoisée*, *Le Marchand de Venise*, *Beaucoup de bruit pour rien*, *Hamlet*). Les autres auteurs de théâtre mis à contribution sont Rostand (*Cyrano de Bergerac*), Reginald Rose (*Douze hommes en colère*), Spalding Gray (*Monster in a box*) et Herb Gardner (*Conversations avec mon père*) et, bien sûr, Beckett pour *En attendant Godot.*

Rappelons encore que l'émission *Sesame Street* a été imaginée à la fin des années 1960 dans un but précis : familiariser les enfants de trois à cinq ans avec les lettres et les chiffres par de courtes séquences humoristiques. Par la suite, la cible s'est un peu élargie et les leçons

---

22 Voir illustration n° 30.

23 L'expression est employée par Alistair Cookie au début des sketchs « Me, Claudius » (*Sesame Street*, n° 1448, diff. 26/11/1980) et « The Postman Always Rings Twice » (*Sesame Street*, n° 2729, diff. 19/04/1990).

24 Voir le tableau récapitulatif en annexe.

25 Dans certains cas les hypotextes sont multiples : *Un Violon sur le toit* est une comédie musicale passée ensuite au cinéma. En amont, le *musical* s'inspirait des contes et d'une pièce de Sholem Aleichem.

se sont diversifiées. Dans tous les cas, ce soubassement pédagogique est perceptible à toutes les époques de « Monsterpiece Theater[26] ». Conformément à la mission originelle, les sketchs sont souvent orientés vers l'apprentissage des chiffres[27] et des lettres[28]. De manière plus épisodique, ils proposent des exercices de repérage et d'attribution tels qu'on les trouve dans les livres pour les très jeunes enfants : l'animal et son cri (« The Horse Whisperer ») ou bien son habitat (« One Flew over the Cuckoo's Nest »), la distinction musique et bruit (« The Sound of Music »), le couple lexico-sémantique *bottom/top* (« Room at the Top »), les prépositions *on/under/in* (« Monster in a box », « Little House on Prairie »), etc. Plus largement, les sketchs délivrent parfois des leçons plus générales portant sur l'hygiène (« Monsters with Dirty Faces »), sur des considérations économiques et péri-écologiques (conserver l'eau et l'électricité dans « Conservations with my Father ») ou encore sur la remise en cause des attendus de genre (« Guys and Dolls[29] ») et l'acceptation de la différence (« Dances with Wolves[30] »). Il est finalement rare que les sketchs n'aient pas une composante pédagogique. Restent certains cas où cette composante est très largement éclipsée par le comique. C'est justement le cas de « Waiting for Elmo ».

---

26 « COOKIE MONSTER'S POP : Son, me call you to teach you something. / COOKIE MONSTER : Oh boy, pop ! me love when you teach me something ! What we gonna learn today, huh ? » (« *Conservations with my father* », *Sesame Street*, n° 3241, diff. 18/04/1994 ; « LE P'PA DE COOKIE MONSTER : Fiston, moi t'appeler pour t'apprendre quelque chose. / COOKIE MONSTER : Oh chouette, p'pa ! moi aimer quand tu m'apprends des trucs ! Quoi qu'on va apprendre aujourd'hui, hein ? » [Je traduis. Il en sera de même pour toutes les citations de *Sesame Street*.])

27 Notamment les sketchs « Ali Baba and the Forty Thieves », « 39 Stairs », « The 400 Blows », « The Postman Always Rings Twice » ou « Much Ado about Nothing ». Le meilleur exemple reste « Addition » : le sketch parodie la chanson d'ouverture de *Fiddler on the roof* (« Tradition ») et accumule comiquement les violonistes sur le toit.

28 Notamment les sketchs « The Old Man and the C », « The King and I » et surtout « ABCD Blue » où les marionnettes chantent la totalité de l'alphabet.

29 Dans ce sketch (*Sesame Street*, n° 2591, diff. 10/04/1989), Herry Monster chante qu'il aime sa batte de baseball mais qu'il préfère dormir avec sa poupée. De son côté, Ruby chante qu'elle aime sa poupée mais qu'elle aime aussi jouer avec un gros camion en plastique.

30 « Dances with Wolves » (*Sesame Street*, n° 3234, diff. 07/04/1994) se déroule lors d'un bal. Un cochon femelle se retrouve sans partenaire. Un loup l'invite à danser mais elle est réticente à accepter du fait de leurs différences : elle est petite, il est grand ; elle est rose, il est violet ; etc. Il argumente : ils aiment tous les deux la musique et n'ont pas de partenaire. Elle finit par accepter et découvre que des personnes différentes peuvent danser ensemble.

Dernier élément de contextualisation : les sketchs n'ont souvent qu'un rapport très vague avec l'œuvre-source. Le titre évoque un hypotexte mais il est détourné/déformé afin de forger un gag qui n'a plus aucun rapport avec l'œuvre d'origine[31]. Il y a des exceptions. De temps à autre, les sketchs font vraiment référence aux œuvres-sources, quand bien même c'est de manière ponctuelle, en forme de clin d'œil, en reprenant des mots, des situations, une atmosphère ou n'importe quel autre détail. Dans « Cyranose de Bergerac[32] », tout tourne autour de l'impossibilité d'évoquer le nez du personnage. Dans « Gone with the wind[33] », Ms Scarlett reprend à son compte la fameuse réplique de l'héroïne (« I'll think about it tomorrow ») tandis que Kermit évoque Reth : « Frankly, my dear [...] ». Dans « Twin Beaks[34] », nombre d'éléments renvoient à la série *Twin Peaks* de David Lynch. Outre la musique qui imite celle d'Angelo Badalamenti, l'enquêteur du sketch s'enregistre sur dictaphone pour le bénéfice d'une certaine Diane et insiste sur la qualité de la nourriture. Dans la salle du *diner*, il croise un personnage nommé Laura, un autre nommé David Finch – « Me like bird with nose-on name » (« Moi aimer oiseau avec nom à-propos », *finch* signifiant en effet « pinson ») – et un dernier nommé Log Bird, lequel évoque évidemment la Log Lady de la série. Enfin, les sketchs se fondant, de près ou de loin, sur Shakespeare présentent une parodie convenue mais plaisante de l'anglais de jadis avec des « 'tis », des « art », des « thou » et surtout d'innombrables « eth » :

> MR JOHNSON : Alas, 'tis you. / GROVER : Ah ! very 'tis I !
> Would you careth to heareth the special of the dayeth ?
> Thou will not regreteth your choiceth.
> Indeedeth, I can doeth thateth[35].

Parfois la référence est plus précisément shakespearienne. Dans « Much Ado about Nothing », Mr Johnson se lamente comme

31 C'est notamment le cas dans « One Flew over the Cuckoo's Nest » (où le chiffre 1 passe au-dessus d'un nid de coucous), « Gone with the wind » (dans un manoir de style *antebellum*, objets et personnages sont emportés par une tempête), « Room at the Top » (Grover gravit une montagne mais plusieurs Muppets se trouvent déjà au sommet et il n'y a plus de place pour lui), etc.

32 *Sesame Street*, n° 3000, diff. 01/05/1992.

33 *Sesame Street*, n° 2410, diff. 29/01/1988.

34 *Sesame Street*, n° 2822, diff. 26/02/1991.

35 « Much Ado about Nothing », *Sesame Street*, n° 2991, diff. 20/04/1992.

Richard III : « Suckling pig, suckling pig, my kingdom for a suckling pig[36] ! » La réplique qui ouvre le sketch « The Taming of the shoe[37] » – « Wherefore art thou, shoe » – parodie évidemment *Roméo et Juliette.* Un peu plus loin dans ce même sketch, la chaussure déclare « I will not be tied to any foot », ce qui rappelle pour le coup vaguement la Katherina de la pièce originelle. Dans « Hamlet[38] », la réplique « Words, words, words » est proférée à plusieurs reprises et l'on entend aussi l'écho d'une autre réplique fameuse de la pièce : « Get thee to a library. »

Tous ces exemples prouvent que le segment « Monsterpiece Theater » ne s'adresse pas seulement à un public d'enfants de maternelle mais distille régulièrement des traits plaisants à destination d'un public informé[39], seul capable de les apprécier, et prend parfois la forme d'une véritable réécriture. C'est par exemple le cas de « Monsters of Venice » qui adapte la scène du Rialto du *Marchand de Venise*[40]. C'est aussi le cas de « Waiting for Elmo » qui parie largement sur la connivence de

36 *Ibid.*

37 *Sesame Street*, n° 2587, diff. 04/04/1989.

38 *Sesame Street*, n° 3047, diff. 05/01/1993.

39 À la fin du sketch « Little house on Prairie » (*Sesame Street*, n° 3241, diff. 01/03/1994), juste après avoir dévoré une petite maison (une maquette), Alistair Cookie annonce le prochain épisode : « Next week, "House of Seven Gobbles", story of monster who can eat house in seven bites. » (« La semaine prochaine : "La Maison des sept quignons", l'histoire d'un monstre qui mange une maison en sept bouchées. ») Le calembour fondé sur le titre du roman d'Hawthorne (*The House of the Seven Gables*) s'adresse évidemment à un public lettré.

40 « [GROVER :] After all, we might be monsters but we're the same as you, we all have feelings like you. If you tickle us [*Grover gets tickled by other monsters. To the monsters :*] Ok ok, thank you ! [*To the people of Venice :*] If you tickle us, do we not laugh, just like you ? Mmh ? [...] And if somebody should accidentally step on our toe, do [*Monsters step on Grover's toe. He screams.*] Ah ! [*To the monsters :*] Thank you. [*To the people of Venice :*] Do we not hurt, just like you ? [...] And if we do get told about a party that everyone else in the whole entire kingdom is invited to, will we not feel sad [*all monsters cry*], just like you ? » (« Monsters of Venice », *Sesame Street*, n° 2836, diff. 18/03/1991 ; « [GROVER :] Après tout, nous sommes peut-être des monstres mais nous sommes comme vous, nous avons tous des sentiments, comme vous. Si vous nous chatouillez (*Grover se fait chatouiller par d'autres monstres. Aux monstres :*) Ok ok, merci ! (*Aux habitants de Venise :*) Si vous nous chatouillez, ne rions-nous pas, exactement comme vous ? Mmh ? [...] Et si on nous marche accidentellement sur les pieds, n'avons (*Les monstres marchent sur les pieds de Grover. Il crie.*) Ah ! (*Aux monstres :*) Merci. (*Aux habitants de Venise :*) N'avons-nous pas mal, exactement comme vous ? Et si on nous parle d'une fête à laquelle tout le monde dans tout le royaume est invité, ne serons-nous pas tristes (*tous les monstres pleurent*), exactement comme vous ? »)

l'auditoire pour fonctionner[41]. La parodie est si bien sentie que le critique David Williams en fait l'éloge :

> This sophisticated if throwaway distillation of a *version* of Beckett's play hilariously compacts a number of core ideas and tensions within the original play that are, indeed, "deep stuff" : the busy-ness and full-ness of waiting and of passing time as "nothing happens" ; the lived experience of ignorance and unknowability, and of push/pull entrapment within the dynamic immobility of the quintessentially Beckettian palindrome "no"/"on" ; the swim-then-sink jostle of joy and suffering in the couple's impossible *nec tecum nec sine te*, and the precarious salvation this relation paradoxically may offer ; and so on[42].

En d'autres termes, on goûte le sketch à la lumière d'une connaissance antécédente de *Godot*, ce qui n'est évidemment pas le cas du public que cible prioritairement l'émission *Sesame Street*.

Même s'il est poussé assez loin, ce jeu de reprise et d'altération n'est pas un cas unique dans les sketchs de « Monsterpiece Theater ». La spécificité vient plutôt du fait que ce sketch est le seul à contenir un commentaire aussi ouvertement négatif à l'endroit de l'œuvre-source. Généralement, Alistair Cookie a plutôt tendance à résumer le propos de la saynète – non sans redondance – et à souligner rapidement la qualité de l'œuvre, ne serait-ce qu'en notant sa fierté ou son excitation de présenter telle ou telle œuvre. Quand il y a négativité, c'est par exception et sans trop appuyer : « Tonight, we present famous drama of suspense and lots of waiting around[43] » ; « Very beautiful, very

41 La vidéo du sketch est disponible dans notre cahier en ligne (illustration n° 31, également disponible à l'adresse suivante : https://youtu.be/4gtMTrTTIUs). Nous y reproduisons également le texte dans la foulée.

42 David Williams, « Epilogue : "The ruins of time (I've forgotten this before)" », *Rethinking the Theater of the Absurd. Ecology, the Environment and the Greening of the Modern Stage*, Carl Lavery et Claire Finburgh (éd.), Londres, Bloomsbury, p. 244-245. (« Ce condensé sophistiqué mais sans prétention d'une *version* de la pièce de Beckett encapsule de façon hilarante un certain nombre d'idées et de tensions centrales de la pièce-source, lesquelles sont, en effet, "très profondes" : l'occupation et la plénitude de l'attente et du temps qui passe comme si "rien ne se passait" ; l'expérience vécue de l'incertitude et de l'inconnaissable ainsi que celle du piège du partir/rester inscrit dans l'immobilité dynamique du palindrome quintessentiellement beckettien "no"/"on" ; le désespérant maelstrom de joie et de souffrance propre à l'impossible *nec tecum nec sine te* du couple, et le salut précaire que cette relation peut paradoxalement offrir ; et ainsi de suite. » [Je traduis.])

43 « The Postman Always Rings Twice », *op. cit.* (« Ce soir, nous vous présentons drame célèbre, plein de suspense et de gens qui attendent. »)

moving, very silly[44] ». Du reste, les réserves sont souvent exprimées à travers des formules ironiques et donc sujettes à décryptage voire à pure supputation[45]. Rien de tel pour « Waiting for Elmo » (et son hypotexte, *En attendant Godot*), d'emblée catalogué comme une œuvre « qui ne fait absolument *aucun* sens, pour quiconque ». Pourtant, et on notera d'emblée le paradoxe, la saynète prend place dans la liste des drames retenus pour figurer dans le segment « Monsterpiece theater ». De surcroît, Alistair le présente comme un chef-d'œuvre, mot qui n'est pas utilisé si souvent. Ce sont là des signaux contradictoires, pour dire le moins : « deep stuff » d'un côté mais « which makes absolutely *no* sense » de l'autre. On hésite entre le charlatanisme de l'art contemporain et une réelle profondeur mais qui reste inaccessible au commun des mortels (« maybe *you* can figure it out », « I *understand* Oklahoma »). C'est à la fois la modernité et l'intellectualité (« so modern and so brilliant ») qui sont mises en procès ; la profondeur est posée mais, trop cryptée, elle est battue en brèche voire mise en doute. En clamant sa préférence pour des spectacles plus clairs et/ou

---

44 « One Flew over the Cuckoo's Nest », *Sesame Street*, n° 2674, diff. 01/02/1990. (« Très beau, très émouvant, très nigaud. »)

45 Quelques exemples. Alistair Cookie présente le sketch « The 400 Blows » en ces termes : « […] exciting thrilling first episode of very important and breezy french drama, *The 400 Blows.* » (*Sesame Street*, n° 2680, diff. 09/02/1990 ; « […] premier épisode passionnant et palpitant d'un drame français très important et enjoué, *Les 400 Coups.* ») « Breezy » est à lire comme une syllepse : le terme signifie notamment « enjoué », « joyeux » et même « désinvolte » ou « léger » – autant d'adjectifs qui ne correspondent guère à la tonalité du film de Truffaut – mais il signifie aussi « venteux, soufflant », la plaisanterie résidant alors dans le fait que Grover doit éteindre les quatre cents bougies de son gâteau d'anniversaire en soufflant dessus. Dans « Upstairs, downstairs » (*Sesame Street*, n° 1162, diff. 25/04/1978), Grover se trouve en bas de l'escalier et se dit qu'il va monter ; arrivé en haut, il entreprend de redescendre ; et la marionnette de répéter l'opération plusieurs fois, de plus en plus essoufflée. « Isn't it exciting and dramatic ? » (« N'est-ce pas trépidant et dramatique ? »), demande-t-il à un moment. Dès lors, lorsqu'Alistair Cookie note après coup qu'il s'agit « d'un nouvel épisode palpitant » (« another exciting episode »), l'épisode 793 avait-il précisé en préambule, on est tenté d'y déceler une pointe d'ironie. Enfin, dans « ABCD Blue » (*Sesame Street*, n° 3516, diff. 06/05/1996), sketch parodiant la série *NYPD Blue*, Alistair Cookie a ces mots : « A singing cop show ? Who writes this stuff ? [*Realises he's on the air.*] Oh oh oh ! Me love that show. Yeah, very gritty, lots of camera movements. » (« Une série policière avec des chansons ? Qui invente ce genre de truc ? (*Se rendant compte qu'il est à l'antenne.*) Oh oh oh ! Moi adorer cette série ! Oui, très réaliste, plein de mouvements de caméra. ») C'est une référence et peut-être un jugement à l'égard de ce qui constitue la signature visuelle de la série – caméra portée, cadres tremblés, *whip pans…* – et qui est rapidement pastiché au début du sketch.

plus légers, l'arbre démissionnaire refuse la langue de bois mais confine au poujadisme (tel que l'a défini Barthes dans ses *Mythologies*). Je cite à nouveau David Williams :

> The tree's interruptive talking back to the play and refusal to endure any further witnessing of an absurd (i.e. in this context, meaningless and ridiculous) mode of theatre is symptomatic of a deep-seated conservatism in terms of perceptions of legitimate models of dramaturgy and the parameters of meaning making – Rodgers and Hammerstein's *Oklahoma* as the paradigm of what is desired ad infinitum, escapist post-war musical theatre (about trees, it seems) : "Oh what a beautiful morning !" – the Empire of the Selfsame. The vibrant matter of the sentient tree (« nature ») resists, uproots itself and moves – like Birnam Wood – in search of more « meaningful » company and representations that it can recognize and understand[46].

Devant tant d'« absurde », l'inanimé s'anime[47]. Plus précisément, l'accessoire se révèle avoir été un spectateur mutique jusque-là et, en refusant de suivre la pièce davantage, devient finalement acteur pérorant et quittant la zone. Cette rupture de l'illusion dramatique – qui est, en même temps, une perpétuation au second degré puisque Grover et Telly cherchent à rester à proximité de l'arbre sinon Elmo ne les trouvera pas – évoque sans doute moins les dénudations de *Godot* que la pièce *Eleutheria* dans laquelle le souffleur quitte l'espace de jeu, dégoûté non

---

46 David Williams, « Epilogue : "The ruins of time (I've forgotten this before)" », *op. cit.*, p. 245. (« L'intervention de l'arbre dans le dialogue et son refus de supporter plus longtemps son rôle de témoin d'un mode de théâtre absurde (c'est-à-dire, dans ce contexte, dénué de sens et ridicule) est symptomatique d'un conservatisme profond en termes de perception des modèles légitimes de dramaturgie et des paramètres de la production de sens – l'*Oklahoma* de Rodgers et Hammerstein comme paradigme de ce qui est désiré à l'infini, théâtre musical d'après-guerre (sur les arbres, semble-t-il) : la chanson "Oh quelle belle matinée !" – l'Empire de la Similarité. La matière vivante de l'arbre sensible ("la nature") résiste, s'arrache et se déplace – comme le bois de Birnam – à la recherche de compagnons plus "significatifs" et de représentations qu'il peut reconnaître et comprendre. » [Je traduis.]) Afin d'appuyer l'argument de Williams (the Empire of the Selfsame), on pointera en passant le jeu de mots Oklahoma/Oak-lahoma. On notera enfin qu'il y a plusieurs comédies musicales dans la liste des hommages/parodies de « Monsterpiece Theater » – *Guys and Dolls*, *The Fiddler on the Roof*, *West Side Story* – dont deux sont signées Richard Rodgers et Oscar Hammerstein : *The Sound of music* et *The King and I*. Au début du sketch « Guys and Dolls » (*op. cit.*), Alistair Cookie présente l'œuvre en ces termes : « Good old fashioned musical », c'est-à-dire « une bonne vieille comédie musicale ».

47 Il y a un précédent : la bûche de « Twin Beaks » (*op. cit.*) se met soudainement à parler à la fin du sketch.

de l'absence de sens mais du déraillement dramatique dû à un spectateur (factice) intervenant dans le jeu et devenant acteur… En somme, le refus de l'action parabeckettienne et le départ de l'arbre gardent quelque chose de beckettien, ce qui est déjà piquant. C'est d'autant plus vrai que l'arbre semble prendre au pied de la lettre l'appel présent dans la pièce-source : « Ne perdons pas notre temps en vains discours. Faisons quelque chose, pendant que l'occasion se présente[48]. » (*G*, 111) *In fine*, le refus de la pièce de Beckett (du moins dans son adaptation) est aussi une manière de refuser le monde sans issue que peint Beckett. N'oublions pas qu'il s'agit d'un programme pédagogique et à destination des très jeunes enfants…

Je terminerai en évoquant le jeu décalé voire dénaturalisé de Telly et Grover. Ce n'est pas la première fois dans la « Monsterpiece Theater » qu'un personnage fait preuve d'emphase comme le prouve le sketch « The Sun Also Rises » :

> GROVER : If this rooster does not crow, the sun will not rise and we will be RUINED ! [*Rooster says « Yes ! Yes ! » and coughs loudly. Grover changes tone :*] Hey cool it ! I'm not finished. [*Resumes his dramatic speech :*] We will be RUINED, I tell you ! [*To the rooster, matter-of-factly :*] Ok now. […]
> GROVER : If the animals do not wake up, we will be RUINED !
> MERRY [*interrupting*] : Fear not fa…
> GROVER : [*interrupting also and one tone below*] : I'm not finished my acting. [*Resumes his dramatic speech :*] We will be RUINED ! Ruined, I tell you[49] !

En l'occurrence, la rupture tonale est plaisante mais rien de plus. On rit de l'emphase de Grover mais surtout du grand écart entre le

48 L'idée est encore plus claire en anglais : « Let us not waste our time in idle discourse ! Let us do something, while we have the chance ! » (*CDW*, 74.) David Williams (« Epilogue : "The ruins of time (I've forgotten this before)" », *op. cit.*, p. 245) avait déjà relevé dans le sketch « this movement to make the most of it while it still can, before it's too late », « ce mouvement pour tirer parti de la situation au maximum, avant qu'il ne soit trop tard ».

49 « The Sun Also Rises », *Sesame Street*, n° 2860, diff. 19/04/1991. (« GROVER : Si ce coq ne chante pas, le soleil ne se lèvera pas et nous serons ruinés ! (*Le coq dit "Oui ! Oui !" et tousse bruyamment. Grover change de ton :*) Hé, du calme ! Je n'ai pas fini. (*Il reprend son ton dramatique :*) Nous serons RUINÉS, je vous le dis ! (*Au coq, très naturellement :*) Ok, vas-y. […] GROVER : Si les animaux ne se réveillent pas, nous serons RUINÉS ! / MERRY (*l'interrompant*) : N'ayez crainte, pè… / GROVER : (*l'interrompant aussi et un ton plus bas*) : Je n'ai pas fini ma performance. (*Il reprend son ton dramatique :*) Nous serons RUINÉS ! RUINÉS, je vous le dis ! »).

jeu et le non-jeu : incapable de jouer de concert avec ses partenaires, le cabotin brise l'illusion et la tension qu'il s'efforce par ailleurs de créer. Dans « Waiting for Elmo », le jeu emphatique est toujours *drôle*, mais sans doute plus "étrange" que "comique". Les répétitions crescendo et les *forte* isolés accentuent l'insolite d'un dialogue qui tourne par ailleurs passablement en rond. Ce débit et ce ton soulignent que la dramaturgie se situe à cent lieues du naturel et du quotidien. Le jeu dénaturalisé – surtout si, comme c'est ici le cas, il n'est pas mis d'emblée sur le compte du cabotinage mais *in extremis* rattaché à la mise en abyme via l'arbre-spectateur – troque une part du comique contre une part de mystère. Si de telles intonations nourrissent en première instance les clichés à l'encontre du théâtre sérieux surtout s'il est moderne (grandiloquent, ampoulé, artificiel…), elles suggèrent aussi qu'en dépit d'une situation apparemment sans conséquence, l'angoisse est non seulement tangible mais extrême et que, par extension, *more is meant than meets the eye*[50].

Parce qu'elle quintessentialise une idée passablement étroite de démocratisme culturel, la télévision parle peu de Beckett et son *Godot*. Et quand c'est le cas, elle les peint logiquement comme les parangons d'une culture aristocratique, se complaisant volontiers dans sa propre difficulté. Certes, une telle conclusion mériterait d'être étayée par d'autres études de cas mais la manière dont les jeux vidéo envisagent Beckett peut en l'occurrence servir de repoussoir. Qu'ils soient profonds et vibrants ou bien creux et anecdotiques, nous n'avons trouvé que des hommages à Beckett dans l'univers vidéoludique. On ne peut en dire autant pour la télévision. À ses yeux, Beckett incarne la complexité, l'intellectualité sèche ou étrangement décalée et, par extension, l'expression d'une détresse existentielle aiguë ; en d'autres termes, l'envers exact de ce que ce médium s'est voulu depuis l'origine, à savoir un délassement accessible et une fenêtre d'évasion (*escapism*)[51]. Cette paradoxale mise à l'index – le piédestal piégé de la

50 Même l'arbre – qui n'est d'ailleurs pas nécessairement le personnage auquel s'identifie l'enfant, sans doute plus enclin à s'attacher/s'identifier aux Muppets véritables et tout particulièrement Grover – le reconnaît : en clamant qu'il ne comprend pas (« I don't get it ! »), il atteste qu'il y a quelque chose à comprendre…

51 La télévision se ferait-elle pédagogique que Beckett n'y trouverait probablement pas davantage sa place, lui qui refuse l'explicitation et défie l'interprétation.

« haute culture » – paraît d'autant plus cuisante que Beckett est l'un des très rares auteurs à avoir œuvré directement pour la télévision et sans doute le seul à avoir enrichi le médium.

Benoît BARUT

SIGLES ET ÉDITIONS CITÉS

CDW *The Complete Dramatic Works*. London, Faber & Faber, 2006.
G *En attendant Godot* [1952]. Paris, Minuit, 2001.

ANNEXE
« Monsterpiece Theater » : les hypotextes

(Voir double page suivante)

Sketch de "Monsterpiece Theater"	Diffusion	*Sesame Street* - épisode	Hypotexte	Champ artistique de l'hypotexte				
				télévision	"*musical*"	cinéma	litt. narrative	théâtre
"Upstairs, Downstairs"	1978	1162	*Upstairs, Downstairs* (de J. Marsh et E. Atkins)	×				
"Me, Claudius"	1980	1448	*I, Claudius* (*Moi, Claude* de R. Graves)	×			×	
"The Sound of Music"	1983	1829	*The Sound of Music* (*La Mélodie du bonheur* de R. Rodgers et O. Hammerstein ; puis R. Wise)		×	×		
"Chariots of Fur"	1983	1833	*Chariots of Fire* (*Les Chariots de feu* de H. Hudson)			×		
"39 Stairs"	1987	2342	*The 39 Steps* (*Les 39 Marches* d'A. Hitchcock)			×		
"Ali Baba and the Forty Thieves"	1988	2402	*Ali Baba and the Forty Thieves* (*Ali Baba et les quarante voleurs*)				×	
"Gone with the Wind"	1988	2410	*Gone with the Wind* (*Autant en emporte le vent* de M. Mitchell ; puis V. Fleming)			×	×	
"The Taming of the Shoe"	1989	2587	*The Taming of the Shrew* (*La Mégère apprivoisée* de W. Shakespeare)					×
"Guys and Dolls"	1989	2591	*Guys and Dolls* (*Blanches Colombes et vilains messieurs* de F. Loesser ; puis J. Mankiewicz)		×	×		
"One Flew Over the Cuck-oo's Nest"	1990	2674	*One Flew Over the Cuckoo's Nest* (*Vol au-dessus d'un nid de coucou* de K. Kesey ; puis M. Forman)			×	×	
"The 400 Blows"	1990	2680	*The 400 Blows* (*Les Quatre Cents Coups* de F. Truffaut)			×		
"The Old Man and the C"	1990	2710	*The Old Man and the Sea* (*Le Viel homme et la mer* d'E. Hemingway)				×	
"The King and I"	1990	2727	*The King and I* (*Le Roi et moi* de R. Rodgers et O. Hammerstein ; puis W. Lang)		×	×		
"The Postman Always Rings Twice"	1990	2729	*The Postman Always Rings Twice* (*Le Facteur sonne toujours deux fois* de T. Garnett, d'après J. M. Cain)			×	(×)	
"Twin Beaks"	1991	2822	*Twin Peaks* (de D. Lynch)	×				
"Monsters of Venice"	1991	2836	*The Merchant of Venice* (*Le Marchand de Venise* de W. Shakespeare)				×	×
"The Sun Also Rises"	1991	2860	*The Sun Also Rises* (*Le Soleil se lève aussi* d'E. Hemingway)				×	
"Much Ado About Nothing"	1992	2991	*Much Ado About Nothing* (*Beaucoup de bruit pour rien* de W. Shakespeare)					×

"Waiting for Elmo"	**1992**	**2998**	***Waiting for Godot* (*En attendant Godot* de S. Beckett)**					**x**
"Cyranose DeBergerac"	1992	3000	*Cyrano de Bergerac* (d'E. Rostand)					x
"12 Angry Men"	1992	3002	*12 Angry Men* (*Douze hommes en colère* de R. Rose et W. Shaffner ; puis S. Ludmet)	x		x		x
"Lethal Weapon 3"	1992	3012	*Lethal Weapon 3* (*L'Arme fatale 3* de R. Donner)			x		
"Hamlet"	1993	3047	*Hamlet* (de W. Shakespeare)					x
"Inside/Outside Story"	1993	3111	*West Side Story* (de L. Bernstein, A. Laurents, S. Sonheim ; puis R. Wise et J. Robbins)			x		
"Monster in a Box"	1993	3117	*Monster in a box* (de S. Gray ; puis N. Broomfield)			x		x
"Monsters with Dirty Faces"	1993	3134	*Angels with Dirty Faces* (*Les Anges aux figures sales* de M. Curtiz)			x		
"Room at the Top"	1993	3135	*Room at the Top* (*Les Chemins de la haute ville* de J. Clayton, d'après J. Braine)			x	(x)	
"Little House on Prairie"	1994	3207	*Little House on the Prairie* (*La Petite Maison dans la prairie* de M. Landon)	x				
"Little Red Riding Cookie"	1994	3231	*Little Red Riding Hood* (*Le Petit Chaperon rouge* de C. Perrault)				x	
"Dances with Wolves"	1994	3234	*Dances with Wolves* (*Danse avec les loups* de K. Costner, d'après M. Blake)			x	(x)	
"Conservations with My Father"	1994	3241	*Conversations with My Father* (*Conversations avec mon père* d'H. Gardner)					x
"Fiddler on the Roof"	1996	3496	*Fiddler on the Roof* (*Un Violon sur le toit* de J. Stein, J. Bock, S. Harnick ; puis N. Jewison, d'après S. Aleichem)	x	x		(x)	(x)
"ABCD Blue"	1996	3516	*NYPD Blue* (*New York Police Blues* de S. Bochco et D. Milch)	x				
"The Horse Whisperer"	1999	3848	*The Horse Whisperer* (*L'Homme qui murmurait à l'oreille des chevaux* de R. Redford, d'après N. Evans)			x	(x)	
TOTAL	**21 ans**	**37**	-	**8** (21,6%)	**5** (13,5%)	**18** (48,6%)	**9 (+5)** (37,8%)	**10 (+1)** (29,7%)
"A Streetcar Named Desire" (série "American Monster Classics")	2007	4152	*A Streetcar Named Desire* (*Un Tramway nommé désir* de T. Williams ; puis E. Kazan)			x		x
TOTAL	-	**38**	-	**8**	**5**	**19**	**9 (+5)**	**11 (+1)**

GODOT, LE PROF ET L'INCULTE SONT DANS UN *COCOVOIT*…

Dans cet article, je propose une analyse d'un épisode de *Cocovoit* intitulé « En Attendant Godot[1] ». *Cocovoit* est une série de sketchs audiovisuels courts parodiant différentes situations qui pourraient résulter d'un covoiturage, cette pratique de mise en commun d'un trajet en voiture par son conducteur. La série est créée en 2016 par des membres de Et Bim et des Parasites ; deux collectifs de créateurs de contenus audiovisuels satiriques et subversifs sur la plateforme Internet Youtube. À partir de 2017, les épisodes sont co-produits par la chaîne de télévision Comédie+ et diffusés simultanément à la télévision et sur Internet. Les créateurs de la série la présentent comme une « pastille humoristique[2] » et proposent avec ce format un contenu léger. Les épisodes, d'une durée moyenne de deux minutes, ont des contenus relativement diversifiés : des réflexions politiques, des épisodes parodiques ou absurdes, de l'auto-dérision, etc. La majorité des épisodes joue toutefois sur le comique de situation créé par la confrontation dans un espace clos, celui de la voiture, de deux à quatre personnages qui n'ont parfois rien en commun. Au fil des saisons, des personnages récurrents réapparaissent, proposant une typologie de personnages stéréotypés, souvent caractérisés par leur classe sociale[3], leur métier, ou encore par un trait de caractère.

---

1 Ambroise Carminati (réal.), *Cocovoit*, « En Attendant Godot » © ET BIM – Comédie +, 2018, 2'06. Mise en ligne sur Youtube le 5 novembre 2018. <https://www.youtube.com/watch?v=F-9OAB1jAfY> [consulté le 21 janvier 2020].

2 Guillaume Desjardins et Ambroise Carminati (réal.), *Cocovoit*, « Teaser Cocovoit » © ET BIM – Comédie +, 2017, 0'06. Mise en ligne sur Youtube le 30 janvier 2017. <https://www.youtube.com/watch?v=iOzWvkbrPqk> [consulté le 21 janvier 2020].

3 Les auteurs de la série respectent toutefois une certaine vraisemblance en se limitant à proposer des personnages de classes sociales qui pourraient utiliser le système de covoiturage. Les classes supérieures ne sont présentes qu'exceptionnellement, soit dans le cadre d'une campagne électorale (« Allocution » 2018 ; « En Campagne » 2019), soit pour l'excitation du dépaysement (« Le Riche » 2017).

L'épisode intitulé « En Attendant Godot » a été mis en ligne le 5 novembre 2018. La situation d'*En attendant Godot* est transposée à l'espace-temps d'un covoiturage. Keyvan et Jean-Louis attendent dans la voiture à l'arrêt le dernier passager, un dénommé Godot, pour démarrer. Par l'analyse de cet épisode, qui joue de la confrontation entre la lecture snob de la pièce de Beckett et le pragmatisme populaire, je propose d'interroger ce que peut représenter Godot dans la culture contemporaine. Dans un premier temps, je montrerai en quoi l'épisode présente une situation beckettienne avec des personnages typés socialement, dans un second temps j'analyserai les nouvelles lectures de la pièce proposées par l'épisode, et dans un troisième et dernier temps, je concentrerai la réflexion sur la confrontation entre culture savante et culture populaire.

UNE SITUATION BECKETTIENNE, DES PERSONNAGES TYPÉS SOCIALEMENT

Les deux ingrédients essentiels à l'écriture d'un épisode de *Cocovoit* sont le choix de la situation et celui des personnages mis en présence.

Ici, la situation de l'épisode est similaire à celle de la pièce de Beckett : deux personnages coincés dans un espace qu'ils ne peuvent quitter, attendent un dénommé Godot. Ils sont obligés de rentrer en relation pour passer le temps. L'absence de Godot est d'ailleurs visuellement soulignée par la place vide du passager avant ainsi que par la mise à l'arrêt de la voiture, situation exceptionnelle dans la série *Cocovoit*. L'actualisation de la situation dans un covoiturage opère toutefois quelques changements de sens. D'abord la situation acquiert en vraisemblance et en réalisme puisque l'attente d'un tiers passager lors d'un covoiturage est devenue une pratique courante. Ensuite, la situation permet de mettre en présence deux personnages provenant d'horizons différents. L'épisode est construit d'ailleurs sur le décalage entre Jean-Louis qui reconnaît la situation de la pièce de Beckett, et s'en amuse aux dépens de Keyvan, et les réactions naïves du conducteur. La confrontation entre les deux personnages principaux est donc inégale, contrairement à la relation de tendre solidarité qui unit les clochards Estragon et Vladimir. Enfin, l'arrivée de Godot rompt drastiquement avec la pièce de Beckett et en propose une toute nouvelle signification, sur laquelle nous reviendrons plus loin.

La situation est donc ici très simple et prend de l'ampleur par le choix des personnages mis en présence. C'est pourquoi il importe d'établir une typologie précise des personnages. Dans *Cocovoit*, les personnages sont formés selon des types sociaux. Comme nous le rappelle Robert Abirached, le type se définit « par rapport à un modèle accepté de tous et s'inscrit dans une représentation que la société élabore d'elle-même[4] ». En cela il réfère à la tradition et à l'imaginaire collectif. Si le type se construit à partir de l'imaginaire social, comme c'est le cas dans de nombreuses comédies, alors il s'agit pour la société, toujours selon Robert Abirached, « de refléter sa division en classe, en catégorie d'âges, en types moraux, dans la vie économique, domestique et sociale assumée au jour le jour. Producteur de stéréotypes, l'imaginaire social organise le monde en représentations tranchées[5] ». C'est effectivement ce qui se joue pour les personnages en présence dans l'épisode de *Cocovoit* que nous étudions présentement. Bien que les noms des personnages ne soient présents qu'en barre d'information et non cités au cours de l'épisode, les téléspectateurs les connaissent et les reconnaissent, d'autant plus facilement qu'il s'agit ici de personnages récurrents. Les personnages sont construits à partir d'une panoplie de codes facilement identifiables : prénom, costume, posture, vocabulaire, diction, etc.

Jean-Louis représente les petits intellectuels, hautains, toujours prompts à montrer leur supériorité culturelle. Il fait souvent la paire avec un autre personnage cultivé, Polo, avec qui il partage une connivence culturelle bien que Polo ne soit jamais hautain et souffre plutôt d'un isolement dû à ses passions. Jean-Louis apparaît pour la première fois le 5 juin 2017 dans un épisode de la première saison intitulé « Habibi[6] ». Il n'est alors pas un personnage central de l'épisode, et ne possède pas encore de contours bien définis[7]. Il n'est pas encore hautain. Sa présence sert à introduire dans le

4 Robert Abirached, *La Crise du personnage dans le théâtre moderne*, [1978], Paris, Gallimard, 1994, p. 45.

5 *Idem*, p. 46.

6 Guillaume Desjardins et Ambroise Carminati (réal.), *Cocovoit*, « Habibi » © ET BIM – Comédie +, 2017, 1'59. Mise en ligne sur Youtube le 5 juin 2017. <https://www.youtube.com/watch?v=vhyBVokutYI> [consulté le 21 janvier 2020].

7 Il est fort probable que les personnages des premiers épisodes de la série n'aient pas été écrits dans la perspective de devenir des personnages récurrents, ce qui expliquerait la courante transformation d'un même personnage entre sa première et sa deuxième apparition. Avec le nombre croissant d'épisodes, des personnages sont devenus récurrents

véhicule une grille de mots croisés par lequel une femme fait passer un message à son petit ami. C'est pourquoi Jean-Louis est costumé comme quelqu'un qui pourrait vraisemblablement faire des mots croisés pendant un trajet, à savoir comme un intellectuel avec son foulard, ses lunettes et son veston. C'est à partir de sa deuxième apparition[8] qu'il acquiert sa posture hautaine et son goût pour faire la leçon aux autres passagers, le journal devenant un accessoire qui le marque culturellement et lui permet un jeu de dédain en rompant des conversations par un simple retour à la lecture. Il devient alors un personnage récurrent, bien connu lors de la diffusion de l'épisode « En Attendant Godot ».

Keyvan, à l'opposé, est un personnage jeune provenant d'un milieu populaire. Keyvan est une variante du prénom Kévin qui fait partie des prénoms les plus donnés dans les milieux populaires des années Quatre-vingt-dix. C'est un prénom à fort marqueur social qui est également devenu une insulte stéréotypée dans les jeux en ligne qui se sont développés dans les années 2000 : « T'es un Kévin toi. » Par exemple, dans *World of Warcraft*, jeu créé en 2004, des joueurs d'une vingtaine d'années se retrouvent en confrontation avec ceux d'une douzaine d'années, majoritairement appelés Kévin. Leur jeune âge a souvent induit un comportement et une écriture immatures (les joueurs communiquent par écrit dans le jeu grâce à un système de messagerie instantanée). L'insulte "Kévin" se répand alors pour stigmatiser ces joueurs. Le mépris est amplifié par la francisation du prénom anglais en /ke.vɛ̃/. Le personnage, Keyvan, a grandi, mais conserve des indicateurs rappelant les années Quatre-vingt-dix : il porte un marcel avec un vieux dessin imprimé, un blouson violet – posé derrière lui dans l'épisode qui nous concerne –, et une coupe mulet. Lors de sa première apparition, dans l'épisode « Du bruit dans le coffre[9] », il a acheté sa voiture en cash à une personne pressée, par l'entremise d'un site Internet qui met en relation acheteur et vendeur (sur le bonplan.fr, parodie du boncoin). Mais il se trouve qu'une personne armée est

---

pour le plaisir de les confronter entre eux dans un jeu de combinaisons plus fertile que l'invention permanente de nouveaux types.

8 Ambroise Carminati (réal.), *Cocovoit*, « « Témoins de Jehovah » » © ET BIM – Comédie +, 2017, 1'57. Mise en ligne sur Youtube le 16 octobre 2017. <https://www.youtube.com/watch?v=qLIV5NDZIA8> [consulté le 21 janvier 2020].

9 Ambroise Carminati (réal.), *Cocovoit*, « Du Bruit dans le coffre » © ET BIM – Comédie +, 2017, 1'58. Mise en ligne sur Youtube le 17 novembre 2017. <https://www.youtube.com/watch?v=f8_ip1OgQoY> [consulté le 21 janvier 2020].

enfermée dans le coffre. Le trait de caractère principal du personnage est sa naïveté et la confiance rapide qu'il porte aux inconnus.

Dans l'épisode « En Attendant Godot », le choix d'utiliser les personnages récurrents de l'intellectuel hautain Jean-Louis et du jeune adulte naïf Keyvan, induit une confrontation entre la culture savante et la culture populaire incarnées par les personnages eux-mêmes. Ce décalage permet de proposer des nouvelles lectures d'*En attendant Godot*.

Je réserve l'analyse typologique du personnage de Godot pour l'explication de sa nouvelle signification.

NOUVELLE(S) LECTURE(S) DE *GODOT*

La particularité de l'épisode est qu'il rejoue la situation d'*En attendant Godot* en même temps qu'un des personnages livre une explication de la pièce de Beckett. L'arrivée de Godot crée ensuite une rupture dans la situation. On peut ainsi proposer une structure en trois temps pour l'épisode : rejeu de la pièce, combat métaphysique et délivrance.

La première partie de l'épisode est un échange de répliques en ping-pong, comme dans la pièce de Beckett, entre les deux personnages. Cependant, Jean-Louis est seul au courant qu'il rejoue la pièce de Beckett, à la différence de Keyvan. Jean-Louis récite mot pour mot deux répliques d'Estragon :

Version *Cocovoit*	Version *En Attendant Godot*
J.-L. : Tu es sûr que c'est ici ?	E. : Tu es sûr que c'est ici ?
K. : Quoi ?	V. : Quoi ?
J.-L. : Qu'il faut attendre.	E. : Qu'il faut attendre.
K. : Bah ouais je lui ai dit en face de la mairie.	V. : Il a dit devant l'arbre. (*G*, 16)

Le fait que Jean-Louis récite des répliques réelles de la pièce de Beckett et qu'il en a conscience est souligné par son geste de la main et sa diction détachée. L'acteur qui interprète Keyvan conserve au contraire un jeu réaliste qui souligne que le personnage emprunte malgré lui une réplique à Vladimir : « Quoi ? ». Le décalage entre les deux personnages est également renforcé par les réponses pragmatiques de Keyvan qui nous éloignent de l'univers de la pièce de Beckett. En effet, les renvois réalistes à la Mairie ou encore à l'Hypermarché rompent avec l'aseptisation de l'univers beckettien. L'auteur irlandais s'évertue en effet au fur et à mesure de son écriture à supprimer les références trop directes au monde, en supprimant par exemple la réplique « les comiques staliniens[10] ».

Ainsi dans la seconde partie, alors que Jean-Louis tente de faire comprendre à Keyvan qu'il est dans *En Attendant Godot*, que sa vie se résume à cette situation métaphysique, le conducteur se défend en se raccrochant à sa réalité contingente. La guerre psychologique entre les deux personnages se lit d'ailleurs dans leurs positions corporelles. Jean-Louis montre sa supériorité et son dédain grâce à sa position centrale à l'écran mais reculée, distante. Il parle de loin en conservant son journal à la main, toujours prêt à rompre le dialogue en se replongeant dans sa lecture. Au fur et à mesure qu'il s'amuse de la naïveté et de l'incrédulité de Keyvan, il s'implique de plus en plus corporellement : il lâche son journal, avance le buste et joint les mains pour livrer son explication. Grâce à un enchaînement de questions et une utilisation de l'adresse directe avec la deuxième personne du singulier, Jean-Louis cherche à inclure son destinataire dans la réflexion, à faire en sorte que Keyvan s'identifie aux personnages de Beckett. Il applique sa lecture d'*En Attendant Godot* à la vie de Keyvan. Face aux réticences de ce dernier, Jean-Louis utilise l'image d'une réalité double : « ça c'est l'image que tu te fais de ta vie[11] ». On peut reconnaître ici l'image déployée dans le Mythe de la Caverne de Platon, mais il est plus probable que ce soit une référence au film *Matrix* qui a popularisé cette image. Jean-Louis se concentre sur des explications métaphysiques et philosophiques, sans jamais faire référence à la religion. Dans cette lecture, Godot n'apparaît pas comme un dérivé de *God*, et son absence n'est pas le signe de la perte de spiritualité de nos sociétés. L'heure n'est plus aux interprétations d'un Martin Esslin ou d'un Jean Onimus. Jean-Louis se concentre donc sur l'absence de sens de la vie, sur son inanité. Son objectif est de montrer à Keyvan qu'il vit lui-même la situation d'*En attendant Godot*, plutôt que de s'aventurer dans une interprétation du texte. L'absence de sens est pleinement acceptée.

Comme un pendant au personnage de Jean-Louis, qui développe une lecture métaphysique angoissante soulignant l'absence de sens de l'existence,

10 Roger Blin, *Livre de travail d'"En Attendant Godot"*, Fonds Blin, BLN 1.1, IMEC, p. 56.
11 Ambroise Carminati (réal.), *Cocovoit*, « En Attendant Godot », *op. cit.*, 1'17.

le personnage de Keyvan apporte la dimension comique de la pièce beckettienne. Il tente de lutter contre cette vision abstraite de sa vie en se remémorant des actions triviales. Ses répliques créent des mini-ruptures comiques, soit par la présence de jeu de mot prononcé malgré-lui, soit par le rappel d'une quotidienneté banale comme faire ses courses à Grochan. Ainsi quand Jean-Louis tente de lui expliquer qu'il est dans un espace-temps particulier, Keyvan réplique qu'on est dans un Scénic 3, en jouant malgré lui de la polysémie du mot « espace » qui peut désigner un modèle de la marque automobile Renault. Or, sa voiture n'est pas un Espace, mais bien un Scénic 3. Le nom du modèle peut par ailleurs être reçu comme un clin d'œil au fait que les personnages de Beckett sont sur scène, voire qu'ils sont « servis sur un plateau » (*G*, 96). Malgré ses résistances, Keyvan se laisse séduire par l'explication de Jean-Louis. Le rapprochement physique de Jean-Louis en direction de son interlocuteur, ainsi que les signes manifestes d'un doute naissant chez Keyvan renforcent la tension de la situation.

Cependant, la rupture opérée par l'arrivée de Godot conforte Keyvan dans son pragmatisme. Puisque Godot est bien venu, toute la lecture de Jean-Louis basée sur son absence s'effondre. D'ailleurs cette rupture est également soulignée par l'abandon de la partie par Jean-Louis qui, déçu par sa défaite, reprend aussitôt la lecture de son journal et la posture de retrait corporel qui l'accompagne. Il finit même par complètement disparaître de l'épisode. La lecture intellectualisante d'*En attendant Godot* est donc devenue caduque. L'arrivée de Godot marque en premier lieu la victoire du pragmatisme.

Mais qui est Godot ? Et de quoi Godot est-il le nom ?

Le personnage qui se présente comme Godot dans cet épisode est également un personnage récurrent, connu sous le nom de Matraque. Il apparaît pour la première fois en juillet 2017 dans d'un épisode intitulé « Le Flic[12] ». Alors qu'un conducteur et son passager plaisantent tranquillement dans un *Cocovoit*, le passager, prénommé Karim, demande au conducteur son métier : flic. S'ensuit un silence gêné. Pour convaincre que le but de son métier est de protéger la population, Matraque propose un jeu de rôle. Karim incarne alors un policier qui, se rendant coupable de délit de faciès, redemande constamment ses papiers au conducteur. Bien qu'au début Matraque réponde très poliment, il perd vite patience, donne

12 Guillaume Desjardins et Ambroise Carminati (réal.), *Cocovoit*, « Le Flic » © ET BIM – Comédie +, 2017, 2'08. Mise en ligne sur Youtube le 17 juillet 2017. <https://www.youtube.com/watch?v=XtXORCauH24> [consulté le 21 janvier 2020].

brusquement un coup de Taser à Karim pour arrêter le jeu, puis appelle un de ses collègues pour plaider la légitime défense. Cet épisode, qui met l'accent sur les violences policières et l'arbitraire du pouvoir des policiers, présente également la mauvaise foi du personnage et, à travers lui, de toute l'institution. En effet, ce personnage est l'un des rares à ne pas être singularisé par un prénom. Il est désigné soit par sa fonction, grâce au terme familier, populaire et péjoratif « flic », soit par le nom de son arme emblématique, « Matraque ». Cette métonymie accentue alors ses actes de violence plutôt qu'une quelconque fonction protectrice. Mais on peut aller encore plus loin, l'épisode étant diffusé en juillet 2017, soit six mois après l'affaire Théo. Le jeudi 2 février 2017 à Aulnay-sous-Bois, lors d'un contrôle, un des policiers, avec sa matraque, viole Théodore Luhaka par sodomie. D'ailleurs, Karim fait directement référence à cet événement dans l'épisode avec sa réplique « et des matraques dans le cul il en faut[13] ? ». Le nom du flic est donc un rappel des violences policières soutenu par la mémoire d'un événement réel. Dans l'épisode « En Attendant Godot », le pouvoir de Matraque/Godot ainsi que sa fonction policière sont rappelés avec le test d'alcoolémie qu'il veut faire passer à Keyvan : « On va souffler d'abord[14] » dit-il en tendant un éthylotest. Avec sa main, qui arrête le geste de Keyvan, il souligne sa supériorité physique, et avec l'éthylotest, il met en doute les capacités cognitives du conducteur. Son pouvoir est également mis en avant par son costume, gros blouson noir et cheveux ras, ainsi que par sa posture, bras écartés pour gonfler sa carrure et prendre l'espace, poignée de main ferme et assurée. Par ailleurs, il est intéressant de constater que le personnage s'est auto-proclamé Godot puisque dans la barre d'information de l'épisode il est bien référencé à Matraque. Cette toute-puissance du personnage est déjà développée dans les épisodes précédents. Lors de sa première apparition, il tue son passager sans hésitation et falsifie la réalité en plaidant la légitime défense. Lors de sa deuxième apparition[15], il se fait tuer par un dealer de drogue à cause d'une caméra cachée qui a mal tourné. Mais lors de sa troisième apparition[16], bien vivant, il relate l'épisode précédent

13 *Idem*, 0'20.

14 Ambroise Carminati (réal.), *Cocovoit*, « En Attendant Godot », *op. cit.*, 1'51.

15 Ambroise Carminati (réal.), *Cocovoit*, « Le Prank » © ET BIM – Comédie +, 2017, 2'29. Mise en ligne sur Youtube le 18 octobre 2017. <https://www.youtube.com/watch?v=pYghmJ3-eyY>, [consulté le 21 janvier 2020].

16 Ambroise Carminati (réal.), *Cocovoit*, « Car Jacking » © ET BIM – Comédie +, 2018, 2'06. Mise en ligne sur Youtube le 18 janvier 2018. <https://www.youtube.com/watch?v=vyOGoCow7ew>, [consulté le 21 janvier 2020].

en transformant la réalité à son avantage : « Il a pas eu de chance, j'suis flic. Il a pris cher le pauvre, je l'ai défoncé[17] ». Ce personnage peut donc ressusciter et réécrire la réalité : de tels pouvoirs pourraient faire songer au dieu du christianisme, si souvent perçu dans *En attendant Godot*. Ainsi, alors que, dans les années 1990, avec par exemple *Le Dernier Godot* de Matei Visniec, Godot a perdu toute sa force symbolique au point que même son auteur ne le reconnaît plus, aujourd'hui, dans *Cocovoit*, Godot retrouve sa toute-puissance. Cependant, son pouvoir a bien changé. Il ne symbolise plus le Salut, même disparu, de deux vagabonds, mais la violence et la toute-puissance bien présentes d'un État policier. D'ailleurs, la chute de l'épisode, avec la disparition du personnage de Jean-Louis, marque non seulement la fin de la lecture métaphysique d'*En Attendant Godot*, mais surtout la surpuissance de Matraque : il évince toute autre lecture. C'est la fin de la polysémie de lecture de la pièce de Beckett.

CONFRONTATION ENTRE CULTURE SAVANTE ET CULTURE POPULAIRE

Bien que la nouvelle symbolique de Godot ne soit pas très réjouissante, l'épisode joue également de la confrontation entre la culture dite savante et celle dite populaire. Nous verrons succinctement en quoi c'est un *topos* qu'on retrouve dans d'autres épisodes, puis comment cette confrontation se rejoue dans l'espace commentaire de l'épisode « En Attendant Godot ». La confrontation entre la culture populaire et la culture savante se joue donc dans d'autres épisodes, et surtout dans ceux où Jean-Louis est présent. Dans « Musso et Kundera[18] », par exemple, Jean-Louis prend encore une fois de haut son passager qui lit un roman de Musso. Jean-Louis lui explique en quoi ce n'est pas de la littérature, mais au fur et à mesure que son passager lui résume l'histoire, Jean-Louis est saisi par l'intrigue. Il tente alors de finir de lire le roman en cachette lors d'une pause à la station essence. Tous les épisodes où apparaissent Jean-Louis sont structurés de la même manière : il

17 *Idem*, 0'45.

18 Ambroise Carminati (réal.), *Cocovoit*, « Musso et Kundera » © ET BIM – Comédie +, 2019, 2'01. Mise en ligne sur Youtube le 25 avril 2019. <https://www.youtube.com/watch?v=jDm7LbQj_rQ>, [consulté le 21 janvier 2020].

domine un autre personnage sur un sujet culturel, avant que la situation ne se retourne contre lui. Parfois même par ses propres arguments. Dans l'épisode « Le Prof[19] », durant lequel il reprend constamment les fautes de syntaxe du personnage-type d'ouvrier nommé José, Jean-Louis finit d'instruire le conducteur en expliquant : « Il faut que tu comprennes une chose, c'est que la langue française n'a de cesse d'évoluer, d'accord. Elle est la résultante de déformations, venant notamment des classes dites plus populaires[20] ». Fort de ce nouveau savoir, José fait taire Jean-Louis qui tente une énième fois de le reprendre : « Non, mais putain c'est pas possible, et tu viens juste de dire que c'est moi que j'construis la langue là. Dorénavant tu vas fermer ta gueule[21] ». Ces différents exemples nous permettent d'affirmer que les auteurs ne montrent pas un rapport de sympathie avec ce que symbolise ce personnage, dont les paroles sont contredites à chaque fin d'épisode où il apparaît. Dans *Cocovoit*, la sympathie est portée à la culture populaire, et aux personnages qui la symbolisent, comme Keyvan qui, dans un autre épisode[22] en confrontation avec Jean-Louis, se met à faire des alexandrins malgré lui, à la manière de Jourdain faisant de la prose.

Un autre programme audiovisuel créé par le collectif « Et Bim » propose des parodies qui tournent mal à partir des codes de la culture populaire : *Marius, les podcasts de l'angoisse*. Le podcast est un format populaire sur Youtube : un artiste se filme en face caméra chez lui pour parler d'un sujet, souvent banal, en proposant des blagues. L'écriture est proche des codes du stand up qui joue de la connivence avec le public, grâce à des débuts de phrases toutes prêtes du type : « Je sais pas si vous avez remarqué, mais quand on [...]. » Les séquences où le podcasteur parle directement à la caméra sont souvent entrecoupées de sketches joués. Marius, un personnage inventé par le collectif Et Bim, fait par exemple un podcast[23] au début banal sur les différentes utilisations du réseau social WhatsApp grâce à un montage

19 Ambroise Carminati (réal.), *Cocovoit*, « Le Prof » © ET BIM – Comédie +, 2018, 1'47. Mise en ligne sur Youtube le 1 mars 2018. <https://www.youtube.com/watch?v=XJCIaaj_1U4>, [consulté le 21 janvier 2020].

20 *Idem*, 0'59.

21 *Idem*, 1'11.

22 Ambroise Carminati (réal.), *Cocovoit*, « Poésie » © ET BIM – Comédie +, 2019, 1'49. Mise en ligne sur Youtube le 3 juin 2019. <https://www.youtube.com/watch?v=qR6fMXlIsxs>, [consulté le 21 janvier 2020].

23 Ambroise Carminati (réal.), *Marius, les podcasts de l'angoisse*, « Marius – Top 10 Whatsapp » © Et Bim, 12 mai 2019, 12'54. <https://www.youtube.com/watch?v=BzWqGNe5Cwo>, [consulté le 21 janvier 2020].

dynamique. Une rupture s'opère à la quatrième minute de l'épisode quand l'application prend le dessus et évince le podcast. Durant les huit dernières minutes, le téléspectateur assiste alors aux conversations d'un groupe de quatre amis sur WhatsApp pendant plusieurs mois, dans le plus grand silence, jusqu'à comprendre que l'un des amis est mort, que le personnage principal n'arrive pas à faire son deuil, et qu'il finit par se retrouver seul après avoir perdu ses deux amis restants. Contrairement au programme *Cocovoit*, les podcast de Marius donnent place à une certaine dureté qui peut confiner à une forme de violence. Le nom du collectif l'indique : « Et Bim », le spectateur doit s'attendre à être violenté. Ce programme met en scène l'irruption de la dureté de la réalité dans un podcast en apparence innocent. Il est peu probable que le public de *Cocovoit* soit le même que celui des podcasts de Marius. Cependant, ce détour par d'autres créations du collectif montre comment ces artistes travaillent à mélanger culture populaire et formes artistiques novatrices, comme Beckett en son temps.

La série *Cocovoit* peut être considérée comme un objet de culture populaire puisqu'elle est diffusée sur la chaîne Comédie+ et sur la plateforme Youtube. La pièce de Beckett, au contraire, malgré de nombreuses références à la culture populaire, est devenue une œuvre de la culture savante, notamment avec son entrée au répertoire de la Comédie-Française dans la mise en scène de Roger Blin en 1978. Cette différence entre les deux œuvres est bien perçue par les spectateurs s'exprimant dans l'espace commentaire sous la vidéo Youtube. Une étude de leurs réactions permet de constater que les commentateurs semblent rejouer cette confrontation. On trouve d'abord une série de blagues ou jeux de mots créés à partir de l'épisode qui le mettent en rapport avec l'actualité, et qui soulignent la connivence entre le public, l'œuvre humoristique, et la culture web. Par exemple, le commentaire « Si seulement vous l'aviez tourné sous la neige vous auriez pu lancer le Ice Beckett Challenge[24] » fait un « à-peu-près[25] » avec le Ice Bucket Challenge, pratique très répandue pendant un temps sur les réseaux sociaux où des internautes se filment en se renversant un seau de glace sur la tête. Un autre commentaire s'amuse de la voiture à l'arrêt et l'explique par la hausse du prix de l'essence[26], qui impacte, on le rappelle, les milieux

24 Commentaire d'eliomerguez sous la vidéo Youtube *Cocovoit*, « En Attendant Godot », *op. cit.*

25 Hugues Hotier, *L'Imaginaire du cirque*, Paris, Harmattan, 2005, p. 204.

26 « Cocovoit à l'arret, eux aussi sont impactés par la hausse des prix de l'essence. » Commentaire de Pyracantha X sous la vidéo Youtube *Cocovoit*, « En Attendant Godot », *op. cit.*

les plus pauvres comme en atteste le mouvement des Gilets Jaunes qui débute d'ailleurs à la période de ce post. Je relève un dernier exemple de jeu de mots qui souligne toutes les déclinaisons phoniques potentielles contenues dans Godot : « Je suis fatigué je vais donc au godot[27]. » Une autre série de commentaires, relevant d'une pratique courante sous les vidéos Youtube, consiste à répéter les répliques du sketch qui ont le plus plu. Mais les commentaires les plus nombreux sous la vidéo portent sur les cours de français, et sur la compréhension ou l'incompréhension du sketch. Les deux sont liés puisqu'il s'agit de montrer que l'on connaît et reconnaît la référence à l'œuvre de Beckett. De nombreux internautes, avec un plaisir perceptible, affirment qu'ils ont enfin trouvé une utilité à leur cours de français :

> Les cours de français en term je pensais pas que sa allait me servir[28].
>
> Mdrrrr je doute que beaucoup de gens et compris l'allusion [trois smiley qui pleurent de rire] coco voit enrichit notre culture lol finalement pas mal les cours de français lol des heures d'apprentissage et ça me sert enfin à quelque chose ! …a comprendre une blague de 2min sur yt [smiley qui pleure de rire][29].

Malgré l'ironie criante du second commentaire sur l'utilité des cours de français, on sent le plaisir de faire partie du groupe de ceux qui ont compris le sketch. D'ailleurs certaines personnes de ce groupe montrent leur supériorité par le fait de détenir la référence à Godot. Ainsi à la personne qui blaguait sur le prix de l'essence, un internaute répond : « Désolé mec mais je pense que t'as pas la référence pour comprendre ce superbe sketch qu'ils nous ont encore pondus[30]. » D'autres, plus simplement, essaient d'expliquer la pièce de Beckett : « Godot – pièce de théâtre dans lequel deux clochards attende de façon pitoyable un homme du nom de Godot censé représente dieu godot-god[31]. » Il n'est pas certain que la connaissance de la pièce hypotexte soit nécessaire pour comprendre le sketch, puisque le personnage de Jean-Louis nous l'explique. À ce propos, l'équipe de *Cocovoit* s'en amuse puisqu'au commentaire : « Super sketch comme toujours j'espère que les gens vont comprendre la blague[32] », ils

27 *Idem*, commentaire d'adri 74.
28 *Idem.*, commentaire de pop hero crew.
29 *Idem*, commentaire de maud hyyhg.
30 *Idem*, commentaire d'oxgus t.
31 *Idem*, commentaire d'ANTI LACAGOULE.
32 *Idem*, commentaire de suggy naz.

répondent par l'absurde : « Ouais grave mais tout le monde n'a pas la ref sur Étretat[33] ! ».

Pour conclure, on a vu que Godot prend de nombreuses significations dans cet épisode. Les sketchs de *Cocovoit* sont construits autour d'un canevas avec des personnages types récurrents, ce qui n'est pas sans rappeler la forme de la Commedia dell'Arte. Cette structure permet de confronter des personnages aux horizons différents, ici un représentant de la culture savante, hautain, au travers du personnage de Jean-Louis, avec un autre, symbolisant la culture plus populaire, naïve et pragmatique qu'est Keyvan. Une lutte se joue entre les deux autour du sens de la vie, sachant que Jean-Louis tente d'imposer sa lecture à Keyvan, qui résiste. Ce premier champ de signification est rapidement contrebalancé par l'arrivée de Godot/Matraque qui détruit tout rapport métaphysique pour imposer la puissance d'un État policier. Malgré cette lecture politique de la société actuelle proposée par les créateurs de *Cocovoit* dans cet épisode, ce que retiennent les spectateurs dans la zone de commentaires est leur appartenance ou non au groupe de ceux qui détiennent la culture savante dont la pièce de Beckett est devenue l'un des emblèmes. Cette confrontation entre culture savante et culture populaire, proposée dans l'épisode même et qui est un des *topoï* des créations du collectif Et Bim, se rejoue donc dans l'espace des commentaires. *En Attendant Godot* conserve ses qualités de pièce lisière, entre deux cultures. Comme le disait d'ailleurs Jean Martin – premier acteur de Lucky dans les créations de la pièce par Roger Blin – à propos de Lucien Raimbourg – artiste de music-hall qui interprète Vladimir, toujours dans la première création – :

> Il avait une immense innocence. Après, quand on s'est rendu compte que *Godot*, c'était un tel bouleversement, il a voulu jouer "signifiant" mais ça n'a jamais été aussi fantastique que quand il le jouait sans s'interroger[34].

Mathilde DUMONTET

33 *Idem*, commentaire de Cocovoit.

34 Jean Martin, « La Première de Godot », propos recueillis par Évelyne Pieiller, *Le Magazine Littéraire*, n° 231, juin 1986, p. 37.

SIGLE ET ÉDITION CITÉS

G *En attendant Godot* [1952]. Paris, Minuit, 2007.

ÉPILOGUE

En attendant Godot de Samuel Beckett, construction d'un savoir et transmission didactique

Notre propos portera sur un corpus délaissé, nous semble-t-il, par les études beckettiennes : celui que constituent les manuels de français en lycée, pour les classes de 2de et 1re. Notre but est d'esquisser, de manière à la fois synchronique et diachronique, un tableau de la réception de l'œuvre de Samuel Beckett, principalement *En attendant Godot*, dans l'enseignement secondaire. Le titre de notre communication suggère que nous percevons, naturellement, cette réception comme pleinement active, puisqu'elle constitue une tentative plus ou moins heureuse de donner accès à une œuvre – souvent par le biais d'interprétations fortement suggérées, sinon imposées. Le présent ouvrage rendant hommage à Beckett trente ans après sa mort, il était d'autant plus fondé de remonter au moins au lendemain de cette disparition. En 1991 était publiée aux Éditions Hatier une anthologie de littérature française, *Itinéraires littéraires*, dont un volume, sous la direction de Jean-Michel Maulpoix[1], proposait des pages belles et riches sur l'œuvre de Beckett. Prenant cette publication comme point de repère, nous avons rassemblé – avec l'aide de collègues qui enseignent dans le Secondaire[2] – un nombre significatif de manuels et d'anthologies : un nombre significatif d'abord par la diversité des éditeurs représentés, outre Hatier, Hachette, Nathan, Bordas, Bertrand-Lacoste, Belin, Le Robert, Larousse. Quelques-uns des ouvrages rassemblés sont également destinés à un public étudiant. Bien que la plupart de ces ouvrages se présentent comme des manuels de littérature française, on peut y observer le souci croissant de rendre compte des spécificités du

---

1 Jean-Michel Maulpoix (dir.), *Itinéraires littéraires* XXe *siècle*, tome II, *1950-1990*, Paris, Hatier, 1991.

2 Nos remerciements vont à Nathalie Dupont (lycée Adam de Craponne, Salon-de-Provence), François Daunay (collège Cousteau de Rognac) et Llewellyn Brown (Lycée international de Saint-Germain-en-Laye).

théâtre. Pour autant, le regard porté sur l'œuvre de Beckett, surtout *En attendant Godot*, a-t-il dans les manuels sensiblement évolué au fil des années ? À en croire Charles Dantzig, dans le *Dictionnaire égoïste de littérature mondiale* qu'il a publié à l'automne 2019, « [...] *En attendant Godot* a été réduit à l'état d'allégorie par l'enseignement [...] », alors même que, selon ses termes,

> [...] [le génie de Beckett] est qu'il ne formule jamais l'idée. [...] On n'est pas sûr de quoi il parle. Ça a l'air symbolique, mais symbolique de quoi ? Il ne dissimule pas sous l'air du mystère des idées courtes sur la mort et le destin. Le plus important c'est la façon dont il parle. Ses pièces passent pour être le symbole de quelque chose alors que son génie consiste à ne rien symboliser. Winnie est une dame dans une motte de terre[3].

La *doxa* que suggère Charles Dantzig aurait-elle résisté aux réformes scolaires, aux refontes des programmes ? On le pressent : nous avons en ligne de mire une vulgate, celle du théâtre de l'absurde.

TEXTES ET CONTEXTES

Compte tenu du contexte offert par le présent ouvrage nous privilégierons les manuels et anthologies qui proposent un ou des extraits d'*En attendant Godot* – sans nous interdire, à l'occasion, de renvoyer à des analyses relatives à d'autres pièces de Beckett. Mais il est vrai qu'*En attendant Godot* fournit un matériau propice à une étude de réception tant cette pièce apparaît dans ce type d'ouvrages. Encore faut-il y apporter des nuances. Si nous remontons au-delà du cadre temporel que nous venons de préciser, on peut observer que le Lagarde et Michard choisissait de donner à lire un extrait non d'*En attendant Godot*, mais de *Malone meurt*, justifiant du reste davantage que des manuels ultérieurs le fait d'indiquer l'influence de Joyce sur Beckett. Les auteurs du manuel mettaient l'accent sur la « dissolution de la conscience et de ses langages dans un temps pour ainsi dire atomisé » : « Il est, dans *Malone meurt*, des monologues intérieurs qui sont comme les paroxysmes de cet épuisement de la parole par le personnage et du personnage par

3 Charles Dantzig, *Dictionnaire égoïste de littérature mondiale*, Paris, Grasset, 2019, p. 75 et 74.

la parole[4] ». Si nous faisons un saut dans le temps, jusqu'à aujourd'hui, on observe également que certaines œuvres de Beckett peuvent avoir davantage les faveurs des éditeurs qu'*En attendant Godot* – et pour cause, le programme des cours de français en lycée imposant une liste d'œuvres pour une étude intégrale, telle celle d'*Oh les beaux jours*[5].

Il nous faut insister sur la diversité, sensible déjà dans les années 1990, des contextes dans lesquels figurent les extraits d'*En attendant Godot* soumis aux lycéens. Dans une anthologie comme *Itinéraires littéraires*, au sein d'un chapitre consacré exclusivement à Beckett, des extraits d'*En attendant Godot* côtoient par exemple un extrait de *Molloy*. Peu après, paraît chez le même éditeur, Hatier, un volume intitulé *Littérature 1re. Textes et méthode*, dans lequel des extraits d'*En attendant Godot* s'inscrivent, certes, dans un chapitre consacré à l'œuvre de Beckett, mais au-delà et spécifiquement au théâtre du XXe siècle. La page de synthèse dans ce chapitre plus large s'intitule « Théâtre et langage[6] ». Au début des années 2000 paraît aux Éditions Bertrand-Lacoste un manuel de français de niveau 1re, sous la direction de Jean Jordy, dans lequel un extrait de l'acte I d'*En attendant Godot* s'inscrit dans un groupement de textes intitulé « L'objet au théâtre ». L'extrait y figure, comme dans bien des manuels, on le sait, au côté d'une page de Ionesco, mais aussi, ce qui est plus rare, de textes de Genet et de Koltès[7]. L'émancipation pédagogique par rapport aux habitudes et traditions reste relative : si un manuel récent propose un extrait de *Fin de partie* dans un chapitre au titre ouvert, « Le théâtre depuis 1950 : l'explosion des formes[8] », d'autres ouvrages, notamment les manuels *Français littérature* et *L'Esprit et la lettre*, tous deux publiés par Nathan, intègrent leurs extraits d'*En attendant Godot* dans des chapitres à peu près analogues : « Le théâtre de l'absurde » pour l'un[9], « Le théâtre

---

4 André Lagarde, Laurent Michard *et alii*, *XXe siècle. Les Grands auteurs français* (1962), Paris, Bordas, 1985, p. 655.

5 Nous renvoyons au Programme national d'œuvres pour l'enseignement de français pour l'année scolaire 2019-2020, dans le Bulletin officiel : <education.gouv.fr/bo/19/Hebdo14/MENE1908240N.htm> [consulté le 19 septembre 2019].

6 Catherine Cazaban, Hélène Sabbah *et alii* (dir.), *Littérature 1re, Textes et méthode*, Paris, Hatier, 1994, p. 401.

7 Nous renvoyons à Jean Jordy (dir.), *Français 1re*, Paris, Bertrand-Lacoste, 2002, p. 124-131.

8 Fabrice Carnet, Violaine Carry *et alii*, *Horizons pluriels, Français 1re, livre unique*, Paris, Nathan, 2019, p. 174.

9 Christophe Desaintghislain, Christophe Morisset *et alii*, *Français littérature*, Paris, Nathan, 2011, p. 504.

de l'absurde (seconde moitié du XXe siècle) » pour l'autre[10]. Il semble bien que les compagnonnages varient lentement. Beckett et Ionesco font encore bien souvent la paire. À l'occasion, un manuel proposera un rapprochement entre l'œuvre de Beckett et celle de Novarina, mais l'ouverture reste dans les manuels que nous avons pu consulter en deçà de celle offerte par exemple par la monographie de Jean-Luc Vincent sur *Fin de partie*[11], dans le cadre de La Bibliothèque Gallimard, monographie qui rassemble, pour cerner des filiations, des pages de Thomas Bernhard, Jean-Luc Lagarce, Didier-Georges Gabily, Sarah Kane, Jon Fosse, Philippe Minyana.

L'ART DE LA NOTICE

D'un chapitre de manuel consacré à Beckett à un autre chapitre sur le même auteur, les mêmes informations reviennent fréquemment, tandis que la disposition de l'information elle-même est comparable. Souvent, une notice biographique suggère les spécificités de l'écrivain sur le plan linguistique, mais la formulation peut être approximative : ainsi, dans une anthologie publiée par Belin est-il dit que Beckett a « parfois donné deux versions d'un même texte en anglais et en français[12] ». Un autre manuel, *Escales* (Belin Éducation), déclare sans plus de précision que Beckett « écrit l'essentiel de son œuvre en français », mais contrairement à bien des manuels a le mérite, sans doute, d'ajouter que cette « langue seconde [...] lui permet de mieux questionner l'étrangeté de l'existence[13] ». Sur la réception d'*En attendant Godot* lors de sa création des divergences affleurent : si le manuel que nous venons de mentionner choisit de signaler que « c'est au théâtre [que Beckett] accède à la consécration », un autre insiste, dans une page à dimension culturelle, sur le fait que la pièce crée un « scandale. Invoquant une image de l'humanité qu'ils trouvent

10 Adrien David *et alii*, *L'Esprit et la lettre, Français 1re*, Paris, Nathan, 2019, p. 450.

11 Jean-Luc Vincent commente *Fin de partie*, Paris, La Bibliothèque Gallimard, 2009.

12 Jean-Louis Boursin, *Anthologie de la littérature française, Textes choisis du XIe au XXIe siècles*, Paris, Belin, 2007, p. 322.

13 Djamila Belhouchat, Julie Champion *et alii*, *Escales, Français 1re*, Paris, Belin Education, 2019, p. 392.

dégradée, des spectateurs injurient les acteurs. Des bagarres obligent à baisser le rideau. Face aux difficultés financières qu'il rencontre, le théâtre ferme en septembre 1954[14] ».

Une anthologie telle qu'*Itinéraires littéraires* se distingue par l'ampleur de la notice biographique mais aussi par celle des notices consacrées à chacune des œuvres présentées. La fiabilité de l'information, s'agissant de l'œuvre de Beckett, y apparaît également remarquable. Force est de le constater, puisque notre propos porte sur la construction d'un savoir : tel n'est pas toujours le cas dans les manuels sur lesquels nous nous sommes penché. Dans une anthologie de littérature française publiée dans les années 1990 aux Éditions Nathan, anthologie destinée à la fois aux lycéens et aux étudiants, on peut ainsi être surpris de trouver un point d'exclamation dans le titre *Oh les beaux jours*, de lire qu'*En attendant Godot* « hérite évidemment de la thématique des "romans" auxquels Samuel Beckett s'était consacré depuis 20 ans *(Murphy*, *Molloy*, *Malone meurt* ou *L'Innommable*) [...][15] ». L'analyse dans ce même ouvrage reste parfois à éclaircir, notamment lorsqu'il est dit que dans le théâtre de Beckett « le choix de la scène et de l'oralité soulignent la tentative de l'écrivain pour retrouver une certaine objectivité qui s'était enlisée dans ses fictions délabrées[16] ». Que sont, sur les plans dramaturgiques et textuels, les « pièces torturées » que mentionnent les auteurs du manuel[17] ? Qu'est-ce qu'un dialogue « proliférant comme structure[18] » ? L'usage répété des guillemets dans le commentaire trahit l'insatisfaction des auteurs eux-mêmes, par exemple lorsqu'ils invitent à identifier, dans un extrait d'*En attendant Godot*, « les divers éléments qui contribuent à « creuser » la structure dialoguée[19] ». Reconnaissons, bien sûr, la difficulté de brasser tant d'informations sur tant d'auteurs, dans un même volume. L'approximation affleure également dans la notice sur Beckett d'un manuel publié en 1994 : « Après une première œuvre en anglais (*Murphy*), [Beckett] décide d'écrire en français (*Molloy*, *Malone meurt*,

---

14 Cécile de Rousiers-Gonçalves, Christophe Desaintghislain *et alii*, *Français littérature 2*[de] *et 1*[re]. *Anthologie chronologique*, Paris, Nathan, éd. 2019, p. 525.

15 Bernard Lecherbonnier *et alii*, *Littérature, Textes et documents* XXe *siècle*, Paris, Nathan, 1991, p. 651.

16 *Ibid.*

17 *Idem*, p. 650.

18 *Idem*, p. 654.

19 *Ibid.*

L'Innommable). Il se tourne alors vers le théâtre [...][20] ». Que la genèse soit hâtivement retracée pour des élèves de lycée peut se comprendre et le fait pourrait moins nous gêner que la formulation qui suit : Beckett, lit-on, « *utilise* ce genre [le théâtre] pour traduire le vide et la désespérance que lui inspirent le monde et la condition humaine[21] ». Voilà un indice qui semble donner raison au regard porté par Charles Dantzig sur la réception scolaire d'*En attendant Godot*.

Le moment est venu de nous pencher plus précisément sur les notices qui présentent et introduisent dans ces ouvrages des extraits d'*En attendant Godot*. Il faut reconnaître que dans bien des cas le texte, proche du résumé, affiche sa neutralité. Nous n'avons pas trouvé, pour *En attendant Godot*, de notice aussi insolite – paradoxalement par la lecture réaliste qu'elle propose au détour d'un terme – que celle-ci qui concerne *Fin de partie* : « Cette pièce met en scène quatre personnages, handicapés, qui vivent dans une maison située dans un désert apocalyptique[22] ». Cependant, dans notre corpus, une notice se détache par la manière dont elle présente les pièces de Beckett, « au caractère onirique, étrange et poétique. » Selon cette même notice les personnages seraient « des personnages décalés[23] ». Fait peu surprenant, certaines notices orientent la lecture, même pour des passages d'*En attendant Godot* où cette dimension n'apparaît pas essentielle, en mettant l'accent sur l'influence du cirque : dans l'ouvrage dirigé notamment par C. Cazaban et H. Sabbah on peut lire que « [Vladimir et Estragon] parlent et ressassent les mêmes choses, comme deux clowns tristes se donnent la réplique[24] ». Dans la notice de présentation d'une anthologie publiée par Nathan le duo Pozzo-Lucky est qualifié d'« autre couple clownesque[25] », ce qui se justifie sans peine, le personnage d'Estragon faisant lui-même référence au cirque. Gageons qu'est particulièrement utile la notice qui, dans un autre manuel, propose une histoire des origines et du devenir du clown, histoire qui montre que le clown « renvoie à un personnage grotesque, originaire d'Angleterre,

---

20 Bruno Doucey, Adeline Lesot *et alii*, *Littérature, Textes et méthode 2de*, Paris, Hatier, 1993, p. 394.

21 *Ibid.* Nous soulignons.

22 Carnet, Carry *et alii*, *Horizons pluriels, Français 1re, livre unique*, *op. cit.*, p. 174.

23 Marie Berthelier, Violaine Houdart-Merot *et alii*, *Invitation au voyage 2de et 1re, Anthologie littéraire*, Paris, Bordas, 2019, p. 513.

24 Cazaban, Sabbah *et alii* (dir.), *Littérature 1re, Textes et méthode*, *op. cit.*, p. 398.

25 Lecherbonnier *et alii*, *Littérature, Textes et documents* XXe *siècle*, *op. cit.*, p. 651.

qui l'a emprunté au *gracioso* ou paysan-bouffon du théâtre de l'Âge d'or espagnol[26] », de sorte que dans *En attendant Godot* le clown retourne à ses origines théâtrales.

L'enjeu, sur le plan pédagogique d'abord, des notices de présentation est naturellement bien plus important lorsque celles-ci prétendent fournir le texte *clé en main.* Ainsi, en préambule à la première scène d'*En attendant Godot*, peut-on lire dans un manuel des Éditions Hatier que « [les] clochards loufoques et désespérés [...] symbolisent la misère humaine et la solitude de l'homme sans Dieu[27] [...] ». La notice proposée par l'*Anthologie de la littérature française* publiée par Belin en 2007 n'est guère moins orientée : « Au pied d'un arbre, dans un espace vague et désolé, deux personnages aux allures de clochard, Vladimir et Estragon, attendent Godot, diminutif dérisoire d'un dieu – God – qui ne vient pas et ne viendra jamais[28] ». On peut juger plus satisfaisant le choix d'un autre manuel, qui, sans à proprement parler fournir de notice à un extrait d'*En attendant Godot*, propose comme en note la question et les informations suivantes :

> Godot, l'expression d'un espoir dérisoire ? Godot constitue un point de repère énigmatique dans le vide qui entoure Vladimir et Estragon. Personnage ou symbole, certaines interprétations associent son nom à God, "dieu en anglais", mais Beckett déclare que ce sont les termes argotiques "godillot" et "godasse" qui lui ont inspiré le titre[29].

Si l'effet de la notice de présentation de l'extrait peut être déterminant pour sa lecture et peut paradoxalement entraver la démarche interprétative que l'on souhaiterait encourager, n'est pas plus neutre le choix de l'extrait présenté.

26 Françoise Besson, Régis Lefort *et alii, Littérature, Anthologie pour le lycée*, Hatier, 2019, p. 327.

27 Doucey, Lesot *et alii, Textes et méthodes 2de*, *op. cit.*, p. 394.

28 Boursin, *Anthologie de la littérature française, Textes choisis du* XIe *au* XXIe *siècles*, *op. cit.*, p. 322.

29 Besson, Lefort *et alii*, *op. cit.*, p. 326.

PAGES D'ANTHOLOGIE

Reconnaissons que large est l'éventail des extraits d'*En attendant Godot* choisis pour ces ouvrages de lycée. Certes, les premières pages sont volontiers choisies, celles-ci étant l'occasion de mettre en relief la mise à mal de la traditionnelle scène d'exposition, de sorte qu'il semble paradoxal de continuer, dans certains manuels, à utiliser cette expression datée. La scène finale a également les faveurs des éditeurs, d'abord sans doute en ce qu'elle éclaire la structure circulaire de la pièce : dans une anthologie des Éditions Nathan, le critique déclare que « [comme] dans ses romans Beckett abolit ici le principe du début et de la fin d'une histoire [...][30] ». Dans *Itinéraires littéraires*, le choix d'une tirade de Pozzo permet de percevoir le jeu sur la théâtralité qui traverse bien plus largement la pièce, mais aussi, selon les termes des auteurs du manuel, la rupture de Beckett « avec le "théâtre d'idées" et le beau langage qui rassure le public en confortant ses illusions[31] ». On conçoit le dilemme des éditeurs : choisir une page plus ou moins représentative ou bien une page remarquable par sa singularité au sein de l'œuvre. C'est bien ce dernier parti qui est pris dans le manuel de français 2de et 1re *Anthologie et méthode* des Éditions Hachette, qui donne à lire un passage du discours fleuve de Lucky[32]. Le travail didactique apparaît ici particulièrement réussi. En marge, des notes lexicales, culturelles, stylistiques donnent des outils pour une explication de texte. Celle-ci est engagée par un questionnaire qui incite à observer l'organisation – ou la destruction – du texte, le travail stylistique, la dimension thématique et les tonalités du discours. Une question dite de synthèse interroge sur le caractère comique – ou tragique – d'un texte qui donne à voir et à entendre l'implosion de la syntaxe et du lexique. La réussite de la démarche pédagogique paraît ici reposer sur la combinaison d'un apport d'informations très précisément liées au texte soumis à l'élève et de l'aide à la construction d'un savoir et d'une interprétation par induction.

30 Lecherbonnier *et alii*, *op. cit.*, p. 653.

31 *Idem*, p. 110.

32 Fabian Bouleau, Michel Degoulet *et alii, L'Écume des lettres, 2de/1re, Anthologie et méthodes*, Paris, Hachette, 2019, p. 242.

L'ARTICULATION TEXTE/IMAGE

Compte tenu de la passion de Beckett pour la peinture et de la genèse d'*En attendant Godot*, liée, on le sait par Ruby Cohn, à un tableau de Friedrich, compte tenu aussi des rapports étroits entre le théâtre à l'italienne et la peinture, on peut s'étonner de la rareté des dialogues instaurés dans les manuels entre texte et peinture. Dans l'ouvrage de français 1re *Textes et méthode* l'élève est invité à une analyse d'un tableau de Paul Klee, *Masque d'acteur*, qui figure en marge d'un extrait d'*En attendant Godot*. L'analyse iconographique est ici l'occasion d'une réflexion sur la théâtralité inhérente à l'existence. Le manuel de français 1re *Escales*, publié par Belin, tire profit d'une photographie de mise en scène, celle de Jean Lambert-wild, Marcel Bozonnet et Lorenzo Malaguerra, pour demander à l'élève « [en] quoi l'image tirée de cette mise en scène d'*En attendant Godot* peut [...] être rapprochée d'une peinture de vanité[33]. »

L'évolution des manuels et anthologies dans lesquels figurent des extraits d'*En attendant Godot* se caractérise notamment par un enrichissement iconographique dû à un travail documentaire relatif aux mises en scène – en France du moins – d'*En attendant Godot*. Les pages consacrées à cette pièce dans l'anthologie *Itinéraires littéraires*, telle qu'elle est publiée en 1991, rassemblent des documents sur les mises en scène de Roger Blin en 1953 (Théâtre de Babylone) et en 1978 (Théâtre de l'Odéon), photographie et maquettes de costumes de Matias, maquettes que l'on trouve également dans l'ouvrage dirigé par H. Sabbah. À la même époque, l'anthologie des Éditions Nathan associe, s'agissant d'*En attendant Godot*, photographie de répétition à l'Odéon et photographie de la mise en scène d'Otomar Krejča à Avignon cette même année. L'usage des photographies de mises en scène est alors certes d'ordre informatif, mais aussi quelque peu illustratif. Aucune question, aucun commentaire n'accompagne les photographies, pourtant suggestives d'orientations esthétiques et dramaturgiques. C'est également le cas pour des photographies retenues par d'autres éditeurs de la mise en scène de Patrice Kerbrat en 1996 au Théâtre du Rond-Point, photographies qui se prêtent à un usage illustratif par la fidélité au texte et à ce qu'après des décennies on attend désormais de lui : cette

33 Belhouchat, Champion *et alii*, *Escales, Français 1re*, *op. cit.*, p. 398.

mise en scène donne à l'œuvre comme un statut de classique. Mais l'on peut s'étonner de l'apparente rareté des références à la mise en scène de Joël Jouanneau au Théâtre des Amandiers (1991) qui a fait date, tant par l'exemplarité de l'interprétation que par la capacité à inventer une mise en scène pour le temps présent.

VERS UNE APPROCHE DRAMATURGIQUE

Le manuel de français 1re *Escales* (Belin Éducation) apparaît remarquable à bien des égards dans sa manière d'aborder l'œuvre théâtrale de Beckett, qu'elle présente dans un parcours intitulé « Un théâtre de la condition humaine ». Il l'est notamment par le fait d'inciter l'élève, par ce qu'il nomme un « dossier culturel », à s'interroger sur le rapport que peut entretenir un metteur en scène avec les « indications scéniques très précises » que fournit Beckett. En choisissant de présenter des documents (photographies ; articles ; entretien) sur la mise en scène de Jean Lambert-wild, Lorenzo Malaguerra et Marcel Bozonnet – présentée comme une « véritable interprétation de la pièce, qui les conduit à transposer les personnages au XXIe siècle dans le contexte de la "crise des migrants"[34] » –, le manuel permet, on ne peut mieux, de saisir le fait que l'œuvre dramatique est en perpétuel devenir, aussi précises que soient les didascalies. Ce manuel renvoie à des documents numériques, entretien par exemple, qui complètent des documents relatifs à la dramaturgie présents dans la version papier du manuel. Dans celle-ci, s'agissant d'*Oh les beaux jours*, trois photographies de mises en scène, de Frederik Wiseman, Robert Wilson, Anne Bisang, suggèrent également la part de liberté dont disposent les metteurs en scène. En ce qui concerne *En attendant Godot*, invitation est lancée à faire, par le biais des ressources fournies par l'INA, « une recherche sur les premières mises en scène des pièces de Beckett, réalisées par Roger Blin. Dans quelles conditions travaille-t-il ? Quelles difficultés ce metteur en scène a-t-il rencontrées avec l'auteur, avec le public, avec

34 *Idem*, p. 394.

les comédiens[35] ? ». L'anthologie *Invitation au voyage 2de-1re* incite par d'autres moyens à s'identifier au metteur en scène. La reproduction de la lettre, fameuse, de Beckett sur le « froc d'Estragon » dans la scène finale d'*En attendant Godot* – « froc » qui, dit-il, doit [tomber] complètement[36] » – vise à susciter, par le biais de questions, une réflexion sur le caractère à la fois tragique et burlesque de la scène, mais permet aussi un exercice d'écriture créative : « Vous êtes Roger Blin : écrivez votre lettre de réponse à celle de Beckett pour défendre votre choix concernant le pantalon d'Estragon, et plus largement votre liberté de metteur en scène[37]. » Peut-être cette activité est-elle d'autant plus fondée si elle s'appuie sur une recherche documentaire, concernant la création d'*En attendant Godot* par Roger Blin. Dans ce cas, l'élève construit lui-même son savoir et le fait sien par l'écriture. Le manuel publié par Nathan *L'Esprit et la lettre* propose une approche complémentaire de cette scène finale d'*En attendant Godot.* Entre explication de texte et analyse dramaturgique, le manuel demande à l'élève quel personnage « domine le dialogue », ce que « révèlent » leurs accessoires (corde, chapeau). L'activité créative est ici orale et probablement difficile en tant qu'activité improvisée, qui invite à imaginer et jouer une autre journée de Vladimir et Estragon[38]. Quoi qu'il en soit, apparaît nettement ce qui sépare l'approche de l'anthologie *Itinéraires littéraires* de celle des manuels publiés plus récemment : l'approche de 1991 sollicitait l'élève essentiellement en tant que lecteur, et les pages de synthèse se donnaient comme un dense cours magistral. S'y lisait notamment cette phrase, qui pourrait être un commentaire de la scène finale d'*En attendant Godot* : « L'humour, l'illogisme et la dérision viennent briser l'émotion chaque fois qu'elle paraît sur le point de naître à la vue des images d'une condition humaine désespérée [...][39] ».

35 *Idem*, p. 397.
36 *Idem*, p. 515.
37 *Ibid.*
38 *Idem*, p. 452.
39 Maulpoix (dir.), *Itinéraires littéraires* XXe *siècle*, tome II, *1950-1990*, *op. cit.*, p. 115.

LE DEVENIR D'UNE INTERPRÉTATION
Beckett et le "théâtre de l'absurde"

L'anthologie *Itinéraires littéraires* ne place l'œuvre de Beckett sous le signe de l'absurde que dans un dernier temps, dans la synthèse qu'il consacre à ce théâtre. Les auteurs de cette anthologie considèrent que « Beckett privilégie l'utilisation symbolique du théâtre : celui-ci, déclarent-ils, est particulièrement adéquat pour évoquer l'existence, [...] attente interminable d'un mystérieux personnage qui viendrait donner sens à l'absurdité [...][40] ». Dès lors, Beckett peut être défini par les éditeurs comme un « [dramaturge] de l'absurde », qui « représente la misère sous une forme grotesque ». Ils précisent : « Toutefois, [Beckett] ne prône nullement un théâtre à message, dans la continuité de l'œuvre de Brecht qui use de la distanciation [...] pour édifier son spectateur. Il s'ingénie plutôt à écarter avec ironie toute signification immédiate, toute thèse simplificatrice qui délivrerait clairement sa conception de l'existence et de l'art[41] ». L'embarras est davantage perceptible dans l'anthologie de la littérature française publiée par Larousse en 1994 : présentant un extrait d'*En attendant Godot*, les auteurs y affirment que le théâtre de Beckett ne "signifie" pas, mais dit le vide de l'être et le tragique de l'existence humaine : l'« attente vaine chaque jour recommencée » de Vladimir et Estragon y est aussitôt perçue par les auteurs du manuel comme l'« image de la condition humaine[42] ». Mais si la plupart des manuels que nous avons consultés mettent l'accent sur la dimension symbolique de cette pièce, les lectures "religieuses" y sont suffisamment rares pour estimer que cette pièce y est bien moins réduite à une allégorie que ne le dit Charles Dantzig.

Marie-Claude Hubert, ainsi que Florence Bernard, ont rappelé les profondes réticences de Ionesco, Adamov et Beckett à l'égard du terme d'absurde qui, très tôt, leur a été accolé. Ainsi citent-elles Ionesco : « On a dit que j'étais un écrivain de l'absurde, il y a des mots comme ça qui

40 *Ibid.*
41 *Ibid.*
42 Florentin Carole, *Littérature française* XXe *siècle, Anthologie*, Paris, Classiques Larousse, 1994, p. 296.

courent les rues ; c'est un mot à la mode, qui ne le sera plus [...][43] ». Force est de reconnaître que le terme *absurde* est devenu et demeure un leitmotiv du discours tenu dans les manuels de lycée. Ainsi, dans le manuel *L'Esprit et la lettre* Beckett se voit défini comme une « figure majeure du théâtre de l'absurde[44] ». Dans l'anthologie de la littérature française publiée en 2007 aux Éditions Belin, le théâtre de Beckett est également qualifié de « théâtre de l'absurde[45] ». Selon le manuel *Littérature 2de. Textes et méthode* (Hatier), le théâtre de Beckett « s'inscrit, en le développant, dans le théâtre de l'absurde traitant, par la dérision et par l'ironie, des angoisses et des attentes de l'être humain[46] ». Mais Beckett est plus souvent perçu comme un écrivain qui a *inventé* le théâtre de l'absurde. Ce qui caractérise les manuels que nous venons de mentionner est le fait qu'ils font référence à ce que Jean-Pierre Ryngaert appelle la « théorie de l'absurde » comme s'il s'agissait d'un fait établi, incontestablement inhérent à l'œuvre, non d'une « conception intéressante à bien des égards », mais qui présente le défaut, même dans l'ouvrage de Martin Esslin, d'attribuer à Beckett « une intuition générale qui devient une sorte de clef du texte ». Jean-Pierre Ryngaert observe : « [...] dès lors, [Esslin] n'entre plus dans l'analyse détaillée du texte, sinon pour vérifier qu'elle illustre bien ce principe fondamental [...][47] ». L'élève de lycée pourrait être tenté d'en faire de même.

La catégorie "théâtre de l'absurde" présente, nous semble-t-il, l'inconvénient d'estomper les spécificités entre les œuvres de Beckett et de Ionesco et de donner une image faussée de l'histoire du théâtre, en suggérant l'existence d'un mouvement collectif, conscient et ordonné. Un manuel tel que *Français littérature*, publié par Nathan en 2003, tente d'abord de définir le mot *absurde*. Il renvoie, comme bien d'autres manuels, à Camus et à Sartre, pour qui, déclarent les éditeurs, « le mot "absurde" désigne l'absence de sens logique de la condition humaine ». Ce manuel a ensuite le mérite d'expliciter le fait que le "théâtre de l'absurde" est essentiellement une notion critique : « Après la Seconde Guerre mondiale, la critique littéraire propose de regrouper sous l'expression "théâtre de l'absurde" des pièces qui

---

43 Le propos d'Eugène Ionesco figure dans *Notes et contre-notes*, Paris, Gallimard, « Idées », 1960, p. 297.

44 David *et alii*, *L'Esprit et la lettre, Français 1re*, *op. cit.*, p. 451.

45 Boursin, *Anthologie de la littérature française, Textes choisis du* XIe *au* XXIe *siècles*, *op. cit.*, p. 322.

46 Doucey, Lesot *et alii*, *Littérature, Textes et méthode 2de*, *op. cit.*, p. 394.

47 Jean-Pierre Ryngaert, *Lire "En attendant Godot"*, Paris, Dunod, 1993, p. 142.

explorent, à travers la dérision du langage, cette dimension tragique d'une existence dépourvue de sens et d'avenir[48] ». Malheureusement en dehors de cette note les guillemets pour *théâtre de l'absurde* disparaissent. Alors même qu'il est dit de prime abord que « [le] théâtre de l'absurde n'apparaît pas comme un mouvement littéraire organisé », ce manuel entreprend aussitôt d'expliquer ce qu'il appelle « L'histoire du mouvement » et « Les principes du mouvement ». Le risque de confusion apparaît d'autant plus grand, on l'aura remarqué, que le soi-disant « mouvement » est qualifié de « littéraire ». Dans la tentative d'énumérer les « principes » et les « thèmes essentiels » se mêlent le vrai – « il n'y a plus d'intrigue », « les anti-héros, les êtres anonymes et sans épaisseur » prennent le devant – et le contestable – « le décor est vide », « le langage inutile et vain[49] ».

L'anthologie de littérature française publiée par Nathan au début des années 1990 avait l'ambition, après avoir donné à lire des textes de Beckett et Ionesco, de retracer l'histoire du mot *absurde*. Selon les auteurs, « il est assez aisé de faire la généalogie de l'*idée* d'absurde depuis la fin du XVIIIe siècle, moment où elle apparaît chez Rousseau et Bernardin de Saint-Pierre ». Sont ensuite mentionnés Constant, Chateaubriand, Huysmans, mais aussi diverses expressions, « toutes insuffisantes et complémentaires » selon les critiques : « vague des passions », « ennui existentiel », « mal du siècle ». Devant cette analyse monte l'impression que l'absurde serait l'autre nom de la mélancolie – et aussitôt survient la référence à *La Nausée*, dont on connaît le titre initial : *Melancholia*. Non sans paradoxe, la longue tentative de retracer l'histoire du mot *absurde* mène à un reniement du terme : « Aussi bien, cette attitude proche du nihilisme [celle de Beckett et de Ionesco] nous fait-elle préférer à l'appellation d'absurde celle de *tragique* [...][50] ». De fait, ce propos est suivi d'un long extrait de l'essai de Jean-Marie Domenach *Le Retour du tragique* (1967).

On ne s'étonnera pas du fait que certains exercices proposés aux lycéens aient vocation à légitimer le recours à la notion d'absurde pour rendre compte des œuvres de Beckett et de Ionesco. Ainsi, un sujet de dissertation prend-il la forme de la question suivante : « Comment le théâtre de l'absurde renouvelle-t-il la tragédie[51] ? ». Le manuel *Le Français au lycée.*

---

48 Desaintghislain, Morisset *et alii*, *Français littérature, Anthologie chronologique*, *op. cit.*, p. 504.
49 *Idem*, p. 505.
50 *Idem*, p. 659.
51 Guilhem et Denis Labouret *et alii*, *Le Français au lycée, 2de et 1re, Méthodes et pratiques*, Paris, Bordas, éd. 2019, p. 324.

2de et 1re, Méthodes et pratiques (Bordas), avant de donner à lire la scène dans laquelle Vladimir et Estragon « voient revenir Pozzo et son esclave Lucky », demande à l'élève « Dans quel mouvement littéraire le texte suivant peut-il s'inscrire[52] ? ». Il reste que certains manuels adoptent une distance par rapport à la notion d'absurde. Le manuel *Escales*, au lieu de qualifier l'écriture de Beckett d'absurde, la caractérise comme « expérimentale et minimaliste[53] ». Dans d'autres manuels la distance se perçoit dans l'usage des guillemets, mais ceux-ci permettent aussi au terme de se maintenir, au prix parfois d'une forme de circularité dans l'analyse : « Le "Nouveau Théâtre", aussi appelé "Théâtre de l'Absurde", tente de rendre compte de la dimension tragique et absurde du monde[54] ». Le manuel de français 1re *Passeurs de textes*, publié en 2002 par les Éditions Le Robert, affiche une adhésion prudente à la notion : selon les auteurs, « *Oh les beaux jours* est emblématique d'un théâtre que la critique a qualifié de "théâtre de l'absurde", même si Beckett n'a jamais vraiment revendiqué ce terme[55] ». Si un manuel récent affirme que chez Beckett « la scène de théâtre devient le lieu où les mots se vident de leur sens. Ils ne servent plus qu'à dire le vide[56] », le manuel de français 1re *Escales* (Belin) incite bien davantage à nuancer les apparences. Dans le cadre de l'étude d'*Oh les beaux jours* le sujet de dissertation proposé est le suivant : « Le jugement provocant « Ça ne veut rien dire, "il ne se passe rien", il n'y a rien à comprendre », vous paraît-il rendre compte du théâtre de Samuel Beckett ? ». La reformulation de « la thèse » invite à se demander si « le théâtre de Beckett, qui exploite les ressources du "rien", est [...] pour autant un théâtre privé de toute signification [...][57] ». Les pistes de réflexion qui sont soumises à l'élève lui permettent de réévaluer l'œuvre :

> – « Une pièce de théâtre doit-elle raconter une histoire ? »
> – « Peut-on vraiment dire qu'"il ne se passe rien" dans les pièces de Samuel Beckett ? »
> – « [...] le fait qu'"il ne se passe rien" n'est-il pas signifiant[58] ? »

---

52 *Idem*, p. 313.

53 Belhouchat, Champion *et alii*, *Escales, Français 1re*, *op. cit.*, p. 393.

54 Bouleau, Degoulet *et alii*, *L'Écume des lettres, 2de/1re, Anthologie et méthodes*, *op. cit.*, p. 242.

55 Corinne Abensour, Marie-Hélène Dumaitre (dir.), *Passeurs de textes, Français 1re, Langues et méthodes*, Paris, Le Robert, 2019, p. 186.

56 Carnet, Carry *et alii*, *Horizons pluriels, Français 2de, livre unique*, *op. cit.*, p. 204.

57 Belhouchat, Champion *et alii*, *Escales, Français 1re*, *op. cit.*, p. 393.

58 *Ibid.*

La réévaluation de l'œuvre prend ici une dimension à la fois éthique et esthétique. Il vaut la peine de citer la fin du "plan" de dissertation proposé par les auteurs de ce manuel :

> Si le sens, comme l'action, restent ténus et presque impossibles, c'est peut-être dans le vide et l'ennui qu'il faut chercher une signification. La pièce n'exprime-t-elle pas une inquiétude quant à la précarité de la condition humaine ? Ne met-elle pas en évidence, en représentant sa fragilité même, le triomphe de la vie, incarné par Winnie ? Ce théâtre confronte le spectateur à son besoin de s'emparer du vide, sur scène comme dans la vie, pour en faire émerger du sens[59].

Ce regard porté sur les pièces de Beckett n'est pas moins pertinent que celui qui fait appel à l'absurde comme outil critique. Ce regard, d'autre part, peut avoir des vertus pédagogiques plus prononcées que celles d'une notice publiée dans une *Anthologie de la littérature française* (Belin, 2007), laquelle affirme que les pièces de Beckett qui ont succédé à *En attendant Godot* « sont tout aussi désespérantes et désespérées[60] ».

La force et la faiblesse de la notion d'absurde, utilisée relativement au théâtre de Beckett, sont de recouvrir des aspects très divers de l'œuvre. Un parcours au sein des ouvrages parascolaires sur *En attendant Godot* montrerait la disparité des définitions de l'absurde chez les auteurs de ces ouvrages, qui sont largement sensibles aux attraits de cette notion. Certes, cette disparité n'invalide pas le caractère opératoire de l'outil critique. Un manuel tel que *Horizons pluriels 2de* (Nathan) donne à voir la pertinence du propos que permet le recours à la notion. Si de manière classique les auteurs de cet ouvrage soulignent le fait que « [la] littérature de l'absurde trouve sa source au début du XXe siècle avec le théâtre contestataire d'Alfred Jarry et les récits de Franz Kafka », qu'« [avec] Jean-Paul Sartre et Albert Camus elle exprime l'impuissance du théâtre à trouver un sens à l'existence », ils ont le mérite de mettre en relief « le comique et l'ironie de l'absurde » : ceux-ci, écrivent-ils, « deviennent l'expression même du tragique humain, mais aussi [celle] de sa dignité et sa révolte : l'homme dépasse son impuissance par le rire[61] ». Si l'on peut penser que les manuels les plus attachés aux questions relatives à la théâtralité et aux questions de mises en scène ont cet atout de

59 *Ibid.*
60 Boursin, *Anthologie de la littérature française, Textes choisis du* XIe *au* XXIe *siècles, op. cit.*, p. 322.
61 Carnet, Carry *et alii*, *Horizons pluriels, Français 2de, livre unique, op. cit.*, p. 52-53.

permettre d'éviter la réitération d'une perspective critique, soulignons qu'un manuel tel qu'*Horizons pluriels* permet de penser l'articulation de l'absurde et du théâtre, lorsqu'il met en avant le fait que « [le] théâtre reste l'expression privilégiée des écrivains de l'absurde. Il confronte la réalité visible à un discours qui ne correspond pas au réel : le langage est inadapté et incohérent[62] ».

Sans doute faut-il espérer une plus large prise en compte dans les ouvrages de l'enseignement secondaire des évolutions et des apports de la critique universitaire. Pareille ouverture demeure rare à en juger par les documents que nous avons pu rassembler. Mais un manuel comme *L'Esprit et la lettre* (Nathan) veille à sensibiliser l'élève à des questions de scénographie tout en lui offrant une combinaison d'approches critiques. Certes, Beckett y est perçu comme un de ces « auteurs de l'absurde[63] », certes la révolution dramatique ici en jeu est évoquée succinctement : ces auteurs « rejettent l'illusion réaliste, la temporalité et les personnages traditionnels. La théâtralité est revendiquée [...] », « la difficulté à communiquer traverse ces œuvres de l'absurde[64] ». Mais cette brève synthèse, qui porte notamment le titre « Une écriture des catastrophes », est associée à un texte de Jean-Pierre Sarrazac qui permet de penser l'articulation de l'absurde et de la catastrophe : dans le théâtre du « long XXe siècle », écrit Jean-Pierre Sarrazac, « la catastrophe a tendance à devenir inaugurale[65] ». Pareille lecture – conciliable avec une interprétation de l'œuvre de Beckett comme œuvre ancrée dans la mélancolie – invite à un renouvellement des approches. Affaire à suivre, pourrait-on dire.

Yann Mével

62 *Ibid.*
63 *Idem*, p. 451.
64 *Ibid.*
65 *Ibid.*

INDEX DES NOMS

ABENSOUR, Corinne : 252
ABIRACHED, Robert : 225
ADAMOV, Arthur : 28, 112, 120, 249
ADAMS, Jacob : 18
ADORNO, Theodor W. : 32, 37, 92, 176
ADRIEN, Philippe : 90, 111
ALAIN : 195
ALAMU, Tatalo : 18
ALBEE, Edward : 111
ALEXANDRE-BERGUES, Pascale : 50
AMIARD-CHEVREL, Claudine : 74
AMILA, Jean : 22
ANDERS, Günther : 91
ANOUILH, Jean : 14, 20, 28, 61, 94, 155
ARRABAL, Fernando : 19, 20, 110
ASLAN, Odette : 38, 84, 92
ASMUS, Walter : 185
ASSANDÉ, Fargass : 81, 91, 96, 101, 102
ATIK, Anne : 130
AUDIBERTI, Jacques : 29
AUGUET, Roland : 71
AUTAIN, Clémentine : 115
AVRIL, Christophe : 81
AZAMA, Michel : 20

BADALAMENTI, Angelo : 211
BADIOU, Alain : 37, 61, 69, 176, 190
BARTHES, Roland : 142, 215
BARUT, Benoît : 12, 24, 25, 154, 173-220
BASTUJI, Jacqueline : 138
BAUDELAIRE, Charles : 62
BAUDRILLARD, Jean : 66
BECKETT, Edward : 115
BECKETT, Suzanne : 27, 57
BEIGBEIDER, Marc : 113
BELHOUCHAT, Djamila : 240, 245, 251
BELLISARIO, Donald P. : 201
BELLO, Abdul Salam : 119
BERGHOF, Herbert : 109
BERGSON, Henri : 34, 69, 75, 76
BERKELEY, George : 145, 176
BERNARD, Florence : 248
BERNARDIN DE SAINT-PIERRE, Jacques-Henri : 250
BERNHARD, Thomas : 240
BERTHELIER, Marie : 243
BESSON, Françoise : 243
BETSUYAKU, Minoru : 20, 111
BISANG, Anne : 246
BISHOP, Tom : 67
BIZUB, Edward : 130
BLAU, Herbert : 18
BLIN, Roger : 9, 14, 21, 27, 28, 35-38, 57, 61, 62, 68, 84, 89, 92, 97, 99, 111, 145, 156, 197, 228, 233, 235, 245-247
BLOOM, Harold : 174
BLOWER, Patrick : 150
BOHIRI, Michel : 81, 91, 96, 101, 102
BOST, Bernadette : 87
BOULEAU, Fabian : 244, 252
BOURDEAUT, Olivier : 175
BOURDET, Gildas : 38
BOURSIN, Jean-Louis : 240, 243, 249, 252
BOZONNET, Marcel : 16, 81, 82, 84, 85, 87-89, 91-95, 97, 100-103, 245, 246
BRADBY, David : 16, 122
BRAQUE, Georges : 195
BRAHIMI, Naoufel : 121
BRATER, Enoch : 95
BRECHT, Bertolt : 20, 86, 112-114, 122, 248

BROWN, Llewellyn : 237
BROYLES JR., William : 201
BUHARI, Muhammadu : 118
BULATOVIC, Miodrag : 20, 111
BULL, Lucien : 178
BURROUGHS, William S. : 178

CALVINO, Italo : 109
CAMPBELL, Julie : 181
CAMUS, Albert : 28, 113, 116, 117, 249, 252
CARDINALE, Anthony : 183
CARMINATI, Ambroise : 223, 224, 226, 227, 229-233
CARNET, Fabrice : 239
CARNWATH, Ally : 116
CAROLE, Florentin : 248
CARRY, Violaine : 239, 242, 251, 252
CARTER, Imogen : 116
CASILLI, Antonio : 175
CAU, Jean : 68
CAZABAN, Catherine : 239, 242
CELAN, Paul : 139-141
CEZARD, Delphine : 66
CHABERT, Pierre : 28, 29, 39, 40
CHAMPION, Julie : 240, 245, 251
CHAN, Paul : 15
CHANDLER, Raymond : 178
CHAPLIN, Charles : 34, 35, 46, 67, 68, 75, 97
CHATEAUBRIAND, François-René de : 250
CHÂTELET, Caroline : 96
CHOCOLAT (Rafaël Padillat, dit) : 67, 97
CLUCHEY, Rick : 18
COCTEAU, Jean : 28, 178
COHN, Ruby : 19, 20, 28, 86, 110, 245
COLBERT, Stephen : 149, 150
COLIN, Marjorie : 9-25, 61-79
CONSTANT, Benjamin : 250
COOKE, Alistair : 209
COURCOL, Emmanuel : 19
CORMANN, Enzo : 87
CORNEILLE, Pierre : 34, 46, 47
CRAIG, George : 26, 41, 60, 78
CREVEL, René : 116
CRICHTON, Michael : 202
CUNARD, Nancy : 116
CUOMO, Mario : 149
CURZON, Daniel : 20
CUSACK, Cyril : 47, 48

DAMINABO, Monima : 118
DANTZIG, Charles : 238, 242, 248
DARGE, Fabienne : 17, 93
DAUDET, Alphonse : 102
DAUNAY, François : 237
DAVID, Adrien : 240
DAVIS, David : 150
DEFACQUE, Gilles : 65, 105, 106
DEGOULET, Michel : 244, 251
DENIS, Dominique : 76
DENTITH, Simon : 149
DERVAL, André : 57
DESAINTGHISLAIN, Christophe : 239, 241, 250
DESJARDINS, Guillaume : 223, 225, 229
DIAZ, Joshua : 194
DIDEROT, Denis : 13, 45-48, 50-53, 56, 60, 131
DISNEY, Walt : 15
DOMENACH, Jean-Marie : 250
DORT, Bernard : 113, 114
DOUCEY, Bruno : 242, 243, 249
DOUGLAS HOME, William : 173-174
DRISCOLL, Kevin : 194
DUBILLARD, Roland : 20
DUCKWORTH, Colin : 27, 70
DUMAITRE, Marie-Hélène : 251
DUMONTET, Mathilde : 24, 223-236
DUMUR, Guy : 22, 114
DUNCAN, Joseph E. : 111
DUPONT, Nathalie : 237
DUPUIS, Sylviane : 86, 87, 127-144
DURANG, Christopher : 147, 148, 158
DURAS, Marguerite : 132, 133
DÜRRENMATT, Friedrich : 139
DUTHUIT, Georges : 45, 85
DUTTWEILER, Gottlieb : 139

ELIOT, T.S. : 149
ENGEL, André : 110
ESSLIN, Martin : 18, 37, 70, 83, 111, 228, 249
EURIPIDE : 142

FAGONE, Jason : 145, 159
FAY, Jimmy : 17
FEDERMAN, Raymond : 67
FEHSENFELD, Martha : 26, 34, 41, 60, 78
FEIFFER, Jules : 20
FIELDING, John : 48, 57
FINBURGH, Claire : 213
FLAUBERT, Gustave : 137
FLÉDÉRICK, André : 173
FOOTTIT (Georges Foottit, dit) : 67, 97
FOSSE, Jon : 20, 240
FRANCIS, Benjy : 17, 116
FRANÇON, Alain : 87
FRATELLINI, Albert, François et Paul : 14, 28, 61-63, 94, 155
FRÉCHURET, Laurent : 81, 82, 91, 93-98
FRIEDRICH, Caspar David : 13, 245
FUGARD, Athol : 110, 116, 117

GABILY, Dider-Georges : 240
GARDNER, Herb : 209
GENET, Jean : 28, 68, 239
GENETTE, Gérard : 145, 146
GIACOMETTI, Alberto : 149
GIRARD, René : 64
GIRAUDOUX, Jean : 28
GIRAULT, Alain : 113
GOBERT, Dominique : 175
GONTARD, Guillaume : 10
GONTARSKI, Stanley : 109, 176
GORDEAUX, Paul : 62
GORDON, Robert : 152, 159
GOUDARD, Philippe : 62
GRÄDEL, Jean : 134, 138
GRAVER, Lawrence : 149
GRAY, Spalding : 209
GREENE, Graham : 116
GREENMAN, Ben : 145
GROCK (Adrien Wettach, dit) : 62, 63, 71, 72, 97, 106
GRUMBERG, Jean-Claude : 20
GUÉRIN, Jeanyves : 16, 17, 86, 90, 95, 109-123
GUERROUA, Kamal : 121
GUNN, Dan : 26, 41, 60, 78

HAENEL, Yannick : 21
HAERDTER, Michael : 70
HAGELBÄCK, Jösta : 18
HAMMERSTEIN, Oscar : 215
HAMMETT, Dashiell : 178
HANSON, Dave : 151, 152, 155-159
HARDY, Oliver : 35, 97
HARRAR, Samia : 122
HAVEL, Vaclav : 39, 111, 139
HAYFORD, Justin : 147
HEMINGWAY, Ernest : 209
HENNINGER, Aline : 181
HOFFERT, Yannick : 9-25, 81-108
HOMÈRE : 142
HOTIER, Hugues : 233
HOUDART-MEROT, Violaine : 242
HOWARTH, Donald : 17, 95, 116
HUBER, Werner : 110
HUBERT, Marie-Claude : 12, 13, 27-41, 50, 70, 154, 248
HUGO, François-Victor : 158
HUGO, Victor : 47
HUGUES, John : 204
HUTCHEON, Linda : 151
HUYSMANS, Joris Karl : 250

IBSEN, Henrik : 142
IONESCO, Eugène : 19, 28, 195, 196, 239, 240, 248-251
IRIBE, Paul : 178

JACOB, Pascal : 62, 63
JANVA, Michel : 175
JANVIER, Ludovic : 38
JARRY, Alfred : 120, 252

JAROSINSKI, Eric : 145, 159
JELINEK, Elfriede : 142
JÖNSON, Jan : 18, 19
JORDY, Jean : 239
JOUANNEAU, Joël : 15, 62, 90, 246
JOUHANDEAU, Marcel : 45, 58
JOYCE, James : 58, 149, 238
JUDGE, Mike : 182

KAFKA, Franz : 19, 121, 149, 178, 252
KARANDASH (Mikhail Nikolayevich Rumyantsev, dit) : 105
KANDINSKY, Vassily : 195
KANE, Sarah : 142, 240
KANI, John : 116
KEATON, Buster : 35, 97
KEMP, Robert : 114
KERBRAT, Patrice : 245
KHROUCHTCHEV, Nikita : 115
KIUSHU, Harry H. : 112
KLEE, Paul : 195, 245
KNOWLSON, James : 9, 13, 14, 18, 37-40, 67-69, 85
KOLTÈS, Bernard-Marie : 239
KONDO, Koji : 194
KOTT, Jan : 37
KREJČA, Otomar : 84, 92, 245
KRUSE, Axel : 111
KUNDERA, Milan : 231

LABOURET, Denis : 250
LABOURET, Guilhem : 250
LACAN, Jacques : 37
LAGARCE, Jean-Luc : 19, 83, 94, 240
LAGARDE, André : 238-239
LAMBERT-WILD, Jean : 16, 81-108, 245, 246
LARA, Carlos de : 110
LARDJAM, Kheireddine : 120
LARTHOMAS, Pierre : 190
LATOUR, Pierre : 83
LATRECHE, Mohamed : 120
LAUREL, Stan : 35, 97
LAVELLI, Jorge : 111
LAVERY, Carl : 213
LEBJAÏ, Benaouda : 121
LECHERBONNIER, Bernard : 241, 242, 244
LEFEUVRE, Catherine : 98, 99, 102
LEFORT, Régis : 243
LEMESLE, Audrey : 23
LESOT, Adeline : 242, 243, 249
LEVI, Primo : 140
LÉVY, Bernard : 81-83, 86, 89, 90, 92, 93, 97
LILAR, Suzanne : 142
LINDON, Jérôme : 38, 115, 131
LINIETSKY, Juan : 183
LIPOVETSKY, Gilles : 142
LIPSTADT, Aaron : 201
LONSDALE, Michael : 39
LOUAR, Nadia : 58
LOUIS-DREYFUS, Margarita : 10
LUDOR CITRIK (Cédric Paga, dit) : 105
LUKACS, Georges : 113
LYE, Len : 178
LYNCH, David : 211

MACMILLAN, Dougald : 34, 152
MALAGUERRA, Lorenzo : 81-100
MALHURET, Claude : 175
MAN RAY : 178
MANZUR, Ariel : 183
MARCEL, Gabriel : 113
MARÉCHAL, Marcel : 70
MARIN, Maguy : 20, 30
MARSAULT, Julien : 17
MARTEL, Frédéric : 15
MARTIN, Jean : 99, 235
MARADONA, Diego Armando : 180
MARX BROTHERS (Harpo, Groucho, Chico) : 35, 97
MARX, Karl : 205
MATI, Djamel : 120
MATIAS (Charles Henrioud, dit) : 245
MAULPOIX, Jean-Michel : 237, 247
MAURICE, Carole : 81
MAY, Theresa : 150

MAYOUX, Jean-Jacques : 36, 67
McDONALD, Ronan : 9, 24, 114, 122
McDONELL, Terry : 201
McNULTY, Charles : 109
MEEK, Simon : 176
MÉLÈSE, Pierre : 37
MÉVEL, Yann : 24, 25, 45, 83
MERAD, Kad : 19
MICHARD, Laurent : 238-239
MICHEL-LESNE, Claude : 181
MIGNON, Paul-Louis : 57, 58
MILAM, William : 119
MILLER, Arthur : 116
MILLS, Mark : 11
MINYANA, Philippe : 240
MITCHELL, Pamela : 13
MOHIA : 120
MOKADDAM, Zeina : 20
MOLIÈRE : 107, 120, 142
MOLINA, Tirso de : 142
MOLINIÉ, Georges : 56
MONCELET, Christian : 65
MONDRIAN, Piet : 195
MONTHERLANT, Henry de : 28
MONTINI, Chiara : 58
MORAND, Philippe : 138
MOREL, Chantal : 138
MORIN, Emilie : 16
MORISSET, Christian : 239, 250
MOUSLI, Béatrice : 115
MROZEK, Slavomir : 111, 120
MUPEY, Katanga : 96
MURPHY, P. J. : 10, 11
MUSSO, Guillaume : 231

NABIÉ, Wabinlé : 19
NEFF, Martin : 175
NERVAL, Gérard de : 137
NIETZSCHE, Friedrich : 77
NIJINSKY, Vaslav : 178
NIXON, Mark : 46
NOUDELMANN, François : 50, 136
NOVARINA, Valère : 240
NTSHONA, Winston : 116

OBAMA, Barack : 150
O'CASEY, Sean : 47, 58, 112
OJEWALE, Banji : 118
ONIMUS, Jean : 228
OSBORNE, John : 116
OSONDU, E. C. : 17, 160-170
O'TOOLE, Peter : 109
OVERBECK, Lois More : 26, 41, 60, 78

PANE, Salvatore : 185, 189, 191, 196, 197
PARKER, Alan : 205
PARSONS, Charlie : 205
PASCAL, Blaise : 14, 28, 61, 94, 155
PATERSON, Ian : 21
PATTIE, David : 10
PAWLIUK, Nick : 10, 11
PELORSON, George : 34
PÉRET, Jacques : 116
PESKINE, Lynda Bellity : 21, 27, 89, 197
PEYRAUBE, Alain : 112
PICASSO, Pablo : 149, 195
PIEILLER, Évelyne : 235
PIEMME, Jean-Marie : 87
PINGET, Robert : 130
PINTER, Harold : 20, 111, 116
PIRANDELLO, Luigi : 28, 120, 135
PITOËFF, Georges : 28
POLAC, Michel : 87, 154, 160, 188
POLUNIN, Slava : 97
PORTNOY, Harold : 156
PRAUD, Pascal : 10
PROTIN, Matthieu : 13, 14, 45-59
PROUST, Marcel : 130, 137

QUENEAU, Raymond : 46

RABATÉ, Jean-Michel : 176
RABELAIS, François : 46
RACINE, Jean : 46, 59, 142
RAIMBOURG, Lucien : 83, 235
REID, Cameron : 11
REILLY, John : 18
REMY, Tristan : 63, 67, 71, 75
RENAUD, Madeleine : 186

RICHARDSON, Ralph : 37
RIVALLAND, Michelle : 74
RIVEL, Charlie : 67, 105
ROBERT, Marthe : 137
ROCHE, Anthony : 47
RODGERS, Richard : 215
RONEN, Ilan : 95
ROSE, Margaret : 151
ROSE, Reginald : 209
ROSENTHAL, Mike : 184-198
ROSSET, Clément : 74
ROSTAND, Edmond : 209
ROUSIERS-GONÇALVES, Cécile de : 241
ROUSSEAU, Jean-Jacques : 250
RUBIN, Don : 111
RUGGIRELLO, Patrick : 110
RYNGAERT, Jean-Pierre : 249

SAÄL, Michka : 18
SABBAH, Helène : 239, 242, 245
SADDIKI, Tayeb : 120
SALINO, Brigitte : 20, 109, 113-115
SAMAD, Anas Abdul : 112
SAMIN, Richard : 17, 160-170
SÁNCHEZ PEDREÑO, Josefina : 110
SANGSUE, Daniel : 146
SANS, Nancy : 148
SARRAZAC, Jean-Pierre : 253
SARDIN, Pascale : 58
SARTRE, Jean-Paul : 28, 86, 113, 114, 120, 249, 252
SASTRE, Alfonso : 35, 67
SAUNDERS, James : 116
SAUVAJON, Marc-Gilbert : 173
SAUVIAT, Catherine : 150
SCHNYDER, Peter : 129
SCHERER, Jenna : 157
SCHIFRES, Alain : 19
SCHMITT, Olivier : 15
SCHNEIDER, Alan : 9, 13, 36, 40, 109, 182, 197
SCHWARTZ, Benjamin : 23
SCIMONE, Spiro : 20
SCOTT, Ridley : 182
SECRIERU-MIRON, Georgeta : 22
SERREAU, Jean-Marie : 27
SHAKESPEARE, William : 23, 34, 77, 130, 131, 133, 152, 158-159, 205-209, 211
SHAW, George Bernard : 47, 57
SIMON, Alfred : 64, 135
SIMPSON, Alan : 109
SMITH, David : 116
SONTAG, Susan : 15, 115
STALINE, Joseph : 115, 131
STEINER, George : 84, 85
STEWART, Paul : 10
STONE, Oliver : 182
STOPPARD, Tom : 20, 111, 152, 155, 158, 159, 161
STROUX, Karl Heinz : 109
ŠVANKMAJER, Jan : 178
SYNGE, John Millington : 14, 45-59, 130

TAKUMI, Shu : 180, 181
THEVENIN, Paule : 68
THIBAUDAT, Jean-Pierre : 112
THIBAULT, Lyn : 81
THORPE, Richard : 202
TIMAR, Alain : 95
TODOROVIC, Predag : 109
TOURNIER, Michel : 12
TRUDEAU, Gary : 149
TRUMP, Donald : 149-150

UHLMANN, Anthony : 56, 85

VACHER, Laurent : 90
VAN HULLE, Dirk : 9, 24, 46, 114
VAN VEEN, Joost : 178
VANDERMEULEN, David : 11
VÉDRENNE, Véronique : 20
VIALA, Alain : 47, 56
VILAR, Jean : 57, 102, 132
VINAVER, Michel : 25
VINCENT, Jean-Luc : 86, 89, 93, 97, 240
VINCENT, Jean-Pierre : 81-83, 89, 91, 93, 94, 97
VISNIEC, Matéi : 22, 231

VITEZ, Antoine : 38
VOLTAIRE : 51-52

WAINTROP, Andrée : 57
WEBER, Max : 65-66
WELLS, John : 202
WHITMAN, Walt : 205-207
WILSON, Robert : 246
WILLIAMS, David : 213, 215, 216
WILLIAMS, Raymond : 113
WISEMAN, Frederick : 246

XINGJIANG, Gao : 112

YEATS, William Butler : 47
YOUNG, John Sacret : 201

ZELAM, Halim : 121

INDEX DES ŒUVRES

ŒUVRES LITTÉRAIRES

Acte sans paroles I : 189
Acte sans paroles II : 30, 36
Actor's Nightmare, The : 147, 148, 158
Arrêt d'autobus : 112
At the Hawk's Well : 47, 48

Baladin du monde occidental, Le : 48, 57
Bar : 20
Beaucoup de bruit pour rien : 209
Bérénice : 59
Berceuse : 32, 36, 179, 190
Boesman and Lena : 110

Canard à l'orange, Le : 173
Ce qui arriva après que Nora eut quitté son mari : 142
Chèvre de Monsieur Seguin, La, in *Lettres de mon moulin* : 102
Chez Pierrot : 20
Cap au pire : 106
Catastrophe : 38, 40, 41, 198
Cette fois : 32, 36, 179
Cid, Le : 34
Comédie : 29, 30, 32, 36, 185
Comment c'est : 174
Compagnie : 40
Contre Sainte-Beuve : 137
Conversations avec mon père : 209
Cyrano de Bergerac : 209

Dernier Godot, Le : 22, 231
Deux clowns sur les planches : 74
Diablogues, Les : 20
Dom Juan : 98, 107
Dépeupleur, Le : 140, 144
Dernière Bande, La : 36, 110, 174, 181, 198, 199
Dictionnaire égoïste de littérature mondiale : 238
Dis Joe : 179
Douze Hommes en colère : 209

Eleutheria : 57, 181, 198, 215
En attendant Bojangles : 175
En attendant les hirondelles : 175
En attendant les robots : 175
En attendant minuit : 175
Ecclésiaste, L' : 203
Enéide : 146
Esperando a Todot : 111
Esperando a Rodó : 111
Erreur de construction : 19

Fada, fatras de maux : 120
Fando et Lis : 20, 110
Faust : 146
Fiddler on the Roof, The : 210, 215
Film : 176, 185
Fin de Partie : 29, 32, 33, 36, 38, 40, 41, 92, 97, 174, 181, 191, 199, 239, 240, 242
Fontaine aux saints, La : 45-49, 51, 53-55, 57-60

Godot arrives : 20
Godot est arrivé ! : 110

Hamlet : 131, 146, 152, 158, 159, 207, 209
Homme révolté, L' : 117
Hurluberlu, L' : 20

Iliade : 146
Impromptu d'Ohio : 177, 190
Innommable, L' : 27, 129, 174, 189, 192, 199, 241, 242
Jacques le fataliste : 13, 46, 48-51, 53, 55, 56, 58, 60, 131
Joseph Andrews : 48, 57
Juno and the Peacock : 47, 48

Knock Knock : 20

Malone meurt : 174, 238, 241
M. Godeau intime : 45, 38
Macbeth : 157-159
Machine littérature, La : 109
Marchand de Venise, Le : 209, 212
Maschere nude : 135
Mégère apprivoisée, La : 209
Mercier et Camier : 135
Molloy : 174, 239, 241
Monster in a box : 209, 210
Monte-Plats, Le : 20
Murphy : 174, 241
Mythe de Sisyphe, Le : 117
Mythologies : 215

Nastanaou felhit (*Nous attendons au mur*) : 121
Nausée, La : 250
Nous avons raison d'espérer : 115

Obsolescence de l'homme, L' : 91
Odyssée : 146
Œdipe Roi : 146
Oh les beaux jours : 29, 30, 32, 33, 41, 50, 154, 174, 186, 190, 239, 241, 246, 251
Ombre de la ravine, L' : 57

Paolo Paoli : 120
Pas moi : 30, 41
Pour Vaclav Havel : 139
Printemps 71, Le : 120

Quad : 30, 187, 190
Quoi où : 30
Quelqu'un va venir : 20

Recherche du temps perdu, La : 137
Renards pâles, Les : 21
Robinson Crusoé : 146
Rosencrantz et Guildenstern are dead : 20, 111, 152, 159, 161

Sans attendre Godot : 23
Searching for Godot : 21
Seconde chute, La : 21, 22, 127-135, 137-139, 141, 143, 144
Si c'est un homme : 140
Six personnages en quête d'auteur : 135
Solo : 32

Tempête, La : 133
Textes pour rien : 199
To Hell with Godot : 20
Trio du Fantôme : 20

Une Maison de poupée : 142

Va-et-vient : 30
Vent Paraclet, Le : 12
Vie matérielle, La : 132, 133
Voilà Godot ! : 20
Waiting for Doggo : 11
Waiting for Waiting for Godot : 151, 155, 161
Watt : 35, 41, 174

AUTRES ŒUVRES ET PRODUCTIONS (films et autres productions audiovisuelles, spectacle vivant, littérature graphique, productions vidéoludiques)

Ace Attorney : 180-182
Arme fatale 3, L' : 209

Beckett : 9, 18, 37, 38, 39, 68
Blade Runner : 182
Breakfast Club, The : 204

China Beach : 201
Cocovoit : 223-227, 229-236
CSI : Crime Scene Investigation (*Les Experts*) : 180

Doonesbury : 149, 155

En montant Godot : 11

Fame : 205, 206
Fear Factor : 205

Game : 185-194, 197, 198
Godot Engine : 182
Godot in Jail (*Godot på Kåken*) : 18
Godot in San Quentin : 18
Guys and Dolls : 210, 215

Ils allaient obscurs sous la nuit solitaire : 110
Impossible Itself, The : 18

King and I, The : 210, 215
Koh Lanta : 205

Late Show, The : 149, 150
Law and Order : 180
Limelight : 68
Little House on the Prairie (*La Petite maison dans la prairie*) : 210, 212

May B. : 20, 30
Marius, les podcasts de l'angoisse : 232
Moments of reality : 18

Office Space : 182
Oklahoma ! : 148

Prisonniers de Beckett : 18

Quake : 131, 189
Quantum Leap (Code Quantum) : 201

Richard III : 98
Roi Lion, Le : 15
Roméo et Juliette : 212
Rumeurs : 120

Sound of Music, The : 210, 215
Soupe au canard, La : 35
Star Trek : The Next Generation : 182
Super Mario Bros : 194
Survivor : 205, 206

Triomphe, Un : 19
Twin Peaks : 211

Urgences : 24, 202

Waiting for Elmo : 148, 155, 208, 210, 212, 214, 217
Walking for Waiting for Godot : 16, 17
Wall Street : 182
West Side Story : 215
World of Warcraft : 226

Yes Godot : 112

RÉSUMÉS

Marjorie COLIN et Yannick HOFFERT, « Introduction »

Dès les années 1950, *En attendant Godot* est devenu un phénomène culturel aux dimensions multiples. La pièce est sortie de l'avant-garde pour devenir un classique ; au-delà du théâtre, elle fait l'objet de plusieurs appropriations dans la culture populaire et dans la culture de masse. Sources savantes et sources populaires, fortune scénique, reprises et parodies, réappropriations par la culture d'écran, insertion dans les manuels scolaires sont tour à tour examinées.

Marie-Claude HUBERT, « Préambule. *Godot*, un hapax »

En attendant Godot jouit d'un immense succès dans le monde entier alors que son auteur ne l'aimait pas beaucoup. Par sa dimension clownesque, qui la rend accessible à un large public, c'est un hapax dans son théâtre. Dès *Fin de partie*, le ton change, le burlesque s'amenuise. Par ailleurs, c'est une œuvre ouverte, qui laisse une large part d'interprétation tant aux spectateurs qu'aux metteurs en scène, aussi est-elle devenue une pièce culte.

Matthieu PROTIN, « *Jacques et son maître à la Fontaine aux Saints.* Du rôle de deux intertextes irlandais et français dans la création d'*En attendant Godot* »

Godot prend sa source dans la double culture française et irlandaise de Samuel Beckett. Montrer le rôle de celle-ci dans la création et la réception de l'œuvre, tel est l'objet de cet article. En nous appuyant sur deux intertextes, *Jacques le fataliste et son maître* de Diderot et *La Fontaine aux saints* de Synge, nous montrerons comment ces œuvres ont été le creuset d'une écriture, et en même temps comment leur occultation dans le processus de réception a contribué à forger la singularité de *Godot*.

Marjorie COLIN, « *Godot*, de la sciure aux planches. "Le sketch des *Pensées* de Pascal par les Fratellini" »

La présence du clown chez Samuel Beckett est liée avant tout au tragique. La marginalité révèle la figure archétypale du bouc-émissaire, figure beckettienne et clownesque de prédilection. Pour autant, la clownerie apparaît comme un remède à la pesanteur. Par cette réversibilité, le clown est la figure du débordement joyeux et les jeux auxquels se livrent les personnages dans *Godot* témoignent d'un véritable acharnement pour lutter contre le désespoir et la conscience de la fin.

Yannick HOFFERT, « Chapeaux melons, nez rouge et bidon rouillé : un *Godot* du XXIe siècle. Autour de la mise en scène d'*En attendant Godot*, par Jean Lambert-wild, Lorenzo Malaguerra et Marcel Bozonnet (2014) »

La mise en scène d'*En attendant Godot* créée en 2014 par la Comédie de Caen mérite l'attention. Son examen permet de dégager les principaux traits de la "culture Godot" du théâtre français contemporain. Il permet également d'identifier la pertinence de certaines options singulières de mise en scène, entre universalité et référence à la crise contemporaine des migrants. Le spectacle montre également l'intérêt d'un langage scénique clownesque pour, notamment, l'interprétation du rôle de Lucky.

Yannick HOFFERT, « "Des rires de mémoire". Entretien avec Jean Lambert-wild autour d'*En attendant Godot* »

Jean Lambert-wild témoigne du processus collectif de la création d'*En attendant Godot* à la Comédie de Caen (2014). Il revient sur la scénographie qu'il a conçue, puis évoque son clown de scène, nommé Gramblanc, créé dans les années 2000 et qui, dans *En attendant Godot*, apparaît pour la première fois dans une pièce du répertoire, endossant le rôle de Lucky. Alors que Gramblanc était jusqu'ici muet, il prend la parole pour la première fois à l'occasion de la tirade de Lucky.

Jeanyves GUÉRIN, « Quelques remarques sur la fortune mondiale d'une pièce réputée apolitique. Attendre ou ne pas attendre Godot »

Du temps où les Brechtiens imposaient leur *doxa*, *En attendant Godot* était considéré – voire stigmatisé – comme une pièce dépolitisée. Sa carrière mondiale fait apparaître au contraire que c'est une pièce adaptable à des situations historiques variées et qui montre la domination. Après avoir recensé divers surgeons et continuations de la pièce, on examinera le rayonnement du syntagme « attendre Godot » dans des pays et régions aussi différents que le Nigeria, l'Afrique du sud, le Pakistan et le Maghreb.

Sylviane DUPUIS, « *La Seconde Chute*, ou continuer *Godot*. Un regard rétrospectif »

Cet article revient sur la genèse, le processus d'écriture et la réception de la première pièce de Sylviane Dupuis, *La Seconde Chute*, « continuation » de *En attendant Godot* écrite en 1988 et créée en 1995, qui connut ensuite un destin inattendu dans les pays de l'ex-URSS. Godot s'y révèle être l'auteur de la pièce, observant et manipulant depuis quarante ans ses personnages dans l'invisible… qu'il va rendre à leur liberté en leur apprenant que le « quatrième mur » n'existe pas.

Audrey LEMESLE, « Pourquoi joue-t-on avec *Godot* ? Parodi (di) à gogo »

En attendant Godot (*Waiting for Godot* dans sa version anglaise) a fait et continue de faire l'objet d'une multitude de détournements parodiques, de la simple phrase ironiquement sortie de son contexte à la réécriture extensive en passant par la caricature graphique ou le sketch télévisé. Ces travestissements, anglo-saxons pour la plupart, touchent aussi bien la culture savante que populaire. Cet article vise à comprendre les raisons d'un tel engouement pour la reprise de la pièce.

E. C. OSONDU, « En attendant »

Le cadre du récit est un camp de réfugiés en Afrique. Le narrateur se fait appeler Orlando parce qu'il espère être adopté en Floride. Une religieuse lui a fait lire *En attendant Godot*. Pour elle, Vladimir et Estragon attendent Dieu. « Ici au camp, nous attendons, attendons et attendons encore. C'est la seule chose que nous faisons ». Lui et les autres attendent un camion de nourriture, un camion d'eau, un photographe de la Croix rouge, une éventuelle adoption par une famille américaine…

Benoît BARUT, « *Pixels and puppetry.* De quelques avatars pop de *Godot* (I) – *Godot* vidéoludique »

Conçue en deux volets, notre étude explore la place de Beckett et de son *Godot* dans les univers vidéoludique et télévisuel. Dans cette première partie consacrée au vidéoludique, nous évoquerons le jeu indépendant de Simon Meek intitulé *Beckett*, le personnage de Godot/Godō dans *Ace Attorney*, l'environnement de développement intégré baptisé « Godot engine » et, surtout, le jeu « Game » imaginé par VectorBelly, pastiche transmodal des plus réussis.

Benoît BARUT, « *Pixels and puppetry.* De quelques avatars pop de *Godot* (II) – *Godot* télévisuel »

Conçue en deux volets, notre étude explore la place de Beckett et de son *Godot* dans les univers vidéoludique et télévisuel. Dans cette seconde partie consacrée au télévisuel, nous nous arrêterons surtout sur l'épisode « Secret and Lies » de la série *Urgences* – qui interroge la place de Beckett sur l'échiquier socioculturel – et sur la parodie « Waiting for Elmo » issue de l'émission *Sesame Street*, une parodie d'autant plus savoureuse qu'elle est censée s'adresser à de très jeunes enfants.

Mathilde DUMONTET, « Godot, le prof et l'inculte sont dans un *cocovoit*… »

Cet article se concentre sur l'épisode « En Attendant Godot » de la série de sketches *Cocovoit* diffusée à la télévision et sur Internet. Par l'analyse de cet épisode, qui joue de la confrontation entre la lecture savante de la pièce de Samuel Beckett et le pragmatisme populaire, l'article propose d'interroger ce que peut représenter Godot dans la culture contemporaine.

Yann MÉVEL, « Épilogue. *En attendant Godot* de Samuel Beckett, construction d'un savoir et transmission didactique »

L'article analyse la réception d'*En attendant Godot* dans les manuels de lycée publiés en France depuis le début des années 1990. Attentif aux contextes dans lesquels figurent les extraits de la pièce et du paratexte, à l'articulation du texte et de l'iconographie, à la documentation sur les mises en scène, aux activités proposées, il cerne le rapport qu'entretiennent ces manuels avec une vulgate, selon laquelle l'œuvre de Beckett relèverait du « théâtre de l'absurde » ou même l'aurait inventé.

TABLE DES MATIÈRES

Avertissement 7

Marjorie COLIN et Yannick HOFFERT
Introduction 9

Marie-Claude HUBERT
Préambule. *Godot*, un hapax 27

PREMIÈRE PARTIE

AUX SOURCES
D'*EN ATTENDANT GODOT*

INSPIRATIONS SAVANTES,
INSPIRATIONS POPULAIRES

Matthieu PROTIN
Jacques et son maître à la Fontaine aux Saints.
Du rôle de deux intertextes irlandais et français
dans la création d'*En attendant Godot* 45

Marjorie COLIN
Godot, de la sciure aux planches.
« Le sketch des *Pensées* de Pascal par les Fratellini » 61

DEUXIÈME PARTIE

VISAGES D'UNE FORTUNE SCÉNIQUE HORS NORME

Yannick HOFFERT
Chapeaux melons, nez rouge et bidon rouillé : un *Godot* du XXIe siècle. Autour de la mise en scène d'*En attendant Godot*, par Jean Lambert-wild, Lorenzo Malaguerra et Marcel Bozonnet (2014) 81

Yannick HOFFERT
« Des rires de mémoire ». Entretien avec Jean Lambert-wild autour d'*En attendant Godot* 101

Jeanyves GUÉRIN
Quelques remarques sur la fortune mondiale d'une pièce réputée apolitique. Attendre ou ne pas attendre Godot 109

TROISIÈME PARTIE

HOMMAGES ET OUTRAGES

RÉÉCRITURES ET PARODIES

Sylviane DUPUIS
La Seconde Chute, ou continuer *Godot*. Un regard rétrospectif 127

Audrey LEMESLE
Pourquoi joue-t-on avec *Godot* ? Parodi (di) à gogo 145

E. C. OSONDU
En attendant 163

QUATRIÈME PARTIE

GODOT ET CULTURE D'ÉCRAN

Benoît BARUT
Pixels and puppetry. De quelques avatars pop de *Godot* (I) – *Godot* vidéoludique 173

Benoît BARUT
Pixels and puppetry. De quelques avatars pop de *Godot* (II) – *Godot* télévisuel 201

Mathilde DUMONTET
Godot, le prof et l'inculte sont dans un *cocovoit*. 223

Yann MÉVEL
Épilogue. *En attendant Godot* de Samuel Beckett, construction d'un savoir et transmission didactique 237

Index des noms 255

Index des œuvres 263

Résumés 267

DANS LA MÊME COLLECTION

1. *Lettres de noblesse I. L'imaginaire nobiliaire dans la littérature française du* XIXe *siècle*, sous la direction de David MARTENS, 2016
2. *Lettres de noblesse II. L'imaginaire nobiliaire dans la littérature française du* XXe *siècle*, sous la direction de David MARTENS, 2016
3. *Jean Malaquais entre deux mondes*, sous la direction de Geneviève NAKACH et Julien ROUMETTE, 2017
4. *La Fureur et la Grâce. Lectures de Malcolm Lowry*, sous la direction de Josiane PACCAUD-HUGUET, 2017
5. *Femmes d'à côté. Filles, sœurs, épouses d'hommes célèbres*, sous la direction de Sylvie CAMET, 2018
6. *Voyage et Intimité*, sous la direction de Philippe ANTOINE et Vanezia PÂRLEA, 2018
7. *Le Jeu de rôle sur table, un laboratoire de l'imaginaire*, sous la direction de Danièle ANDRÉ et Alban QUADRAT, 2019
8. *La Réception de René Char hors de France*, sous la direction de Danièle LECLERC, 2020
9. *Samuel Beckett et la culture française*, sous la direction de Yann MÉVEL, 2019
10. *Les Écritures paradoxales de la passion. Pour Bernard Alazet*, sous la direction de Mireille CALLE-GRUBER, Jonathan DEGENÈVE et Midori OGAWA, 2020
11. *Prophètes et voix prophétiques dans l'œuvre de Jean Giono*, sous la direction de Danièle HENKY et Dominique RANAIVOSON, 2021
12. *Traduction et Transmédialité (*XIXe-XXIe *siècles)*, sous la direction de Gaëlle LOISEL et Fanny PLATELLE, 2021

IMPRIM'VERT®

Achevé d'imprimer par Corlet,
Condé-en-Normandie (Calvados),
en Mars 2022
N° d'impression : 175517 - dépôt légal : Mars 2022
Imprimé en France